天府发展

战略学

张　建／著

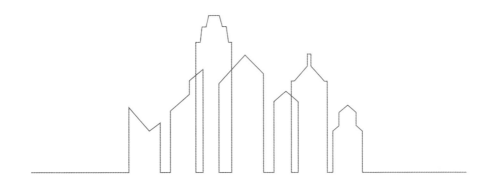

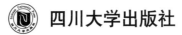 四川大学出版社

张建，武汉大学公共事业管理本科、中共党史（含党的学说与党的建设）硕士研究生、行政管理博士研究生。

从基层走出，多岗位磨练。先后担任中部地区乡镇长、县委常委兼乡镇党委书记，区委常委、区政府党组副书记、副区长；东部地区全国百强县市市长助理；西部地区国家级新区智库建设处处长，副省级城市改革发展研究中心主要负责人、总部经济区管委会投资促进及产业功能区工作负责人。

惯于学习思考，笔耕不辍。参加国家社会科学基金重大招标课题"中国特色社会主义政治发展道路研究"、国家社会科学基金国家应急管理体系专项课题"坚持党的集中统一领导应对重大突发事件的制度优势、效能与经验研究"。编著或参编的著作有《应急管理新思维——基于疫情的多维度思考》《政治体制改革与中国特色社会主义政治发展道路研究》等。

序

毛泽东同志曾在《中国革命战争的战略问题》中指出："战略问题是研究战争全局的规律的东西。"这篇文章关于战略的论述，奠定了现代中国战略学定义的基础。

世界上最早的有关战略的著作出现在中国。《尚书》的洪范九畴篇，从具体的政治实践中提出了丰富的战略思想。战略学是研究全局资源统御、使用、经营、治理、整合、转化必须遵循的价值和规律的学科，是研究带有全局性的军事斗争指导规律的学科，在军事学术中处于首要地位。场域的发展战略学正是在此理论架构上推演出来的，是一次大胆的理论创新和实践创新，是一种优化人类生存与发展空间的艺术。

《天府发展战略学》是成都市改革发展研究中心主任张建同志的新作。如此取名，并不是作为学科的"场域发展战略学"，而是作为场域战略研究的心得和体会。我认真拜读了初稿和定稿，感到全书内容丰富，论据厚实，"神气骨肉血"俱全，充满思辨和创新精神，时不时令人眼前一亮、拍手叫好。

我的体会是，读各种《战略学》大部头著作有利于培养做学问的能力，但仔细思量，做学问毕竟是少数人的事，而读这本《天府发展战略学》，好处则是可将其中的思想火花直接用于脑动与践行，能做到知行合一，理论服务于实践。我长期参与天府新区发展研究，这种感觉尤为强烈。

近年来，有关国家战略、外交战略、战略管理、企业战略等等的专著纷纷问世，让人目不暇接。然而，构建场域中的发展战略学，却鲜见佳作，满意的新作更少。但是，研发场域发展战略学，是符合新时代新发展理念要求的，也是构建融谋略与策略为一体的"战略学"基石，还是探索创新中国特色战略理论的有益尝试，更是推动治蜀兴川再谱新篇的具体行动。这事，凝聚着对揭示天府发展基本规律的渴求。于是，张建同志的专著酝酿多时，几易其稿，今朝付梓，值得庆贺！

构建新学科是一个需要深度创新的过程。一门学科从其发端、成长到形成优势和特色，离不开实践的检验和历史的沉淀。希望这本战略学著作能为治蜀兴川的伟大事业贡献力量，并不断完善提升。

"如切如磋，如琢如磨"，学习是劳动，是充满思想的劳动，这是一本能让读者获得启迪的好书。

是为序。

四川省委省政府决策咨询委员会副主任
四川省社会科学院党委书记、教授、博士生导师
李后强
2020 年 7 月 23 日于百花潭

前　言

　　战略，应是一种从全局谋划并实现全局目标的规划。战略的属性，应有全局性、根本性和永续性。战略的表征，应具备可视性、可行性和可及性。

　　之所以称之为战略，是因为战略必须具备丰富的内涵，围绕战略的"定好位""布好局"和"把好向"，应包括战略定位、战略布局和战略路径。

　　战略是全局目标的规划，作为一种规划必须考虑上位规划，这决定着场域战略必须上升到上位格局中去考虑。因此，国家的基本方略、总体布局、战略布局、具体战略必须在区域落地生根，并按照抓重点、补短板、强弱项的总体要求实施。

　　找准动力变革、效率变革、质量变革的切入点，集中战略力量，实施战术推进，着力培育战略支柱，是战略实施的重要策略。结合当地所在大区域的总体战略，在区域战略，即体现区域特点的主体功能区划分和产业功能区设计的战略牵引驱动下，战略推进才可以蓬勃持续。

　　战略的属性，即全局性、根本性和永续性，要求战略的推进必须注重节点把控和节奏把握，以使战略的传导遵循以质为帅、速效兼取的本质特征，体现质量可控、步骤可感、着力均衡、后劲有力的战略特质。

　　战略可视、可行、可及的主体是执行者，必须牢牢把握战略执行者的队伍建设，形成优良战略执行环境的良好机制，营造战略可持续的浓厚文化氛围。因此，队伍、机制、文化是确保战略表征显示度的"三元素"。

战略在驱动至高速运行后，必须时刻注重战略导向的纠偏和适时校正。定目标、明责任、严考核，分解战略任务，压实责任，实现动力、导向的无缝对接；对战略监督实施，考核绩效，保持牵引、驱动的方向一致。

强国之路需要对战略综合承载，整合国家重大战略，从而使得战略牵引能够抢占奇点、精准发力，直击盲点、聚焦合力，把控节点、体现定力，进而在战略属性特质前提下，实现战略的整体性、前瞻性和协调性。

伟大的梦想需要伟大的战略，伟大的构想成就伟大的实践。实践是检验真理的唯一标准，也是检验战略成效的利器。"工欲善其事，必先利其器"，战略评估是检验战略构想、凸显战略显示度的必备之器，坚信在全面建成社会主义现代化国家的战略目标指引下，坚信在存在评估的战略实践下，天府发展战略学必将在理性之光下闪耀，其善治之追求一定能够实现。

目　录

Contents

图目录

表目录

绪　论

一、战略何为？——战略的高度

（一）战略的定义

战略，应是一种从全局谋划并实现全局目标的规划。战略首先要从全局考虑，既要考虑外部环境的变化，又要考虑本身的资源和实力，进而做出选择。战略贯穿于各层级区域范围全局的始终，决定着各层级区域范围的发展前景，是区域发展引领力量的综合表现，更是决定了区域发展主体力量驱动发展的连贯性行动。

"战略"一词源于古希腊军事术语 Strategos，原意是将军指挥军队的艺术。随着人类社会的发展，战略应用从军事领域拓展到政治、经济、科技、社会发展等各个领域，其含义演变为从全局考虑并决定全局的谋划。策略与战略相对，是为实现战略任务而采取的方法，既有稳定性，又有较大的灵活性，随着客观形势的变化而变化。战术则是指具体的原则、手段和方法，是落实战略与策略的路径、方式和"打法"。

战略与策略都以目标为导向，强调达到一定的目标。但战略是为了达到某一目标而进行的一系列行动规划，而策略是为达到某个目标而使用的方式方法。所以，战略更关注规划（Plan），而策略更关注方法（Method）；战略作为一种长远规划，其结果具有决定性，影响具有全局性，而策略是战略实现目标、实施其影响的具体方法。战略是长远的、全局的和根本的，而策略是阶段的、局部的和灵活的。战略，是立足整体以全局视野进行的目标规划，战术则是实现战略的方法。战略是一种长远的规划，战略是目的、核心和理论，用于阐述一种远景，而战术是方法、手段和技术。战略在空间和时间上表达的范畴更广，而战术针对的是局部的个体层面。战略思考是"对所处状态的了解和目标设定的把握"，得出的战略结论是对目标的设定成果，而战术思考是"对从 A 状态到 B 目标中间路径的考量比较"，得出的战术结论就是选择一条最佳的路径。"争一时之长短"，用战术就可以达到；如果是"争一世之雌雄"，就需要从全局出发去规划，这就是战略。

现实中的战略，分阶段呈现出演进性影响力。总体来讲，战略的抉择、产生、形成、转型、成熟都是战略推进中的局部性外在表现，其要义仍是不能动摇战略是实现全局性目标规划的刚性约束。战略在推进的不同阶段，其抓重点、抓两头带中间、抓点带面、抓普遍号召和个别指导的着力点不同。在战略抉择点，既要注重抓重点，也要把控节点；在战略产生期，既要注重效能，也要培育潜能；在战略形成期，既要惯性的加速，也要理性的匀速；在战略转型期，既要组织和战略的匹配性，也要组织变革的灵活性；在战略成熟期，既要增量复制，也要变量创新。

战略的目标是从现实的此岸到达理想的彼岸。要实现从现实到理想的跨越，必须坚定战略信心，提振精神区位，用未来的视角来看待战略实践发展到新时空节点上的影响，进而保持战略定力和执行刚性，这样才能使得战略保持生机和活力，提升战略的凝聚力和穿透力。

（二）战略的思维方式

用战略思维去谋划工作和推动工作，是涉及所有层级区域引领水平和执行能力的前置条件。党的十九大提出全面增强执政本领的要求中，强调应通过坚持战略、创新、辩证、法治和底线五种思维，切实增强政治本领。要使战略发挥"总揽全局、协调各方"的引领作用，应明辨出战略思维与其他四种思维方式之间的逻辑关系。

战略思维指的是从整体和全局的视野出发，为实现既定目标而采取行动方案和策略。从行动方案的实施和效果方面来说，它要求"创新思维"，这样才能从竞争中脱颖而出，更大可能性地达至目标。

战略思维同时也要求审时度势，对变化和复杂的局势有考察和洞见，因此必须要有辩证思维，也就是用变化和发展的眼光打量事物，判断局势。

战略思维要有原则性，讲究基本的法治原则，既不触犯法律的各项具体规定，也要善于运用法律手段作为武器保护自身的合法权益。

战略思维要同时具备忧患意识，要规避战略实施中可能产生的"战略陷阱"，从双方的最低要求出发来思考如何最高限度地达至目标。凡事从坏处着想，同时又以积极心态努力，就能做到有备无患，遇事不慌，进而从容应对各种变化，以期最后尽量完成最高的目标。

（三）战略的管理环节

战略管理作为长期目标和近期目标的一个连贯整合，可分解为不同层次的子系统。战略管理应克服传统行政管理的局限，密切关注区域内部发展实力和外部环境之间的相互渗透、相互联系，将地域发展的未来愿景、长短期目标作为一个有机体，用系统的思维，协调内外部因素、日常管理与未来发展的关系，夯实引导内生力量和环境适应的战略分析基础。区域发展力量与环境的相匹配，就是在组织管理中，分阶段、步骤，实现组织与环境的环环相扣，通过引入战略管理推动组织向理想迈进。

战略管理过程，其流程表现为如下步骤：确定战略定位（组织当前的宗旨、战略和目标），聚焦战略（目标分析组织所处的环境确定聚焦点），分析所处战略格局（机遇和挑战分析），分析战略外部环境匹配度（组织资源配置），创新优化战略资源配置（识别优势和劣势），校准战略方向（重新评价组织的宗旨和目标），具体化战略目标（战略路径），战略实施的动力和导向（实施战略），评估战略价值（评价结果）。

战略管理应务求实效。要将战略权威性作为务求战略管理实效的前提，对区域管理组织和机构，可以通过党的常委会议（党工委会议）、政府系统常务会议（管委会主任办公会）做系统研究，履行体现权威性的决策规范化、程序制度化，具有完备性行政区划和机构设置的地方应通过党代会、人代会等程序上升为体现党的领导和人民意愿的最高层次决策。在具体的流程化管理中，要实施PDCA（戴明环）流程管理，即决策、执行、监督、保障四个环节的目标管理，通过计划精细化、执行项目化、督办常态化、考核数量化，明确每一个体现战略意图的项目名称、项目第一责任人、责任团队、责任目标和内容、实施步骤、完成时间节点、量化考核标准等，通过动态倒逼，实行精细化、数字化和可视化管理，通过战略实践来体现战略管理成效，进一步形成战略执行统一行动，提升战略的影响力和认同度。

（四）"战略学"思考

作为军事学一级学科的战略学，以清光绪三十四年（1908年）陆军预备大学堂编写的教科书《战略学》为标志，表明其作为一门学科在中国的确立。这门学科主要阐述战略定义、战略与政略的关系、近代战争的特点、战略原则、战略防御、战略退却、战略进攻、战略追击和战略保障等问题。

在经济社会发展领域，如何按照总体布局和战略布局，以新时代坚持和发展中国特色社会主义的基本方略为根本遵循，以发展方向、发展方式、发展动力、发展步骤等为研究对象，以涉及全局性、根本性、永续性为根本属性，以实现全局性目标为价值导向，以系统分析、比较研究、案例分析、统计分析、模拟分析、绩效评估、综合评价等方法，形成实现区域高质量发展目标的科学方法和路径。

经济社会发展领域的"战略学"研究，可以说是呼之欲出、势在必行。尤其是如何做好国家的重大发展和改革开放战略的综合承载，更需要带有区域普适性意义的"战略学"标准化研究。要以引领一个区域发展的全局性站位，将区域如何实现可持续发展定位、布局、路径以及具有系统性、针对性、可操作性的实践认识体悟，通过归纳、提炼，抽象上升为具有普遍指导意义的规律知识，并形成带有全真现场感的指导区域战略实践的认识论和方法论。这将形成"战略学"的全新生命周期，促使遵循基本方略的发展战略学成长为一门具有学术生命力的成熟学科。

二、战略何向？——战略的准度

（一）战略的属性

战略的属性，即：全局性、根本性和永续性。全局性是战略制定和形成的前提，根本性是战略形成穿透力和凝聚力的核心，永续性是战略的当前价值和历史意义的保障。

全局性作为前提，既是视角，更是站位；既是思维方式，也是行动范围；既是指导思想的大局观，也是行动准则的方法论。在区域发展的决策上，绝不能"头疼医头、脚疼医脚"；在区域发展的执行上，一定要有"连环腿"和"组合拳"；在区域发展的监督上，一定要突出"德治、法治和自治"的三位一体；在区域发展的保障上，一定要统筹好"集中力量办大事"和"阳光普照"的共建共享。

根本性作为核心，既是贯穿始终的红线，也是关键节点的校准；既是突出重点的核心支撑，也是覆盖全面的动力聚合；既是前置式的责任分解，也是闭环式的流程改善。在区域发展的计划上，一定要突出权威性；在区域发展的措施上，一定要突出示范性；在区域发展的督办上，一定要突出约束性；在区域发展的考核上，一定要突出激励性。

永续性作为保障，既是现实成效的需要，也是历史价值的需要；既是扩大战略空间影响力的需要，也是扩大战略深远影响力的需要；既是提升战略牵引力的需要，也是提升战略吸附力的需要。在区域的瓶颈破解上，一定处理好政策规范和市场主导的衔接性；在区域的要素保障上，一定处理好资源整合优化、保护利用与集约节约的系统性。

（二）战略的表征

表征，既是客观事物的反映，又是被加工的客体。因此，作为战略的表征，必须要可视、可行和可及。战略的表征有利于形成强大的战略气场和凝心聚力氛围，增强战略的公信度、公认度和满意度。

可视性体现的是"主人"，是以人民为中心思想的贯彻和展现。虽然战略在思维领域无形，但在落地区域有形；战略虽在决策环节有度，但其评判力量无限。所以，战略从无形到有形，从决策有度到评价无限，就需要通过一系列可预见、可看见的战略实施成效，获得更广范围的社会认可，才使得战略的执行多底气、少阻力。

可行性体现的是"主体"，战略实施的主体是干部队伍，虽然战略依托是"主人"（即人民群众），但战略力量在于执行。作为引领区域发展的领导力量，确定"路线"之后，建立在措施可行性之上的干部坚决执行是"决定因素"。所以在具体推进措施的项目化过程中，应高度重视规划的延续性和部门（行业）割裂性的冲突，在注重立法、司法、行政、媒体对战略举措校准的传统约束前提下，做实综合智库、专业智库乃至社会和企业智库的统筹建议权和参与表达权，真正让智库成为"第五种力量"，有利于推动现代区域治理的科学化，使得战略的执行少顾虑、多动力。

可及性体现的是"主线"，战略作为一种规划，可理解为有"总规"、有"控规"、有"详规"，还应有"近期""中长期"和"远期"，其"愿景""远景"和"实景"都应表现为可及、可触摸、可感知，只有紧紧围绕这一主线，战略才能焕发出无穷的活力和无限的生机。

（三）战略的特性

谋划一个区域的发展，首要是确定发展战略，做好统筹发展的谋篇布局。在开篇之作中，通常考虑的是区域总体规划，但总体规划必须要服务于区域发展战略。因此，在着手制定总体规划之前，一定要通过发展战略的前置，才能确保规划的制定是在战略思想的指引之下，使规划真正发挥"战略导向"作用。战略思想的指引要抢占制高点、突出精准性，前提是要精炼精准，既符合实际，又抢占先机，实现高度与准度的完美结合。

谋篇、开篇关键是开启历史篇、时代篇、未来篇和永恒篇。因此，牢固抓住"定好位""布好局"和"把好向"三大要素，"定好位"是基准线，"布好局"是边界线，"把好向"是延伸线，这三个规律性把握的着眼点就是涵括体现战略特性的战略定位、战略布局和战略路径。

如何定位？有特征性定位，即以地域特色风貌作为定位，强调围绕特色建支柱的发展指向，如某国家级湿地保护区缓冲区域发展定位为"国家湿地、江北水乡、园艺小镇、休憩家园"；有战略方向性定位，强调区域统筹谋发展的方式，如要把某国家级新区"放在国际上、放在全中国、放在某省区这样的位置上考虑，越这么考虑，某新区的地位越不可限量"；有时空坐标式定位，为发展设置立足点和辐射面，如"天府新区是'一带一路'建设和长江经济带发展的'重要节点'"；有发展战略目标式定位，如某国家级新区"建设绿色生态宜居新城区、创新驱动发展引领区、协调发展示范区、开放发展先行区"。总之，定位是体现把握地域特点、契合地域特质的区域标识度。

如何布局？有按照"五位一体建设"的总体布局，从经济、政治、文化、社会、生态五个方面进行项目化分类，如东部某市采取的经济社会发展实绩考核办法对应此项目分类；有按照"四个全面"的战略布局,从全面建成小康社会、全面依法治国、全面深化改革、全面从严治党四个方面进行项目化分类,如中部某市的经济社会发展实绩考核办法对应此项目分类;有按照"五大发展理念",按照创新、协调、绿色、开放、共享的新发展理念进行项目分类,如西部某市的经济社会发展目标发展实绩考核办法对应此项目分类,该市还按照可持续发展战略所涵括的主体功能区环境监管体制,作分区域的差异化分类考核。总体上看,无论是哪种思路指导下的战略布局,其共性着力点是围绕高昂龙头谱新篇的党的建设、统筹全域谋发展的城乡建设、围绕特色建支柱的产业建设、把握政策优环境的项目建设和关注民生促和谐的社会建设。

如何定向?就是指战略路径。路径应该是战略方向的具体指向抉择。如何整合有效资源,选择最佳投入方向;如何拓宽渠道,形成最强吸附能力;如何创新方式方法,实现最快效益的功能放大,这些就是战略路径决策的准绳、标尺和标杆。路径选择的价值,就是抓住人民群众最关心、最直接、最现实的利益问题,摒除虚浮口号,使人民群众的获得感、幸福感、安全感可触摸、可感知、可长远。要夯实战略价值的保障基础,必须以构建高质量发展的现代经济体系为战略目标,紧紧围绕"新的经济增长极""开放经济高地"的重大发展和改革开放战略方向实施战术推进,优化战略路径选择。

三、战略何兴? ——战略的力度

(一) 战略的载体

高度、准度和力度是战略生命力之所在。区域战略作为一种从全局考虑的实现全局目标的规划,只有与作为"上位规划"的国家战略对接,突出对国家战略的综合承载,战略的实施才有力度。科教兴国战略、人才强国战略、创新驱动战略、乡村振兴战略、区域协调发展战略、可持续发展战略、军民融合发展战略作为建设全面建成小康社会决胜期的战略依托,都是围绕建设现代化经济体系这一跨越关口的迫切要求和战略目标。国家战略的全方位综合承载和具体承接，是实现建设科技强国、质量强国、航天强国、网络强国、交通强国、数字中国、智慧社会、海洋强国、贸易强国、文化强国、体育强国、教育强国、健康中国、美丽中国等一系列强国梦的系统承载。

（二）战略的支撑

国家战略的综合承载需要寻找战略载体和实施空间，只有重塑经济地理，充分考虑包括经济活动的区位、空间组合类型和发展过程等重要外部因素和现实条件，才能为大战略承载提供有力支撑。结合发展区域所在大区域的总体战略覆盖，将战略载体设计和平台打造置放在大区域物质流、商品流、人口流和信息流进行全域统筹后的经济活动系统和发展过程中进行考虑，集中优势力量面向主攻方向，将体现经济活动系统的主体功能区战略和体现经济活动发展过程的产业功能区战略举措作为战略支撑，使处于高点的国家战略实现低点落地的无缝对接，让国家战略的"接地"夯实根基与"弹跳"起飞跨越有机融合，增强战略承载的综合功能。

（三）战略的步骤

战略的全局性、根本性和永续性，要求战略的推进必须注重节点把控和节奏把握，使战略的传导遵循以质为帅、速效兼取的本质特征，体现质量可控、步骤可感、着力均衡、后劲有力的战略特质。战略传导实现方向准、时序明、实效好，必须讲究时序推进和把控节点，将决定战略决胜的长期工作项目和显示阶段性成效的具体工作目标有机结合，实现持续性用力和突击性着力的合理摆布。战略步骤要与阶段性战略意图相匹配并突出战略阶段性成果，应高度重视"战术"，做到统筹兼顾、突出重点；坚持问题导向法，找准传导器和动力源；实施"搬石头"工作法，既要"逢山开路，遇水架桥"，又要把握政策来策划和实施项目；用"倒推工作法"从结果出发，往前推导，一步一步往前推，推到我们所需要破解的关键制约点；在构建总体目标和阶段性目标相互呼应、相互映衬、大小相扣、前后相济的运行体系中要"防止'两张皮'，拧成'一股绳'"。通过一系列科学工作方法，确保实施战略步骤的压力传导有向、有力、有序、有度、有效。

（四）战略的动力

围绕战略必须践行以人民为中心的思想，战略的执行主体是干部队伍，战略的稳定性依靠机制，战略的认同感依靠文化。毛泽东讲"正确的路线确定之后，干部就是决定的因素"，队伍是战略思想学习理解的模范生，队伍也是贯彻执行战略部署的排头兵。机制包括决策机制、执行机制、监督机制和保障机制，决策程序的科学化、民主化、规范化系列制度，执行的目标化、项目化、责任化系列制度，监督的常态化、公开化、立体化系列制度，保障的系统化、精准化、集约化系列制度，都是战略推进的内生动力。文化是一个国家、一个民族的灵魂。正价值取向的组织文化，尤其是在共同地域内形成了公民有序参与战略决策和校准的文化，执行主体对战略的价值认同感、历史敬畏感和责任使命感，执行成效上坚守"功成不必在我、功成必定有我"的政绩观，都会有效激发战略实施中的创新创造活力，成为引领地区发展的第一动力。

（五）战略的导向

目标绩效考核体系如何围绕战略方向，实施战略任务的分解和工作责任的压实，构建定目标、明责任、严考核、促发展的目标指向式流程，紧扣发展主题，夯实发展主责，注重实效主线，由战略方向倒推战略布局，由布局推导出载体内容和支撑项目，并进行任务细分和责任对应。同时，考核的"指挥棒"必须遵循以人民为中心的发展这个出发点和落脚点，让想干事、能干事、干成事的干部有舞台、有地位、有保障，让"有为的有位、吃苦的吃香"，只有这样才能实现牵引、驱动的同频，动力、导向的同向，共建共享的"主人"和责任共担的"主体"同心。

四、战略何存？——战略的效度

（一）战略的根基

战略的根基是战略生根发芽、枝繁叶茂的前提和保障，是战略的价值追求。改革开放后，中国社会主义现代化建设作出的战略安排是"三步走"战略目标，并提出了"两个一百年"奋斗目标。从中国共产党的十九大到二十大，又是"两个一百年"奋斗目标的历史交汇期，战略目标的实现面临着机遇和挑战，也隐含着风险。如何根据所处的历史方位和客观现实条件作出判断，排除或减小不确定因素的负面影响，切实提升抵御重大风险的能力，都需要设置远景目标客观、资源匹配得当、战略形态选择科学的战略管理。不出现战略的管理误导，其核心要义和基本方略就是不偏不倚的价值坚守，夯实牢固的战略根基。

夯实战略根基必须以人民群众对美好生活的向往为奋斗目标，遵循"一切以用户价值为依归"，人民群众是有序参与战略决策、支持和监督战略推进、评判和宣传战略成效的主人。夯实战略根基必须让战略从当前所处的环境出发，不能让所有的人都去谈战略，而忽略战略执行主体的"主人担当"，成为以主人翁意识真正去执行战略的队伍。避免战略成为"空中楼阁"，否则就是一个七彩的"肥皂泡"。

哈佛大学商学研究院教授迈克尔·波特认为战略是"企业在各项运营活动中建立一种配称"。借鉴商界特征的战略定义，我们认为战略必须要体现方向性目标和路径子目标，环环相扣，整体联动，这样才能凸显战略的独特性和差异化，确保战略在实施过程中各部门、各环节的相互匹配，让战略得到统一解读、统一传播、全员践行、全体联动，真正按照基本方略的要求，将战略落到实处，通过引领"人民群众对美好生活的向往"的各项事业发展，用实践成效诠释战略的价值力量。

(二) 战略的协同

强国目标是一个全方位的强国梦的实现载体，对国家重大战略的综合承载是一个战略整合式的立体化承接。只有通过战略整合所形成的集聚辐射力，才能抢占奇点、直击盲点、把控节点，进而实现战略的整体性、前瞻性和协调性。

实现战略全局性协同，一定要高点站位对接。综合承载国家战略，必须拓展区域发展的新空间。着眼于抢占战略制高点，充分认识到国家拓展区域发展中的统筹"四大板块"和"五大支撑"的战略组合。西部大开发、东北振兴、中部崛起和东部率先发展"板块"是从国家层面对全国区域协调发展战略进行统筹安排和总体部署，"一带一路"、长江经济带、京津冀、粤港澳大湾区和成渝地区双城经济圈协同发展是从全球和国家治理的角度聚焦国际国内合作和区域协同发展战略，板块是基础、战略是引领、支撑是桥梁。应全面剖析在发展战略空间中的坐标系，站准区域发展的坐标点，将这"四大板块"中的"西部大开发"作为站稳底线的"基本底盘"；将"五大支撑"中"一带一路"、长江经济带作为从高设标的"重要节点"，由此在"四大板块＋五大支撑"中形成坚守站稳、起跳跃升的区域跨越式发展战略体系，聚集于区域联动发展新格局，产生叠加效应、协同效应和融合效应，形成澎湃的发展新动力。

实现战略全面性协同，一定要构筑复合系统。要科学评估区域生态系统承载空间，把生态经济学的相关理论学说以系统化的方式融进生产和消费方式的变革中，在此前提下，产业发展兼顾生态、经济、文化、环境。着力构筑"社会—经济—自然"复合生态系统，让战略焕发出活力，实现经济与生态兼得、物质与精神兼备、自然与社会兼容的可持续发展。

实现战略全域性协同，一定要延展战略叠加。区域下的各特色性区域发展战略，都应有明晰的定位、科学的布局和集约高效的路径。但更重要的是，要体现"点"的特色性、"线"的差异性与"面"的集约性相匹配。"点"要具有示范性、"线"要具有连贯性、

"面"才能展现出地域特色的发展可持续性和辐射带动力。

（三）战略的评估

战略评估是检验战略构想、凸显战略显示度的必备之器。没有评估的战略实践，有可能让战略走向盲区，甚至形成误区。只有突出以人民群众为主人、由人民群众来评判，战略才有效度，才能让战略驶入引领各项事业跨越发展的"蓝海"。要着眼人民群众参与战略评估的"参与被动性、表达间接性、利益相关性、影响决定性"，通过扩大人民群众有序参与战略评估的渠道、建立健全完善的有效参与战略评估的机制、引入包含第三方评价的科学评估方法，确保评估的政治性、权威性、科学性和激励性。

战略的效度是以战略的高度、准度、力度为前提的，四者是有机不可分割的整体。同时，"四度"的评估切不可忽略社会评价，若以"战略出成效有过程"为理由，忽略或者阻隔社会评价的反馈必然导致战略实施中阻力重生，我们应认识到"隔离带不是安全带"，没有评价的信息反馈和执行的调校改善，战略的公信度、公认度和满意度必然无法与战略的"高度、准度、力度、效度"相匹配，必将影响战略规划与实施步骤所需要的安定和谐的治理氛围，必定无法实现战略动力不竭，进而影响战略规划发挥引领作用。

战略有高度、准度、力度和效度，应坚持"四位"的评判标准。要坚守"精神区位"，体现全域视野，凸显政治性和全局性；要追求"精准站位"，体现地域气概，凸显权威性和根本性；要遵循"历史方位"，体现长远定力，凸显科学性和永续性；要实现"有为有位"，体现民生情怀，凸显激励性和导向性。确定评判标准之后，应形成导向准确、界限明确、互动通畅的评估体系，着眼评估组织、评估行为、评估效果和评估监督，设置评估项目；通过精细化、数字化、可视化管理，完善评估指标；通过定量分析和定性分析相结合、客观评价和主观评价相结合，优化评价方式；通过精心实施和结果反馈，实现评估结论的高效运用。

附：《天府发展战略学》研究框架图

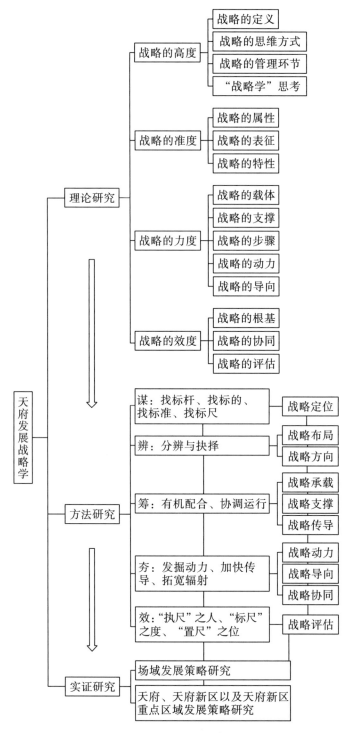

《天府发展战略学》研究框架图

第一章　战略定位

一、立足天府的战略定位解析

（一）天府的定义及其对"富国强兵"的历史贡献

天府，顾名思义，即物产资源丰富之地，就如同天上的仙境一般。"天府"最初并不指四川，但四川自古便是物产富饶之地。《史记·货殖列传》记载："巴蜀亦沃野，地饶卮、姜、丹沙、石、铜、铁、竹、木之器。"[①] 四川被称为天府，则是由于在战国时期，李冰治水的成功，有效地解决了蜀地长期面临的洪水灾害问题。晋代史学家常璩在《华阳国志·蜀志》中对蜀守李冰的治水功绩进行了盛赞，指出在李冰治水成功之后，成都平原是"水旱从人，不知饥谨，时无荒年，天下谓之'天府'也。"[②]

秦占蜀地对秦一统天下具有重大贡献。秦国重臣司马错认为只要占领了蜀地，就能迅速提升秦国国力。当时的古蜀国，正是开明氏政权统治时期，其统治中心集中在成都平原。秦占领蜀地之后，《战国策·秦策》中记载："（秦）卒起兵伐蜀，十月取之，遂定

---

① （汉）司马迁：《史记·货殖列传》，上海古籍出版社，2011 年，第 2462 页。

② （晋）常璩撰，刘琳注：《华阳国志校注·蜀志》，成都时代出版社，2007 年，第 103 页。

蜀……秦益强富厚，轻诸侯。"① 从秦国最终能够攻灭六国而一统天下的胜利因素看，离不开秦人对四川地区的占有，进而实现其国力走向强大，超过了东方六国。

天府之地对汉王朝开国也有较大的贡献。秦灭亡后，西楚霸王项羽大封诸侯，分给了刘邦汉中与巴蜀之地。最终刘邦以巴蜀地区为根据地，夺取了天下，建立了统一的大汉王朝。《华阳国志·蜀志》中记载："汉祖自汉中出三秦伐楚，萧何发蜀、汉米万船给助军粮，收其精锐以补伤疾。"②

天府之地促成三足鼎立到晋一统天下。诸葛亮为刘备提出了著名的"隆中对"决策："益州险塞，沃野千里，天府之土，高祖因之以成帝业。"③ 最终，刘备于建安十九年（214 年）从刘璋手中夺取了益州，从此三分天下。司马氏灭蜀后，革除蜀汉后期弊政，减轻蜀民负担，最终以蜀为后勤基地，攻灭孙吴而一统天下，建立了统一的西晋王朝。

（二）天府文化的内涵及其历史范围

天府文化大气磅礴、丰富多彩。就天府文化本质而言，极具有复合性，体现了蜀地先民们对于不同文化的包容性，在兼收并蓄的情况下，形成了天府文化。天府文化在蜀文化的基础上，吸收了大量的外来文化的精华部分，最终形成了时人以及后世眼中的"天府文化"。秦灭蜀后，将秦地的技术与制度传入蜀地，为古蜀大地带来了"大输血"。最终在蜀守李冰的经营之下，治水成功，保障农业生产，变成了"天府"，在此之后，社会经济得到了飞速发展，常璩在《华阳国志·蜀志》中这样赞叹道："然秦惠文、始皇克定六国，辄徙其豪侠于蜀，资我丰土……染秦化故也。"④ 一句"染

---

① （汉）刘向集录：《战国策·秦策》，上海古籍出版社，2015 年，第 67 页。
② （晋）常璩撰，刘琳注：《华阳国志校注·蜀志》，成都时代出版社，2007 年，第 109 页。
③ （晋）陈寿撰，（宋）裴松之注：《三国志·蜀书·诸葛亮传》，中华书局，2006 年，第 544 页。
④ （晋）常璩撰，刘琳注：《华阳国志校注·蜀志》，成都时代出版社，2007 年，第 115 页。

秦化故"，总结了蜀地经济飞跃的原因，从这里也反映出蜀人对于文化的包容性，他们积极吸收先进文化，以此来提升自己。

天府地域范围的变化是一部变迁史。早期的古蜀先民对于蜀地的开发集中于成都平原地区，他们创造了辉煌灿烂的宝墩文化、三星堆文化、金沙文化、十二桥文化、晚期蜀文化，并向四周辐射。《华阳国志·蜀志》中记载了蜀帝杜宇的统治时期，"乃以褒斜为前门，熊耳、灵关为后户，玉垒、峨眉为城郭，江、潜、绵、洛为池泽，以汶山为畜牧，南中为园苑。"① 秦灭蜀后，变古蜀国为秦国的蜀郡，治所在成都，蜀郡的范围，从成都向四周辐射，北可达今天的广元，南可至今天的宜宾，这大体上正符合成都平原的范围。但需要提及的是，即使在李冰治水之后，蜀地被称为天府，其区域范围也主要是指成都平原地区。

天府地域概念在不断延展中实现辐射力的增强。先秦时期，经过古蜀先民的经营以及秦人的改造，天府之地最终在成都平原得以形成，并以成都平原为中心，辐射四周，到东汉以及三国时期，直接管辖的郡县，以达至昔日汉儒眼中蜀地内部的"西南夷"活动区域，最终覆盖了整个四川省，并对周围的省份也产生了影响。李后强教授与邓子强教授在研究中指出："四川是西部大开发和内陆开放的桥头堡。"② 并且，他们还进一步指出："四川素有'天府之国'之称，地处长江上游，位于西南腹地，与西部7个省（自治区、直辖市）接壤，是国家西部综合交通枢纽和内陆开放高地……四川是西部特别是西南地区各种要素和商品的重要集散地，已经成为有效承接国内东部地区的产业转移，以及在国际产业转移中外资西进的首选地区。"③ 先秦时期，古蜀先民们也曾经展开过"东进"与"南拓"活动，他们通过长江水道交通，与楚地区的居民们展开

---

① （晋）常璩撰，刘琳注：《华阳国志校注·蜀志》，成都时代出版社，2007年，第92页。
② 李后强、邓子强：《区域经济发展模式研究——以四川为例》，四川人民出版社，2015年，第38页。
③ 李后强、邓子强：《区域经济发展模式研究——以四川为例》，四川人民出版社，2015年，第38页。

了往来，既有民间贸易，也有政权之间的官方往来，甚至也有战争。段渝在《四川通史·先秦卷》一书中指出："从春秋中叶到战国中叶，蜀、楚文化互有交流……《六国年表·楚表》载：'蜀伐我兹方。'"①

本书中的天府特指成都平原经济区（含成都、德阳、眉山、资阳、绵阳、乐山、遂宁、雅安八市，具体的研究对象及策略实施范围主要以四川天府新区及其直管区为例），从其国家层面战略对接上主要考虑了"一带一路"、长江经济带、成渝地区双城经济圈；从区域战略考量上，主要考虑"一干多支、五区协同"、大成都平原经济区中的成德眉资协同，市域主体功能区战略中的区域协同；从具体的策略思考上，紧紧扭住"天府"二字，聚焦四川天府新区尤其是天府新区直管区（但不局限于此区域），制定明晰的区域落点策略，进而实现天府发展的战略跨越。

（三）天府在我国区域经济发展中的地位

天府是一带一路的重要节点。李后强教授认为天府新区可培育"硅谷效应""支点效应""分流效应""势差效应"四种效应，可打造为长江经济带上游"新引擎"。一是交汇了南北丝绸之路和长江经济带的物流运输干支线枢纽点，成为"一带一路"物流枢纽最合适的选择。二是地势平坦、气候条件稳定，辖区内有岷江、沱江等12条干流，水质优良，具备承接"一带一路"重大项目的条件。三是有着发达的文旅产业，人文荟萃，教育品质优乘，具备吸引精英、高端人才助力"一带一路"。四是天府是西南部金融中心，其金融机构在中西部地区数量最多、类别最丰、开放度最大，同时具有中西部城市中最大规模的金融市场。能够为"一带一路"项目提供投资支持。五是成都是唯一具备国际间直接通信条件的西部城市，研发能力强、创新底子好，能够成为"一带一路"的创新中心之一。

---

① 段渝：《四川通史·先秦卷》，四川大学出版社，1993年，第75—76页。

天府是长江经济带的战略支点。成都致力于打造西部经济核心增长极，在推动东中西互动发展、沿海与内陆互动发展中发挥重要的支点作用。成都虽不与长江干线毗邻，但在构建沿江综合交通运输体系中仍具有十分重要的地位。一是长江沿江高速公路、沿江高速铁路西端最为重要的交通节点。二是长江上游最为重要的综合交通枢纽，是国家级的铁、公、空枢纽，以成都为中心，呈放射状的铁路和公路覆盖延伸到西部广大区域，成为长江上游地区开展铁水、公水、铁公联运的中心。依托青白江铁路集装箱中心站建设西部国际内陆无水港，与东部沿海形成海港与陆港对接，沿长江经济带形成新的陆上铁路大通道，促进沿海与内陆互动发展。三是在建设国际区域通信枢纽方面，试点示范互联网城市以及数字智慧城市的建设。推动主要通信点建设，打通贯穿长江经济带的信息反馈传达大通路。四是泛成都经济区积极承接长江经济带中高端产业转移。高水平规划建设中国西部（成都）科学城，营造宜智创造的生活环境；集聚各类创新平台，紧密融入长江经济带发展战略。五是在生态环境方面，坚持生态优先，把修复长江生态环境摆在压倒性位置，为建设美丽宜居公园城市提供方向指引。

天府是成渝地区双城经济圈的重要极核。一是坚持成德眉资协同，建设成为向西面向欧洲、向南辐射中亚的西南区域经济中心。二是联动重庆等周边城市，发挥西部国家级中心城市带动效能，承接同城产业转移，做强做大制造业，做优做好服务业，打造战略性新兴产业引育基地，进一步提升在全球资源配置中的地位。三是把国家创新型城市的优势充分发挥出来，在重点技术领域取得突破，集成各类创新资源，大胆迈出创新改革步伐，加快技术成果转化上台阶，成为创新试点试验的先导地。四是在体制机制、"引进来走出去"等方面大胆试行、有效突破，建设扩大开放提质增效的高地，提升开放格局、积极融入全球立体开放网络体系的共享共建。五是坚持人民至上的原则，坚持以公园城市高品质宜居宜业为引领，转型升级城市发展方式，优化公共资源配置，协调城乡空间，打造"文化名城、活力城市、幸福城市"品牌，切实实现民生民惠、服务均等。

天府是西部大开发的枢纽和引擎。区域经济发展战略先后经历了均衡—非均衡—均衡的演变。2020年5月17日，《中共中央国务院关于新时代推进西部大开发形成新格局的指导意见》（以下简称《意见》）指出要加快川藏铁路等重大工程规划建设。成都企业从"借船出海"走向"驾船出海"，国际班列（成都）联系起西部地区12个省（自治区、直辖市），共计联结成都境外城市24个，构建成以成都为枢纽、联系太平洋和大西洋的新亚欧大陆桥。天府国际机场正式投运后，成都就成为国内在西部唯一具备双机场条件优势的交通枢纽城市。《意见》鼓励成都加快建设国际门户枢纽城市，应全面贯彻落实"四向拓展、全域开放"战略部署。成都国际贸易总值成为西部第一，是西南地区各种要素和商品的重要集散地，成为国内东部地区乃至国际产业转移中资本投入、要素汇聚在西部省市的首要考虑。天府是西部创新驱动的策源地，改革试点成果位于全国前列。近年来，国际合作蒸蒸日上，通过举办财富全球论坛等国际性会议，枢纽功能更加凸显。国务院分别于2017年及2018年在全国复制推广共计36项创新改革经验，成都独占9条。

天府是西部绿色发展的核心区。天府绿色发展直接关系国家长期利益。成都平原经济区内涵盖长江上游核心区域，主要集中在长江支流金沙江、岷江、沱江、嘉陵江流域，随着长江经济带国家战略进程加快，生态环境建设日益凸显重要性。目前，成都成为中国绿色能源重要研发基地，下一步将打造全球最大的绿色能源产品制造基地，成为西部最重要的促进绿色发展的能源基地。

（四）天府区域经济发展的历程及特点

天府区域面积逐步扩大。1997年以前，天府区域包括成都市，德阳市的4个区（市、县），绵阳市的4个区（市、县），乐山市的11个区（市、县）和简阳市，区域面积约3.2万平方公里，人口约 1850 万，占全省人口的 23%①。1999 年行政区域调整，天府区域包括成都市、德阳市、眉山地区、绵阳市和乐山市，区域面积约 6.1 万平方公里，人口约 2692 万，占全省人口的 32.6%②。2016 年天府区域包括成都、德阳、眉山、资阳、绵阳、乐山、遂宁、雅安 8 个市、65 个县（市、区），面积 8.7 万平方公里，总人口超过 3700 万，占全省人口的 46%③。

天府经济总量稳步提升。从地区生产总值来看，1985 年天府区域内各县（市、区）GDP 仅为 175.3 亿元；2018 年经济总量达到 25666 亿元，是 1985 年的 146 倍，占 2018 年全省地区生产总值 36980 亿元的 69.4%。从人均地区生产总值来看，1985 年天府区域内各县（市、区）人均 GDP 为 725 元，比四川全省高 29.2%；2015 年超过 51200 元，比全国、全省平均水平分别高 3.7% 和 39%。

天府产业结构逐步优化。1995 年天府区域三次产业结构为 18：46：36，与同年全省三次产业结构 28：42：30 相比，第一产业占比较小，第二、第三产业差距不大④；2001 年三次产业结构为 16：42：42，与同年全省的 22.2：39.7：38.1 相比，三次产业结构差异进一步缩小⑤；2015 年三次产业结构为 8.4：49.1：42.5，同全省的 12.2：47.5：40.3 相比，除第一产业外，第二、三产业基本持平。经过 30 余年的发展，天府区域第一产业较 1985 年下降 53%，第二、三产业分别上涨 6.7% 和 18%，产业结构进一步优化⑥。

天府发展不均衡问题突显。成都是天府区域的核心城市，也是全省的经济中心，对环成都经济圈乃至全省各市（州）的经济发展

① 林凌，刘世庆. 成都平原经济区构想（上）[J]. 长江论坛，1997（04）：11–14。
② 陈钊. 成都平原经济区经济地位及发展前景分析 [J]. 中共成都市委党校学报，1999（02）：53–56。
③《成都平原经济区"十三五"发展规划》
④《四川统计年鉴—1996》
⑤《四川统计年鉴—2002》
⑥《四川统计年鉴—2016》

都有不同程度的辐射影响力。近年来，天府区域内各城市虽总体发展势头良好，但与成都相比，其他 7 市在人口和经济等方面还存在明显差距。人口方面，根据《四川统计年鉴—2019》，截至 2018 年底，成都市年末常住人口 1633 万、德阳市 354.5 万、绵阳市 485.7 万、遂宁市 320.0 万、乐山市 326.7 万、眉山市 298.4 万、雅安市 154.0 万、资阳市 251.2 万，成都市人口远超其他城市；经济方面，成都市 2018 年地区生产总值 15342.77 亿元、德阳市 2213.87 亿元、绵阳 2303.82 亿元、遂宁 1221.39 亿元、乐山 1615.09 亿元、眉山 1256.02 亿元、雅安 646.10 亿元、资阳 1066.53 亿元，成都市地区生产总值比其他 7 市地区生产总值之和还多 5019.95 亿元。

天府区域经济发展历经多次转折。从改革开放初期到今天，天府区域经济的发展经历了从分散到集中、从缓慢到飞速、从量变到质变的过程；经济发展重心逐步从以第一、二产业为主转向以第三产业为主。总体上天府区域经济的发展可分为三个时期：

"一五"时期到改革开放初期是"萌芽期"。经过"一五""二五"和三年调整，以及大规模的三线建设时期，区域内农业、工业和交通运输业状况得到了明显的改善。1952 年至 1982 年，天府区域 5 市经济发展年递增率 6.87%，高于全省 5.87% 的平均水平；工农业总产值占全省比重从 20.5% 上升至 27.2%，其经济总量一直处于全省领先地位。

改革开放初期至 21 世纪初期是"探索期"。随着改革开放进程的不断推进，国家政策的倾向性愈发明显，天府区域经济发展速度明显放缓，四川省 GDP 较国内其他省差距明显增大。1978 年全国各省 GDP 排名情况显示，四川省位居全国第 6，GDP 总量 184.6 亿元，与排名第一的上海市仅相差 88.2 亿元；1998 年四川省 GDP 总量 3474.09 亿元，位居全国第 9，较排名第一的广东省相差 5056.8 亿元；2005 年四川省 GDP 总量 7385.1 亿元，位居全国第

10，与排名第一的广东省相差 14316.18 亿元，差距逐步扩大①。

21 世纪初至 2011 年是"调整期"。面对日益复杂多变的世界形势，中央在综合判断后指出，要加快转变经济发展方式，制订坚持扩大内需战略与促进城乡区域协调发展的政策。2000 年正式实施西部大开发战略，2001 年中国正式加入 WTO，以外商投资、对外贸易和"走出去"为核心内容的开放型经济格局初步形成，天府区域迎来了新的发展机遇。2006 年 1 月，《四川省"十一五"规划纲要》出台，提出建设"五大经济区+四大主体功能区"的区域发展新格局。规划指出成都经济区包括成都、德阳、眉山、资阳、绵阳 5 市。2011 年 5 月，国务院批复《成渝经济区区域规划》，首次规划建设天府新区；同年 11 月，《成渝城镇群协调发展规划》获批，天府区域成为四川全省乃至西部地区新的增长极。

2011 年至今是"拓展期"。自 2011 年以来，随着一系列合作发展协议的签署，天府区域的发展取得了举世瞩目的成就。2014 年 10 月，国务院正式批复同意设立四川天府新区，要求把建设四川天府新区作为深入实施西部大开发、积极稳妥扎实推进新型城镇化、深入实施创新驱动发展战略的重要举措，为发展内陆开放型经济、促进西部地区转型升级、完善国家区域发展格局等发挥示范和带动作用。2016 年四川省政府印发《五大经济区"十三五"发展规划》，自《规划》提出以来，天府区域经济总量持续稳步增长，GDP 从 2016 年的 20774.15 亿元上升到 2019 年的 28295.58 亿元，涨幅达 36％。2018 年 2 月，习近平总书记视察四川，天府新区成为公园城市首提地。2019 年 1 月，四川省政府出台《成都平原经济区"十三五"发展规划（2018 年修订）》，《规划》提出，成都平原经济区将推进形成以成都"主干"和环成都经济圈"一支"协同发展，以成渝发展主轴和成德绵眉乐发展中轴为支撑的"一核一圈、两轴三区"空间发展格局。2020 年 1 月 3 日，中央财经委员会第六次会议专题研究大力推动成渝地区双城经济圈建设工作。

---

① GDP 数据根据国家统计局、四川省统计局公开资料整理

（五）主体功能区战略下的场域概况

主体功能区战略开创了新时代新天府战略谋划的新起点。主体功能区是基于不同区域的资源环境承载能力、现有开发密度和发展潜力，将特定区域确定为特定主体功能定位类型的一种空间单元。2017 年 12 月，成都市委十三届二次全会审议通过了《关于学习新思想贯彻新理念实施主体功能区战略全面建设现代化新天府的决定》，提出将实施主体功能区战略，推动形成"东进、南拓、西控、北改、中优"差异化的空间功能布局，构建"一心两翼一区三轴多中心"[①]的多层次网络空间结构（成都市城市总体规划、成都市域空间结构规划如图 1-1、图 1-2 所示）。围绕"东进""南拓""西控""北改""中优"，明晰战略定位。关于"东进"区域，发展定位是推动成渝相向发展，打造西部地区开发开放引擎。关于"南拓"区域，发展定位是推动成都创新驱动，打造新经济发展典范区。关于"西控"区域，发展定位是打牢城市生态本底，打造现代农业和生态涵养功能区。关于"北改"区域，发展定位是要保持城市的特性，打造城市更新示范区、工业发展转型区。关于"中优"区域，发展定位是传承巴蜀文明、发展天府文化，保持和彰显成都历史文化特色区。

---

① "一心"为龙泉山城市森林公园，"两翼"为中心城区和东部城市新区，"一区"为龙门山生态涵养区，"三轴"为南北城市中轴、东西城市轴线、龙泉山东侧新城发展轴，"多中心"为 8 个区域中心城。

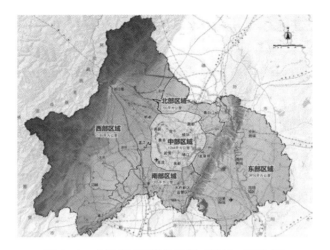

图 1-1 成都市城市总体规划（2016-2035 年）

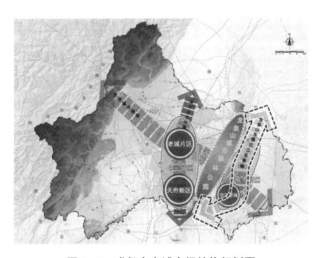

图 1-2 成都市市域空间结构规划图

产业功能区战略举措铺就了新时代新天府的景观大道。主体功能区战略是健全空间治理体系的抓手，有利于形成集约、协调、可持续的空间开发格局，提供优化城市功能品质、提升城市能级的空间载体；产业功能区战略举措是优化产业布局、重塑经济地理的重要抓手，是提升产业能力、构筑区域竞争优势的必然选择。基于主体功能区战略背景下规划建设产业功能区，是全面体现新发展理念的需要、是支撑国家中心城市建设的需要、是建设高品质生活宜居地的需要。自 2017 年 7 月成都市产业发展大会作出"统筹布局建设66个产业功能区"决策部署以来，截至2020年9月，成都市委先后召开了7次领导小组会议，持续深化认识、积极探索规律、建立制度规范，总体保持了健康的发展态势。2018年1月，成都市产业功能区建设工作领导小组第一次会议高起点谋划了"核心在产业、关键在功能、支撑在园区、机制是保障"的总体建设思路；第二次会议精准提出以"人城产"逻辑推动城市与经济发展方式转变；第三次会议提出加快"质量变革、效率变革、动力变革"的转型要求；第四次会议创新提出了"一个产业功能区就是若干新型城市社区"理念；第五次会议着眼构建城市核心竞争优势，进一步明确了产业生态圈、产业功能区的发展导向；第六次会议从复工复产、稳产满产、纾危解困抓起，强调了要构建与疫情防控相适应的经济社会组织方式和城市运行方式；第七次会议提出科学规划建设高品质科创空间，加快培育区域经济发展增长极和动力源。

构建产业生态圈，创新生态链，形成新时代新天府复合功能的城市空间新单元。成都市按照产业生态圈的划分，将116个产业园区精减调整为66个产业功能区，并由市级层面根据各产业功能区的资源禀赋、产业基础等对其主导产业方向进行精准定位，构建跨区域的产业关联和协同发展格局。根据《关于印发优化调整后的成都市产业功能区名录》，结合主体功能区规划的具体空间范围及本书对"天府"的范围界定，主要梳理了范围内涵盖的"东进""南拓""中优"区域所涉及的相关产业功能区，概况如下：天府新区（成都范围内）涵盖有10个产业功能区，涉及的主导产业方向有11个，依次为汽车产业（装备制造、智能网联）、国际商务（空港型国际商务）、下一代信息网络产业（新一代人工智能、5G通信、5G通信与人工智能、大数据与网络安全、金融区块链、区块链应用创新、区块链等高新技术服务）、文创旅游（文博旅游、生态旅游、创意设计、网络视听、网络视听与数字文创、时尚消费）、医疗康养（生物医药、健康新经济）、航空经济（枢纽型航空产业、临空型国际贸易）、科技金融、体育赛事、智能制造、总部经济、国际博览；涉及的重要支撑功能有8个，依次为战略产业支撑功

能、对外交往和特色文旅承载地、国家科技创新中心和新经济发展
支撑功能、"总部成都"和国际交往中心支撑功能、全国重要文创
中心支撑功能、国际门户枢纽和开放平台、国际消费中心支撑功
能、全国重要消费中心和金融中心支撑功能。（表1-1）。

表1-1 主体功能区战略下的天府新区（成都范围内）"东进""南拓""中优"
区域所涉及产业功能区

区　域	产业功能区	主导产业方向	空间范围	重要功能
"东进"区域	龙泉驿汽车产业功能区	汽车产业、装备制造	范围面积144.9平方公里，其中核心起步区面积12.93平方公里。	战略产业支撑功能
	成都中法生态园	国际商务、体育赛事、生态旅游、智能网联	范围面积136.0平方公里，其中核心起步区面积11.48平方公里。	对外交往和特色文旅承载地
"南拓"区域	成都科学城	新一代人工智能、5G通信、区块链等高新技术服务	范围面积99.4平方公里，其中核心起步区面积39.42平方公里。	国家科技创新中心和新经济发展支撑功能
	天府总部商务区	总部经济、国际博览	范围面积50.3平方公里，其中核心起步区面积8.48平方公里。	"总部成都"和国际交往中心支撑功能
	天府文创城（中意文化创新产业园）	创意设计、网络视听、文博旅游	范围面积140.3平方公里，其中核心起步区面积2.32平方公里。	全国重要文创中心支撑功能
	天府智能制造产业园	智能制造	范围面积68.8平方公里，其中核心起步区面积6.34平方公里。	战略产业支撑功能
	成都天府国际生物城	生物医药、健康新经济	范围面积43.6平方公里，其中核心起步区面积5.16平方公里。	战略产业支撑功能

区　　域	产业功能区	主导产业方向	空间范围	重要功能
"中优"区域	双流航空经济区	枢纽型航空产业、临空型国际贸易、空港型国际商务	范围面积 206.1 平方公里，其中核心起步区面积 11.85 平方公里。	国际门户枢纽和开放平台、国际消费中心支撑功能
	交子公园金融商务区	科技金融（金融区块链）、时尚消费	范围面积 9.3 平方公里，其中核心起步区面积 9.3 平方公里。	全国重要消费中心和金融中心支撑功能
	成都新经济活力区（新川创新科技园，中韩创新创业园）	5G 通信与人工智能、网络视听与数字文创、大数据与网络安全、区块链应用创新	范围面积 79.6 平方公里，其中核心起步区面积 19.26 平方公里。	国家科技创新中心和新经济发展支撑功能

　　"东进""南拓"联动开辟了新时代新天府的区域发展新路径。区域经济发展的空间组织路径经历了"城市—城市群—以城市群带动的区域板块"的过程，城市始终扮演着重要角色，城市空间结构的优化是区域协同发展的构建基础。基于主体功能区战略背景下的产业协同思考，应立足各协同发展区之间的现实差距，聚焦产业发展现状及未来方向，找准联动发展的有效路径。本书"天府"聚焦的天府新区直管区，在空间上处于"东进""南拓"的范围，与毗邻的高新区、东部新区在成渝发展主轴线和成德眉资串接链覆盖的核心区中形成协同发展体，明显的区位优势使得三区协同发展对于带动区域经济规模壮大、推动成德眉资同城化建设、联动打造成渝世界级城市群具有重大战略意义。天府新区直管区，位于成都市区南部，面积 564 平方公里。天府总部商务区、成都科学城、天府文创城是天府新区在鹿溪河依次布局的 3 个产业功能区。其中，天府总部商务区积极发展总部经济和会展博览，以总部基地、西部博览城为支撑，构建面向世界、面向未来的总部商务区和成都未来城市新中心；成都科学城关键在于完成科技创新和发展新经济目标，以"一岛一园一谷"载体建为基本盘，奋力实现"一中心"发展目标。重点发展新一代人工智能、5G 通信、区块链等高新技术服务，为

成都建强全国科技创新"第五极"提供核心支撑；天府文创城在创意设计、文博旅游、数字影视优势产业基础上，着手进行"一园一带一区"战略布局，推出"文创之都"新名片。东部新区应将航空经济、现代物流、总部经济、国际消费、智能制造作为产业主要发展方向，形成由先进创造业、现代服务业、新经济产业以及战略性新兴产业共促开放的现代化产业体系。高新区，暨成都高新技术产业开发区。其范围内涵盖成都电子信息产业功能区、成都新经济活力区、高新航空经济区等产业功能区。其中，成都电子信息产业功能区明确"一芯一屏"的主导产业方向，重点发展集成电路、新型显示、5G通信等高新技术；新经济活力区聚焦5G通信与人工智能、网络视听与数字文创、大数据与网络安全、区块链应用创新，聚力建设成为具有全球影响力的新经济策源地和活力区。基于主体功能区战略下的区域产业协同与发展联动应重点处理好以下几对关系：一是主体功能区战略与其他规划之间是指导关系，应将主体功能区战略作为其他规划制定的前提和根本。二是主体功能区与行政区划之间，主体功能区突破了行政区划对产业发展的局限，为区域协调发展创造空间条件。三是产业功能区是推进主体功能区战略的具体路径。天府新区直管区、东部新区和高新区的协同发展，可依托绵阳、德阳、金堂、龙泉驿、眉山等行政区域已经形成的城市发展带，发挥节点支撑作用，优化产业格局，加速建成具有国际竞争力的高端装备制造产业集聚区；承接成绵乐主轴产业功能，发展内生驱动产业，推动成都与德阳、资阳、眉山等跨界地区的协同管控、协作升级，构建大都市区制造功能网络；承接优化区域现有产业门类，共建全面体现新发展理念的国家中心城市的产业布局体系，呈现龙泉山两侧产业协作、成德眉资产业协同、成渝产业提档升级的良好发展局面，形成分工有序、体系完善的产业链，打造核心产业联动带。

二、多维度的战略定位探索

（一）区域特色风貌的定位思考

关于特征性定位，四川天府新区在发展起步期，直管区着眼于新理念、新要求，从国家级新区作为承载国家重大发展和改革开放战略的综合功能区出发，就如何落实国家战略部署，成为承载内陆开放功能的战略高地和西部地区重要的新兴增长极核出发，突出战略规划的产业功能、城市布局、城乡发展、产业体系、生态体系特色，提出"千年天府、山水智城"的战略主题。从总体城市设计的定位突出人与自然和谐共生、人与城市协同共创、人与社会包容共享，提出"生态之城、创新之城、人民之城"，以地域特色风貌作为定位，展示出围绕特色建支柱式的发展指向。

"千年天府、山水智城"，以明显的地域地形地貌、历史文化渊源、特色生态体系、产业功能承载、现代产业体系特征来展示发展的方向和差异化发展之路。从城乡发展上，从分离到共融，全面实施乡村振兴战略，让大美乡村与精彩城市交相辉映，构建城乡深度融合的产业生态共同体和人居生态共同体；从城市布局、产业功能和产业体系，从背水到面水、沿路到沿河、自发到主导，以水定人、以地定城、以地定业、以地定形，通过创新驱动、科技引领，构建高端高质量的现代产业生态圈，真正实现历史与现实贯穿、山水与生态交融、产业与城市均衡的特色发展。

"生态之城、创新之城、人民之城"，围绕有共性更有个性的大众需求，以人类社会迈向生态文明新阶段、以人民为中心、以建设体现新发展理念的公园城市为探索方向，以"三中心两基地"为总体功能定位，构筑由行政服务中心（其后用地定位为将行政办公用地转型为总部商务区商业服务用地）、商务会展中心、科技创新中心、以及区域性总部基地和高新技术产业服务基地。在总体空间布局和空间框架上，以"一带引领"（鹿溪智谷创新带）、"双轴拓展"

（城市南拓发展轴、城市东进驱动轴）、"三川交融"（锦江总部生态带、鹿溪智谷创新活力带、东风渠山水田园带）总体空间布局和涉及核心区、起步区和特色片区、特色镇和美丽乡村的城乡空间格局，塑造出保护山水骨架、沿山沿河展开、城乡融合的特色空间风貌。

（二）战略区域辐射功能的定位思考

关于战略方向性定位，四川天府新区立足于区域统筹谋发展和战略性区域辐射功能，着眼于中国·四川自由贸易试验区建设，把握制度创新这个核心，紧盯可复制可推广的基本要求，扎根内陆、承东启西、辐射全国、面向全球，把自贸试验区打造成为我国西部门户城市开放开发引领区、内陆开放战略支撑带先导区、国际开放通道枢纽区、内陆开放型经济新高地和内陆与沿海沿边沿江协同发展示范区。其中，天府新区自贸试验片区（直管区）以价值链、供应链为切口，进行改革创新构筑国际开放平台、促进国际贸易自由化、强化金融创新、健全法治保障，构建国际化、法治化、便利化营商环境。在探索内陆自贸试验区服务全省、辐射西南上为区域搭平台，建设全面体现新发展理念的自贸试验区。

在自贸试验片区的发展举措上，突出重点发展区域，全力打造26.45平方公里的直管区板块。围绕核科学、航空航天、网络安全，争创国家科学中心和国家技术创新中心，发展兴隆湖周边区域，打造立足成都、面向四川、辐射全国的科技创新中心和高新技术产业服务基地；围绕构建总部经济发展体系，增强服务区域经济的综合职能，规划好建设好天府总部商务区，打造接轨国际通行规则、具有区域辐射力的总部基地；围绕大力引进会展业相关外资企业，在自贸试验区设立中外合资企业，充分发挥好中国西部博览城作用，加快建设好国际保税商业中心，打造具有全球影响力的国际会展功能区。

（三）发展战略目标的定位思考

遵循以人为本、和谐发展的原则，深化改革、创新发展，统筹城乡、一体发展，扩大开放、合作发展的原则，四川天府新区着眼于发展战略目标，提出"全面创新改革试验区、现代高端产业集聚区、内陆开放经济高地、宜业宜商宜居城市、统筹城乡一体化发展示范区"的战略定位。

这个定位是在历经战略形成期各个关键时间节点的基础上提出的，通过历经国家《成渝经济区区域规划》《西部大开发"十二五"规划》、国务院《关于依托黄金水道推动长江经济带发展的指导意见》、国务院批复同意设立四川天府新区、国家发展和改革委员会正式印发《四川天府新区总体方案》以及四川省人民政府批复四川天府新区总体规划（2010—2030）的指引或规范，其发展战略目标愈来愈清晰。

具有依据规范和清晰目标的战略定位，对于地域的产业布局、城乡统筹、经济转型、区域协同都具有重要意义。有利于提升西部对外开放水平，构建开放型经济高地，通过面向欧亚，深度融入"一带一路"；有利于推进新型城镇化，实现区域一体化发展；有利于深入实施创新驱动发展战略和西部大开发，促进经济结构战略性调整，拓展新的经济发展空间，形成新的经济极核，增强区域协调发展的带动辐射力。

（四）拓宽全球视野、助力强国梦想的时空定位思考

"天府新区是'一带一路'建设和长江经济带发展的'重要节点'"，这为发展设置了立足点。站在这样的一个历史基点上，以"加快建设以人民为中心、全面践行新发展理念的公园城市"的愿景目标作为战略定位。

"一带一路"是在逆全球化和贸易保护主义的历史的背景下，发出的最强劲、最清晰的声音，是具有历史使命感、贯穿东西方文明的国家目标。推动长江经济带发展，是关系国家发展全局的重大

战略，有利于加快"两个一百年"目标实现、中华民族伟大复兴的进程，圆融中国梦。以生态优美、交通畅达、经济协调、市场统一、机制科学为目标要求的长江经济带，不仅是打造"黄金经济带"的要求，还是生态优先、绿色发展的新路子。

天府新区是两大战略的重要节点，体现了地域特点、地域特质的标识度。规划好、建设好，就是要在国家开放全局中找准方位，承载全球视野、横贯东西、向南向北、辐射世界的对外开放发展功能定位，加强全方位对外开放，成为"一带一路"开放高地（图 1-3）；就是要在中华民族发展的历史进程中找准支撑，从干流追溯到支流，从航道上溯到源头，着眼中华民族长远利益的发展功能定位，加强系统性改革创新，以战略统筹、规划引导，使长江经济带成为引领我国经济高质量发展的生力军（图 1-4）。

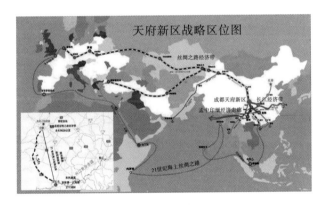

图 1-3 天府新区战略区位图

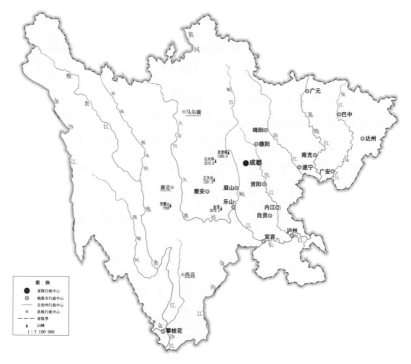

图 1-4 四川省境内水系简图

三、高瞻远瞩的战略定位抉择

（一）历史节点的抉择

2018 年 2 月 11 日，习近平总书记视察天府新区时，提出"天府新区是'一带一路'建设和长江经济带发展的重要节点，一定要规划好建设好，特别是要突出公园城市特点，把生态价值考虑进去，努力打造新的增长极，建设内陆开放经济高地"，习近平总书记的重要指示是在重要历史节点，基于强国梦想、时代要求、国家战略需要和天府新区现实基础，对天府新区进行的高层次、大格局的战略谋断，是天府新区发展战略定位的首要遵循。

党的十八大以来，习近平总书记高度重视国家级新区的发展，先后视察的国家级新区有滨海新区和舟山群岛新区。总体分析，主要要求国家级新区要先行先试重大改革措施，要注重国家级新区更广阔的辐射带动能力，努力为全国改革发展积累经验，为提升国家的国际地位发挥战略支撑作用。这体现了国家级新区着眼于国家战略和发展全局，着眼于国家发展的统筹规划，精准把脉国家级新区的"全国意义"和"全球影响"，为国家级新区指明历史方位。

党的十九大报告中指出，区域发展协调性增强，"一带一路"建设、京津冀协同发展、长江经济带发展成效显著。加大力度支持革命老区、民族地区、边疆地区、贫困地区加快发展，强化举措推进西部大开发形成新格局，深化改革加快东北等老工业基地振兴，发挥优势推动中部地区崛起，创新引领率先实现东部地区优化发展，建立更加有效的区域协调发展新机制。在习近平总书记视察天府新区不久，党的十九届三中全会明确指出："深化党和国家机构改革是推进国家治理体系和治理能力现代化的一场深刻变革。"推进国家治理体系和治理能力现代化，是一项复杂的系统工程，国家级新区在引导区域发展上的机构改革创新和践行新发展理念的管理方式创新，与国家机构进一步精简高效的改革方向相契合，有利于国家级新区更好地承载国家重大战略的展开与推进。

（二）战略节点的统筹

习近平总书记的重要指示包含了战略的定位、布局和路径。"重要节点"是发展定位，"公园城市"是发展布局，"新的增长极、内陆开放经济高地"是发展路径，它们作为一个有机整体，系统支撑"一带一路"、长江经济带、成渝地区双城经济圈、构建西部大开发新格局等国家战略，充分彰显国家级新区承担国家重大发展和改革开放战略任务的综合功能区特质。

其中，"重要节点"作为战略定位犹如振翅欲飞的"机体"，"公园城市"和"增长极与高地"是机之两翼，"公园城市"作为重大发展和改革开放战略的底盘支撑和核心载体，是"一尊重五统筹"总体思路、"绿水青山就是金山银山"发展理念的进一步聚焦和凝练；"新的增长极、内陆开放经济高地"作为重大发展和改革开放战略的关键支撑和核心引擎，是实现更高质量发展更高水平开放、构建更全面更完善现代经济体系的关键和根本。它们是习近平新时代中国特色社会主义思想在国家级新区建设发展中的具象和升华，它们所建构的"一主两翼"的形态选择，体现了战略定位抉择的站高谋远。

"一带一路"和长江经济带两个国家战略"重要节点"的提出，要求我们应从全域视野去统筹两大战略的叠加。"一带一路"涉及的主要国际合作走廊包括中巴经济走廊、孟中印缅经济走廊和新欧亚大陆桥以及中蒙俄经济走廊，主要涉及 17 个国家，发挥着维护国际区域安全或经济协同发展等方面的作用（图 1－5）。"一带一路"涉及的"四向"国际经济带，有三大经济带以四川盆地（含天府新区）作为起点，其中从北部湾入海以及从缅甸皎漂港可越过马六甲海峡的入海通道，使四川"南下"通道更加具有战略意义和经济价值。长江经济带，由长江干流溯江而上，川西南可达金沙江、川西北和川西可达岷江、大渡河（含支流青衣江），川东和川东北可达渠江、嘉陵江、涪江、沱江，腹地纵深广阔，百舸争流、齐聚一点，同样需要国家级天府新区作为"重要节点"的汇聚和辐射。

图 1－5　"一带一路"经济合作走廊图

（三）深化节点的内涵

着力强化"一带一路"和长江经济带"节点"意识，就要让"节点"认识变为"支点"实践。切实增强国家使命担当，进一步提升"一定要规划好建设好"天府新区的格局和境界，站在担当联动相关国家战略支撑点的高度，强化融入世界的责任担当，在国家发展格局中，积极承担国家重大发展战略任务，强化极核引领。

"节点"就是支撑点。应坚持千年立城的卓越追求，以人民为中心，全面践行新发展理念，积极承担国家改革开放战略任务，按照西部第一、国内一流、世界领先的标准谋划新区建设，努力实现经济高质量发展、城乡高水平建设和市民高品质生活。

"节点"就是制高点。以坚持质量变革、效率变革和动力变革来打造制高点。质量变革，通过坚持高质量发展、构建现代化经济体系目标，将资源配置方式从主要依靠区域配置转向全球高端配置。作为国家级新区，应做到肩负国家使命、体现国家意志、代表国家形象，这就要求每一件工作的逻辑起点、每一个项目配置的选择，都能体现国家水准、参与国际竞争。效率变革的展现，就是能成为有国际影响力和区域带动力的高质量发展排头兵，通过追赶、超越中国当前最具高质量发展的区域，成为赶超高质量发展先锋区的"模范生"。动力变革，应由主要依靠投资驱动，转向为主要依靠创新人才支撑。人才强国战略在天府新区的践行应转换用人方式，从引专人转向引专业的团队。新个体进入老团队，最终团队理念还是无法更新，"思想有多远，我们才能走多远"，因此，引进创新型团队尤为关键。从放开引人到开放用人，人引来后，安居等保障因素到位固然是前提，但"乐业"更是关键和核心，加大对创新型人才干事创业载体、平台的要素资源配置显得尤为重要。在天府新区的行政服务和管理机构中，应从对人的管理转化为岗位管理和激励，做到以事设岗、因岗择人。

"节点"就是转折点。通过深化改革的方式，实现"节点"建设的战略性转折。关于对天府新区的管理机制，应建立市场化协同运作机制，着眼四川天府新区全域统筹，建立不同功能区主管机构间的区域多边开发机构，推进区域的建设互联互通和经济一体化进程，创新四川天府新区成都片区和眉山片区的区域共赢机制，有效动员各片区优势资源，合理分担风险和共享利益，促进全域更高水平的资本利用、投融资机制优化。同时，还要建立项目化协同运作机制，在规划上，着眼于区划用地性质管控、总体规划修编、规划体系构建、地域相连交错区域的控制性详规共商联评等，要分远、中、近期设立项目库，做到应入尽入，不留"盲区"；在建设上，要瞄准衔接区域重复建设、滞后建设等问题，校准道路接头点、衔接道路规划等级相适度、管网能级匹配度，不规避"深水区"，优化进库项目准入和时序进度安排，最终携力共进协同发展"清水区"；在管理上，组建跨区域协同管理运营项目部（公司），选取民意关切度高、成本控制成效显、地域关联度强的项目推进示范化，切实实现提质增效。

关于城市管理的架构，要破除"行政区"的传统管理架构理念，变多级架构为一级架构，管委会层面集中全部执行权，实现全覆盖，把有限的人力资源管理通过专业化改造和整合，实现高效率社区治理，从而把功能区管委会和特色镇管委会职能聚焦在产业生态圈建设上。

（四）把控节点的定力

主动在国家战略全局中坚持定位、坚定方向、坚实路径，聚焦担当国家使命、聚焦彰显城市特质、锻造带动能级、走好"一带一路"，加快建设以人民为中心、全面践行新发展理念的公园城市，加快打造新增长极、构筑内陆开放经济高地，为长江经济带、"一带一路"、成渝地区双城经济圈、西部大开发新格局的构建提供重要的战略支撑，切实担当新使命，奋勇开启新征程，全力实现新作为，坚决不负新时代。

"重要节点"建设的定力是高度不降。天府新区作为国家级新区，应超越性把准地位，通过世界眼光、国际视野，"担使命、做引擎、当杠杆",纵向对标国家中心城市发展战略,横向对标国家级新区"第一方阵"。要紧紧抓住中华民族走向伟大复兴的机遇,抬高产业准入门槛,制定代表国家水平的产业指导目录,用引领和示范的理念、用集聚和辐射的功能来参与国际竞争。通过加大国际企业的招商促进力度、国际化活动的引入力度、国际化标识的植入力度、国际化消费模式的引进力度,切实实现差异化的跨越发展、错位发展和组团发展。

"重要节点"建设的定力是准度不偏。准度就是要围绕"新",即国家级新区"新"在哪里?新在实现高质量发展、高品质生活。创新不仅是引领发展的第一动力,还是建设现代化经济体系所必需的战略支撑。创新的关键是思想和理念的创新,应由传统的观念体制转向现代化国家化的治理体系,着眼于区域协同的新体制、扁平架构的新形态、人岗相适的新机制、智慧城市的新方式、世界城市的新生活,都是有的放矢、精准发力的切入点。

"重要节点"建设的定力是力度不减。国家级新区建设的前期,大规模基础设施建设投入是加快建设的主要方式,发展到一定阶段后,应由此转向构建高品质生活圈和高质量产业生态圈。天府新区从开始的城市拓展区定位,到全省经济发展新引擎,再到着眼于国家级新区发展的战略定位,规划表述历经三版,在长远的发展过程中,一直遵循科学发展、快速发展的方向不动摇。按照这样的发展思路演进,在基础设施建设取得跃升式成果的前提下,我们打造高质量发展、高品质生活的力度不断加强,成效愈加明显。

"重要节点"建设的定力是效度不失。从近、中期以投资驱动为主的成效看,天府新区在"白纸画画、白底立城"的前提下搞建设,没有包袱、成效显而易见。从中、长期看,应以主要依靠创新人才支撑发展来凸显建设发展成效。要紧紧扭住由量转入质的关键期,由单一招商引资转向引智与引资相结合的跨越期,从速度转向效度,实现支撑有力的高质效发展。

四、全球视野的战略定位承载

（一）融入"一带一路"的战略定位承载

在 2013 年 9 月至 10 月，习近平总书记正式提出有关"丝绸之路经济带"和"21 世纪海上丝绸之路"的"一带一路"理念；同年 11 月，十八届三中全会明确了"一带一路"重大建设；2014 年 12 月，中央经济工作会议将"一带一路"与京津冀协同发展、长江经济带建设共同列为国家三大战略；2015 年 3 月，发改委、外交部、商务部联合发布了《推动共建丝绸之路经济带和 21 世纪海上丝绸之路的愿景与行动》，首次公布了"一带一路"总体的顶层设计和框架思路；2016 年 3 月，列入"十三五"时期主要目标任务和重大举措。政策逐层演进，由理念到框架，由框架到战略规划，由战略规划到深入实施。

融入"一带一路"，应转向实体经济和虚拟经济的"比翼齐飞"。"一带一路"应突出新全球化中的经济链接，黏合产业链、供应链、服务链和价值链。通过与"一带一路"的链接，明晰战略目标、清晰功能定位、突出特色资源开发和优势产业重点，改变同质化发展，加强区域协同和产业转型升级。加大对"一带一路"建设的承载力度，是打造中国经济"新的增长极"的必由之路。承载首先是要加大实体经济的对接，如在传统的基建行业、设备及配套类制造业、原材料行业、交通运输、进出口贸易、旅游和物流行业、消费品和传媒行业的民营企业"走出去"，包括属于新兴经济范畴的高端制造业、"电子商务"引发的零售业和物流业等对接目录中寻找契合点。融入还要通过实体经济与虚拟经济的互相渗透、互相转化、相辅相成，兼顾有形无形要素禀赋，统揽有形无形市场，实行共同流通和融合交错，进而深度切入新全球化中的经济表征，以高度智慧化、深度融合化、移动泛在化，实现全球经济社会更紧密地联系。

融入"一带一路"，陆空联动是立竿见影的通道支撑。结合天府新区居中于双流机场和天府新机场两点连线的区位，发展临空经济是必选项。应着眼于建设世界的空港新城，积极谋划或对接天府新机场临空经济片区的发展。通过形成高起点的战略谋划，将航空经济上升为承载国家重大战略的全球经济。通过扩大天府新机场临空经济区的辐射范围，形成具有更广阔腹地的客运、物流产业辐射。通过构建完备的"大航空"产业链，实现"大航空"产业集聚，借助四川和成都飞机产业、飞行技术优势，积极发展大维护基地建设、航空租赁产业、航空金融、航空人才培养、航空人才市场等一系列航空经济。

融入"一带一路"，陆水、陆海联动是全新的通道方向。从考虑对川南、攀西以及自身所处的成都平原三大经济区的集成、集疏、集散、集约，到向乐山港的辐射延伸作为重要承接方向，切实带动、发掘乐山作为成都平原经济区唯一具备水、铁、公、机联运枢纽城市的作用，切实联动并发挥好乐山作为南北出川的重要大通道的作用。打通和利用好经过乐山的南向开放通道，有利于天府新区在南向开放开发时，达到时空距离最短、物流费用最低的效果，为天府新区以及全川在"一带一路"发展中奠基长远格局，蓄积发展后劲。乐山港是成都平原经济区大件货物出川最近通道，新规划的犍为高石坝货运作业区预期吞吐能力 250 万吨/年，借助仁沐新高速建成，可接纳天府新区（自贸区）部分货源。从考虑陆海通道看，自天府新区南向宜宾，可通过货运铁路过六盘水到南宁直抵钦州港出海，全程 1642 公里，比走东线重庆要少 625 公里，比走西线攀枝花要少460 公里。从长远战略规划看，可走经泛亚铁路或越南直抵新加坡，还可经缅甸直抵皎漂港绕开马六甲海峡进入印度洋。

融入"一带一路"，"多港合一"的整体联动是立体的通道资源。"蓉欧快铁"将在进一步深化与乌鲁木齐、厦门、广州、昆明、凭祥等沿海沿边口岸城市合作基础上，合力构筑对外货物集转散运的跨境班列枢纽。此外，进一步深化与泸州、宜宾等城市港口在物流领域的合作，将"铁、水、空"三港整合起来，构建临近港口之间直通模式，形动整体联动态势。"蓉欧快铁"从成都到波兰罗兹的运行时间为 11 天，已从波兰单一城市点位扩展到德国纽伦堡等多个城市点位，欧洲绝大部分地区均被辐射。至 2019 年，开行数量累计超过 4600 列。借助"成都将成为国际铁路的第一港"，广泛辐射丝绸之路经济带和 21 世纪海上丝绸之路，联动长江经济带和孟中印缅经济走廊（图 1-3）。

（二）链接长江经济带的战略定位承载

长江经济带起源于 20 世纪 80 年代初的"一线一轴"构想，"一线"指沿海城市线，"一轴"便是指长江航道；1995 年党的十四届五中全会进一步明确："建设以上海为龙头的长江三角洲及沿江地区经济带。"2013 年以来，关于建设国家重点战略区域长江经济带的设想逐渐清晰起来，同年 7 月，习近平总书记在考察湖北时指出，"长江流域要加强合作，发挥内河航运作用，把全流域打造成黄金水道"。2016 年 3 月 25 日，中共中央政治局召开会议，审议通过了《长江经济带发展规划纲要》，不断深入和发展长江经济带战略。

长江经济带作为"一带一路"的主要交汇区域，以统筹沿海沿江沿边和内陆开放来达到战略有机融合，铸成新的竞合优势。应把建设生态文明先行示范带、引领全国转型发展创新驱动带、影响全球内河经济带、东西互济协调发展带作为长江经济带的战略定位，这是链接长江经济带战略实现科学有序的重要前提和基本遵循。

向东，应实现通道大开放。加大自贸区建设力度，本着"错位发展、优势互补、互动互联、合作共赢"的原则，依托泸州港，建立内陆"无水港"，实现物流一体化。着眼于增强城市群协同度和带动力，树立"一盘棋"思想，把自身发展放到协同发展的大局之中，跨越式对接长三角城市群，借助其作为世界级的城市群是整个长江经济带的龙头之势，实现借势发展；融合式对接长江中游城市群，实现错位发展；无缝式对接和融入成渝地区双城经济圈，实现组团发展，提升带动区域发展的领跑能力。预见性考虑沿江高铁作为综合立体交通走廊的"速度跃升式"影响，打通这一快速通道将深刻影响区域经济发展，通过沿江高铁实现东中西三大板块乃至长三角、长江中游、成渝三大城市群之间的串联，有利于各类生产要素在长江经济带内的优化梯度性分配，这就要求在产业准入目录和产业转型提档上，着眼于培育新动能，通过倒逼方式破除无效供给局面，坚决摒弃靠投资和要素投入的旧模式，前瞻性解决发展无序、低效竞争、产业同构等问题，快速发展由实体经济、科技创新和现代金融等产业的协同体系，瞄准经济发展当下、未来形势，时刻走在前沿，用新动能培育这把利刃保持竞争新优势，积极打造新的增长极。

向西向北，应着力流域大辐射。将建立生态环境协同保护体制机制放置到首位，按照"生态优先、绿色发展"的要求，加大市场化、多元化的生态补偿机制建设力度。充分发挥天府新区在发展高技术生产服务业上的优势，放大成都科学城集聚辐射效益，围绕探索推广绿水青山转化为金山银山的路径，支持长江上游干支流区域开展生态产品价值实现机制试点，形成天府新区主推、企业主导、社会各界主动的市场化运作和可持续的生态产品价值实现路径。依据《中国农村扶贫开发纲要（2011－2020）》，将集中连片特殊困难地区作为扶贫攻坚主战场，作为新阶段扶贫开发工作的重大战略举措。其中，秦巴山区涉及川陕甘，乌蒙山区涉及云贵川黔，以及川滇宁甘四省藏区，这些都需要纳入流域西向大辐射的范围。精准扶贫作为乡村振兴战略的重大举措，可按照组建农村产业融合发展投资基金管理公司的模式，着眼于国家级新区的战略综合承载，设立面向西部的乡村振兴发展基金。利用国家级新区的金融汇聚优势，引导和撬动更多资本投向生态功能区域，以"整合、赋能、提升"为主要发展思路，精心选择项目，将"产业兴旺"与"生态文明"进行有机融合，全方位、多维度、深层次体现国家战略担当。

（三）赋能成渝地区双城经济圈的战略定位承载

成渝地区的协同发展由来已久。2011年，经国务院批复，国家发展改革委印发《成渝经济区区域规划》。2016年，国家发展改革委、住房和城乡建设部联合印发了《成渝城市群发展规划》，明确到 2020 年，成渝城市群要基本建成经济充满活力、生活品质优良、生态环境优美的国家级城市群；2030 年，成渝城市群完成由国家级城市群向世界级城市群的历史性跨越。《2019 年新型城镇化建设重点任务》明确将成渝城市群与京津冀城市群、长三角城市群和粤港澳城市群并列。

2020 年 1 月召开中央财经委员会第六次会议，对成渝地区双城经济圈建设进行了研究。习近平总书记在会上发表重要讲话强调，要推动成渝地区双城经济圈建设，在西部形成高质量发展的重要增长极。这意味着成渝地区双城经济圈将成为与京津冀、长三角、粤港澳大湾区相并提的区域协同发展国家战略。

成渝地区双城经济圈把打造"全国影响力的重要经济中心、科技创新中心、改革开放高地、高品质生活宜居地"作为奋斗目标，与天府新区的使命担当紧密契合。天府新区如何赋能成渝地区双城经济圈战略定位承载，具有十分重要的现实意义。

赋能重要经济中心，引进高层次高能级头部企业，提升经济质效。项目招引，尤其是重大项目、头部企业招引，从长期看，是地方经济稳步健康发展可依靠的持久动力；从短期看，是区域经济快速增长的有效手段。头部企业在其行业中，对其他企业具有较强的影响力、号召力和示范、引导作用，并能够对该地区、该行业做出突出贡献。引进高层次高能级头部企业，包括生产加工头部企业、中介组织头部企业和专业研发头部企业等，充分发挥头部企业开拓市场、创新科技、带动引领和促进区域经济发展的重要作用。天府新区应积极参与到成渝地区双城经济圈合作若干具体项目中，通过"招大引强"，全面提升产业能级。在产业协同、人才协同、资源协同及发展协同的总体框架中，发挥率先示范和引领带动作用，成为"一带一路"建设和长江经济带、成渝地区双城经济圈战略承载的"排头兵"，实现高质量发展。

赋能科技创新中心，构建创新综合性国家科学中心，建设科技创新高地。以新发展理念统领发展全局、实施创新发展，构建创新综合性国家科学中心，力争成为参与全球科技竞争与合作的重要力量。始终把创新摆在发展全局的核心位置，推动创新成为天府新区发展最强劲的增长引擎、最鲜明的时代特色、最亮丽的"金字招牌"。习近平总书记强调，科技创新绝不仅仅是实验室里的研究，而是必须将科技创新成果转化为推动经济社会发展的现实动力。天府新区应加强与重庆两江新区的交流与合作，统筹项目建设、科研攻关、成果转化、体制机制创新，协调布局基础研究、前沿高技术、战略性工程技术，依托创新驱动的强大动力，形成一批支撑创新发展的技术产业成果，并加强成果转化，切实推动区域经济发展，向世界知名科技创新中心迈进。

赋能改革开放新高地，高性能使用天府国际会议中心，对外交往推动全球互通互动。我国外交布局遵循四个要点：大国是关键，周边是首要，发展中国家是基础，多边是重要舞台。近几年来，我国主场外交非常活跃，现主流观点认为多边在前置，通过主场外交，进一步展现我国对多边的坚定支持态度和支持力度。天府国际会议中心是成都第一座国家级会客厅，将使西博城成为目前全国最大的会展会议综合体，可以为G20、APEC、"一带一路"峰会等国家主场外交活动提供服务，承接国际友城和友好合作关系城市项目。还应积极与重庆联合申请承办国家级国际性"喜马拉雅论坛"，并以天府国际会议中心为轮值永久会址，邀请环喜马拉雅地区（辐射"丝绸之路经济带"南线国家、"海上丝绸之路"西线部分国家）的国家参加。

赋能高品质生活宜居地，以公园城市"六大价值"场景营造，推动"人城产"融合发展。天府新区作为"公园城市首提地"，强调以人为本，经历从"空间建造"到"场景营造"的转变，着重突出"六大价值"（绿水青山的生态价值、诗意栖居的美学价值、以文化人的人文价值、绿色低碳的经济价值、健康怡人的生活价值、和谐公平的社会价值）消费场景营造，与成渝地区双城经济圈提出的"高品质生活宜居地"建设理念高度契合。天府新区直管区坚守70.1%蓝绿空间比例，以总体城市设计为先导，按照"一带引领、双轴拓展、三川交融"的空间格局，构建全域覆盖、城乡融合、特色鲜明的四级规划体系，并按照"一个城市组团就是一个产业功能区""一个产业功能区就是一个城市公园场景""一个产业功能区就是一个新型生活社区"等理念，积极推动"人城产"融合发展。

（四）引领西部大开发的战略定位承载

1988年，改革开放的总设计师邓小平提出了"两个大局"的战略构想。一个大局，就是沿海地区加快对外开放，较快地先发展起来，中西部地区要顾全这个大局；另一个大局，就是当沿海地区发展到一定时期，要拿出更多的力量帮助中西部地区加快发展，东部沿海地区也要服从这个大局。1999年6月，江泽民提出，加快中西部地区发展步伐的条件已经具备，时机已经成熟。同年11月，中央经济工作会议部署，抓住时机，着手实施西部大开发战略。随着战略的不断深入与推进，2015年李克强总理在《政府工作报告》中首次将西部大开发、东北振兴、中部崛起和东部率先发展概括为"四大板块"。2019年中共中央下发《关于新时代推进西部大开发形成新格局的指导意见》，要求形成大保护、大开放、高质量发展的新格局。

抢占云贵川渝四省国家级新区腹地纵深的战略要地。国家级新区对区域经济的辐射功能，是以成为新的增长核极为基础，新的增长核极必须以多向开放为前提。当前，地处成都平原经济区的天府新区，必须高度重视和引领南向开放，因此，占据滇中新区、贵安新区、两江新区和天府新区地理中心的向南举措必须及早谋划并迅速实质性推进。从南向开放通道看，实现水路乐山港、宜宾港的联动，可极大节约大件运输成本；若实现南向铁路到钦州港直抵北部湾，抢占宜宾港及其物流园区作为四大国家级新区的物流集散交换站，国铁列车编组相对便利。

抢占向西向北战略新兴产业和未来主导产业的国家战略承载的协同重地。聚焦国家级新区的产业特点培育新动力，发展战略性新兴产业和未来主导产业。天府新区往北主动对接国家级新区，最近时空距离是陕西西咸新区。通过西咸新区的重要链接，还可向西辐射到兰州新区。广领域看，西部大开发的重要承载涉及西部六大国家级新区，让国家级新区在区域发展协作中迈向超越行政区划以及政绩约束的新时代，是新发展理念在国家级新区的率先示范和全面践行。西部大开发的国家战略承担，需要西部六大国家级新区实施借鉴长三角式的主动对接式合作，实施深度协同战略举措，充分发挥"国家重大战略的规划引领动力、地区多层次多领域多专题的共识协同动力和区域核心城市的主动作为与周边城市主动对接的互动动力"①。

抢占西部生态补偿机制建设和环保节能高效产业的领先高地。通过探索建立创新政府资源配置方式的西部要素交易中心，覆盖整个西部省份的要素交流，尤其要在公共资源交易的基础上，增加排污权和用能指标交易，为美丽中国战略目标下的横向生态补偿机制打开市场化、常态化通道。结合天府新区公园城市建设，在保持"推窗见田、开门见绿、出门入园"的生态基底的前提下，实现与具有生态价值意义产品的开发研制和具有地理标志意义农产品的保育研发并举，为西部节能高效农业、生态环保产业发展提供创新的动力之源。

五、地域气概的战略精神区位

（一）勇于开拓——拓展战略定位的全域视野

全域视野的定位，体现的是战略的全局性、根本性和永续性，既有宏观视角的整体谋划，也有地域特色的力量聚焦。如何既要做到区域发展均衡协同，又要做到产业发展融合协调，一定要有勇于开拓的历史担当。勇于开拓就是要围绕战略定位矢志不移、持之以恒，确定实现战略目标的重大项目、重点区域、重大民生抓手，要

---

① 主动对接式区域合作：长三角区域治理新模式的复合动力与机制创新。唐亚林、于迎复印报刊资料公共行政 2018 年第 5 期第 96—97 页

选择、选准群众所愿所盼所想的重大发展难题和制约民生瓶颈的难点，集中时间段、集中着力点、集中要素源，逐项去破解实施并取得实效，确保战略目标与举措的可视、可行、可及。

着眼于全域乃至全球视野的战略定位，要求必须注重激发内生动力来推进。按照2014年国务院正式批复，天府新区规划面积1578平方公里，空间布局"一城六区"，即天府新城和空港高技术产业、龙泉高端制造产业、创新研发产业、南部现代农业科技、成眉战略新兴产业、"两湖一山"国际旅游文化"六个功能区"，涉及直管区、双流区、新津区、高新区、龙泉驿区、简阳市以及眉山市等七个行政区域。从发展转型看，突出现代制造业、高端服务业集聚，建设宜业宜居宜商的国际化现代新区是转型的总体方向。同时，我们深刻认识到经济转型首先是思维方式转型，尤其是通过激发干部队伍干事创业的动力，激励广大干部新时代新担当新作为，才能为"换道超车"增强内生动力。激发内生动力在于人才选、育、用、管的机制创新，通过建立有的放矢的教育培养机制、公正公平的考察选配机制、竞争择优的提拔任用机制、能上能下的监督管理机制、激励约束的考核评价机制，切实形成"百舸争流、千帆竞发"的勇于开拓和敢于担当氛围。

着力于校准历史方位和时空坐标的战略定位，要求必须注重借势借力来推进。在正确的航标导引下，必须"借船出海"、乘势而上。如何借势，应围绕"扩权赋能、要素配置"，围绕高质量产业生态圈、高品质生活圈、高端资源全球配置、现代化国际化治理体系、发展驱动方式转换、要素配置综合配套改革等方面，加大改革试点力度，设立创业投资和产业发展引导资金，让政府、企业、社会各方勇立改革潮头，勇于干在实处，实现以改革为动力的"垂直起飞"。

（二）敢于争先——扩大战略定位的区域辐射

争先，就是当好排头兵和模范生。路线确定之后，干部是决定因素。应充分发挥天府新区在全省"一干多支、五区协同"（四川省委十一届三次全会提出以成都市为主干、推动环成都经济圈、川南经济区、川东北经济区、攀西经济区竞相发展，形成四川区域发展多个支点支撑的局面，成都平原经济区、川南经济区、川东北经济区、攀西经济区、川西北生态示范区等"五区"实现协同发展）发展格局中，充当好支撑点、示范点和撬动点，必须坚决贯彻好新时代党的组织路线，以组织体系建设为重点，着力培养忠诚干净有担当的高素质干部，加快实施人才强国战略，确立人才引领发展的战略地位，当好贯彻新发展理念、推动高质量发展的排头兵，当好学习习近平新时代中国特色社会主义思想、构建社会主义现代化经济体系的模范生。

争先，应在发展目标设定上求远。在发展目标上，应着眼于中国特色社会主义进入新时代、一定要有新气象新作为，把新时代中国特色社会主义坚持和发展好。充分发挥天府新区的国家战略承载能力，从高设标，用伟大斗争、伟大工程、伟大事业、伟大梦想书写出天府新区的灿烂辉煌篇章。天府新区在干部队伍建设上应坚持德才兼备、以德为先，在人才队伍建设上，应实施更加积极、更加开放、更加有效的人才引进政策，聚天下英才而用之，以具有核心竞争力的人才队伍来实现永续发展目标。

争先，应在发展方式创新上求精。在新时代，我们党领导人民进行的伟大斗争，具有"涵盖领域的广泛性、触及利益格局调整的深刻性、涉及矛盾和问题的尖锐性、突破体制机制障碍的复杂性"[①]，这就要求必须注重发展方式的创新，要从过去单纯依靠资本投入为主转向人才智力支撑为主，因此，应通过完善人才培养机制、改进人才评价机制、创新人才流动机制、健全人才激励机制，以充满活力、富有效率的人才选育管用机制，充分发挥人才在发展思维方式转变中的主导作用，进而在区域发展中做好示范和引导。

争先，应在发展质量效率上求高。顺应新时代党的建设总要求，就是要用新的思路、举措和办法解决新的矛盾和问题，以统领高质量发展为抓手来提高党的建设质量。应探索加强新兴业态、新

---

① 习近平，全国组织工作会议讲话，2018 年 7 月 3 日至 7 月 4 日。

经济组织的党建工作，强化政治引领，增强"一定要规划好建设好"的思想共识和行动遵循，引领企业、农村、机关、事业单位和社区等各个领域以提升组织力为重点，凸显政治功能，确保以高质量发展实现战略承载的基层治理正确方向。

（三）甘于奉献——坚守战略定位的久久为功

着眼于历史担当。面对西部跨越赶超的后发优势，我们处于中华民族伟大复兴的历史方位上，一定要不忘初心、牢记使命，着眼于对"一带一路"的国别合作，着眼于对长江大保护的经济支撑，着眼于对西部地区的辐射带动，着眼于治蜀兴川发展格局中做强"主干"和"五区协同"，在后发赶超中不辱使命、勇于担当，在全国区域发展比拼和全球资源配置中抢抓机遇、迎头赶上、跨越领跑。

着眼于时代引领。新时代的强国梦想，发展是基础和关键，发展必须是科学发展，作为国家级新区的建设者，必须不断提高战略思维、创新思维、辩证思维、法治思维和底线思维，必须始终在发展过程中坚持"创新、协调、绿色、开放、共享"理念，发挥市场在资源配置中的主导作用，主动参与和推动经济全球化进程，发展更高层次的开放型经济，为壮大我国经济势力和综合国力做出国家级新区贡献，为实现强国目标，为建设科技强国、质量强国、航天强国、网络强国、交通强国、数字强国、智慧社会提供有力支撑。

着眼于永续发展。区域发展关键在于持之以恒，战略定位明晰以后，就应以"功成不必在我、功成必定有我"的区域跨越发展气概一以贯之。必须强化可持续发展战略全过程介入的工作站位和谋划，下大气力注重产业、项目布局中的可持续战略导向，围绕贸易强国、文化强国、体育强国、教育强国、就业优先、健康中国、食品安全、国家安全、美丽中国等战略来推进产业功能区建设、民生事业建设和公园城市建设。

（四）勤于实干——履行战略定位的责任使命

国家使命以实干来表示。"空谈误国、实干兴邦"，"一带一路"

和长江经济带的重要节点建设，肩负国家使命、体现国家意志、代表国家形象、关乎民族未来。作为国家级新区的每一名建设者，尤其是要争当引导有序建设、改革发展的促进派、实干家。与时代同步伐、与民族同呼吸、与国家共命运，必须培养出有担当有作为有忠诚的新时代干部，引育有强烈爱国意识的各领域人才，形成"重要节点"建设的中坚力量。天府新区承载国家战略，确保科教兴国战略、人才强国战略、创新驱动发展战略、乡村振兴战略、区域协调发展战略、可持续发展战略和军民融合发展战略落地生效。

人民情怀以实干来表达。以人民为中心，是建设全面践行新发展理念的公园城市的根本出发点和落脚点，面对人民群众对高品质生活圈的迫切需要，这就需要在产业功能区和高质量产业生态圈的规划、建设、管理中，以强烈的历史和人民敬畏感，重显绩、更重潜功，科学规划、严格管控、高效建设，数字化、精细化、可视化管理好教育、卫生、文化等公共服务基础设施资源配置，形成布局合理、便捷高效、易于管护、职住平衡的高品质生活服务，满足人民群众个性化、多样化、多层次的日常生活需求。

区域协同以实干来表述。区域协同，无论是天府新区各功能板块的协同，还是天府新区与环天府新区的协同，一定既要有前瞻性的统筹发展视野，又要有整体性的资源集约概念，更要注重在政策层面、实践层面和理论层面形成共识。区域协同关键在于干部队伍的思想协同，思想同心同向才能行动同频共振。在成眉协同共赢等重大发展举措推进中，应将思想聚集力转变为行动聚焦点，在发展方略和路径选择上，注重区域规划对接对联、基础设施互联互通、市场体系开放开发、区域制度深度融合、经济社会文化一体化发展的深度协同发展举措落小落细。

（五）善于创新——把握战略定位的精准切口

积极支持运行体制创新。创新是第一生产力，要精准把握"重要节点"的定位，必须选择关键性切入点。运行体制的改革创新直接涉及部门、区域的根本利益，必须牢固树立政治意识、大局意识、核心意识和看齐意识，从国家级新区担当国家使命和抢抓历史机遇的高度出发，局部服从于全局，各地各部门必须从精简高效出发，从有利于提高公共管理的公认度、公信度和满意度出发，服从于机构整合、区划整合和机制整合。

主动服从管理架构创新。管理架构的扁平化设置，既符合科学管理要求，更适宜于国家级新区的管理创新。管理架构改革直接涉及干部队伍的切实利益，必须将政治意识、大局意识和责任意识摆在第一位，站在为国家级新区发展增添动力、提高效率的角度，主动服从管理架构改革，在执法权管委会一级覆盖架构下，切实消除本位主义和求稳思想，快速适应岗位角色，积极履职尽责。

实现民族振兴打牢国际竞争主动格局，离不开人才这一战略能动资源。应营造尊重劳动、尊重知识、尊重人才、尊重创造的浓厚氛围。新时代"五个支撑"，首先要构建综合有源头、跟踪、全程的全面素质培养体系，综合有日常、分类、近距离的识人考核体系，综合德、贤、宜的用人体系，综合有思想、工作、作用、纪律的管人体系，综合有实干、担当的励人体系，实现识才、爱才、用才、容才、聚才的人才培养一体化模式，形成国家级新区"人人可成才、人人展其才"，实现"创造活力竞相迸发、聪明才智充分涌流"的生动局面。

策略一　用辩证思维推动成渝地区双城经济圈建设

成渝地区双城经济圈建设是习近平总书记亲自谋划、亲自部署、亲自推动的国家重大区域发展战略。在马克思主义哲学中，矛盾的观点是唯物辩证法的根本观点。成渝地区双城经济圈建设是一项关乎社会、政治、经济各个方面的系统性工程，如何运用矛盾的观点观察、分析这一系统工程的各个方面，是正确引领其建设发展的关键所在，应增强辩证思维，运用矛盾分析法，充分认识到各个局部都处在动态的辩证的关系当中，从而在差异中求同一，在同一中见差异，推动"一极两中心两地"高质量发展。

辩证唯物主义认为，必须以整体为导向和前提，才能实现局部的协调一致性。首先，成渝地区双城经济圈建设的战略地位应放在历史和现实坐标中，放在我国经济地理的整体版图下来理解。党的十八大以来，中央已经谋划布局了京津冀、长三角、粤港澳等三个重要经济增长极。西部腹地幅员辽阔、人口众多，成都、重庆作为西部距离较近、辐射人口最多的两个特大型城市，发挥二者的经济带动作用势之必然。党中央将推动成渝地区双城经济圈建设上升为国家战略，是基于形成陆海内外联动、东西双向互济的对外开放新格局的战略考量，有助于在西部加快形成支撑全国高质量发展的重要增长极和新的动力源。

其次，成渝地区双城经济圈建设的主要任务之间具有相互促进、相互补充的紧密联系。习近平总书记指出，要尊重客观规律，发挥比较优势，推进成渝地区统筹发展，促进产业、人口及各类生产要素合理流动和高效集聚，强化重庆和成都的中心城市带动作用，使成渝地区成为具有全国影响力的重要经济中心、科技创新中心、改革开放新高地、高品质生活宜居地，助推西部乃至全国高质量发展。显而易见，"一极两中心两地"五个目标之间并非简单罗列，而是处在相互蕴含、互为前提的辩证关系中。科技创新是促进经济高质量发展的重要内生动力，良好的生态环境保证发展的可持续性，高品质宜人的居住环境有利于培育开放包容的文化观，助力推动精英人才的引进，反向促进科技创新。通过创新的大开发，带动对外开放的有效扩大，拓展更大的发展空间；通过全方位的大开放，倒逼发展改革的深化。

最后，在成渝地区双城经济圈内部，各城市地区之间呈现出以一体化为导向，以分工协作、统筹安排为核心的内在要求。成都和重庆正在克服行政壁垒和特殊的"邻里效应"，以整体性融入代替同质化竞争。通过加强顶层设计和统筹协作，进一步加强对周边地区的带动能力。双城经济圈范围不止成都和重庆，四川的"一干多支、五区协同"契合了区域协同发展的内在要求。成渝地区的主要城市要加快推进生产力一体布局、促进基础设施共建、资源要素互通；川东北、川南经济区应把握机遇，发挥自身优势，主动融入双城经济圈建设，构建中心引领、轴带延伸和多点支撑的网络化空间布局。

整体不意味着整齐划一，强调局部的差异和个性，才能因地制宜、因时制宜。任何政策的提出，都应在思想上把握它所处的时代。如果没有看到时代与地域的特殊性，简单地将各种差异归为统一性、同一性，将会导致理论与实践的严重脱节。

在应对新冠肺炎疫情冲击和外部国际环境变化的背景下，成渝地区双城经济圈建设肩负着国家使命和时代使命，有其特殊的历史意义。党中央提出要逐步形成以国内大循环为主体，国内国际双循环相互促进的新发展格局。成渝地区联合能够产生更强的产业集聚能力，可打造一批空间上高度集聚、上下游紧密协同、供应链集约高效、规模达几千亿到上万亿的产业链集群，成渝地区人口规模、市场容量、消费升级空间和潜力将在经济圈建设中得到充分释放，为拉动内需作出积极贡献。同时，成渝地区作为西部陆海新通道的腹地、南向西向开放门户，承东启西、连接中原与西南西北的重要枢纽，在"一带一路"建设框架下，作为新的开发开放前沿，可以深度参与国际竞争与国际产能合作，促进东西双向开放协同并进，进一步拓展我国经济开放空间，融入国际循环。

在成渝地区双城经济圈内，各地区资源要素分配和经济发展条件都存在较大差异，需要"因势利导"发挥各自优势。在资本较丰富、人才较集中的成都、重庆等城市，可以布局资本密集型、技术密集型产业；而在人口较稠密，发展水平相对落后的地区，适合承接东部的劳动密集型产业转移……通过优化产业布局，因地制宜地推动四川各地区错位融入双城经济圈建设的大局当中。

（本文于 2020 年 7 月 8 日在《四川日报》理论版登刊）

第二章　战略布局

一、布局理念——以"新发展理念"统领

（一）以"新发展理念"统领布局的导向性"原点"分析

按照五大发展理念，以创新、协调、绿色、开放、共享的新发展理念进行工作项目分类，如 2017 年度成都市的经济社会发展目标实绩考核办法对应此项目分类。这种工作项目分类，全面体现新发展理念主题和主线，以"五大理念"的具象化、载体化、项目化，形成对工作抓手的导向性规范，使工作指向明确、着力精准、价值标识度高、社会公认度高。

工作项目分类突出五大发展理念，使战略布局体现科学性和导向性，有利于发展的整体性、协调性和永续性。同时，体现"五大理念"的项目分布趋势变化，可以有效校对快速发展与高质量发展之间的差异，迅速实现对标对表，有利于合理化产业布局和精准化错位发展。

以理念为统领的布局原则，让工作项目的实施主体能够深入理解推进项目的价值取向，明确项目推进的主责，进而有效把握工作发展趋势，从更加注重"显绩"和"潜绩"结合的角度，持之以恒

地破解制约工作推进的瓶颈，以工作的价值追求来号召和促进部门及区域的联动，压实部门责任，形成全局性发力，补齐工作制约因素破解中的条块分割或上级整合力量缺失的短板。

（二）以"新发展理念"统领布局的针对性"横向"分析

从图2-1看，用五大发展理念对天府新区直管区近5年的重点项目进行分类，"共享类"占比38.0%，居第一位，这说明民生建设高速推进，着力践行以人民为中心的发展思想，民生导向明确，有利于提升发展战略举措的社会公认度。

以新发展理念对重大项目进行分类排布，可以有效整合部门力量，形成推进发展的整体合力，同时避免推动工作责任主体的条块分割，形成补齐制约因素短板的联动责任。分类占比最低均在十分之一以上，说明以新发展理念统领布局，价值导向明确，有利于寻找发展速度与发展质效的平衡点，实现可持续的高质量发展。

以理念统领工作布局，要处理好"潜绩"与"显绩"的关系，着眼于组团发展、错位发展和长远发展，科学合理地进行产业布局和项目分布。还要注重发展项目对发展理念的综合承载，形成理念聚集的功能综合辐射效应。

天府新区直管区重点项目2014-2018年

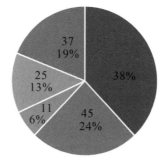

■共享 ■协调 ■绿色 ■开放 ■创新

图2-1 以"五大理念"统领布局的"横向"分析

（三）以"新发展理念"统领布局的持续性"纵向"分析

从发展理念的整体性来看（图2-2），"创新类"和"开放类"增长幅度有待进一步加大，加大创新驱动与对外开放的要素保障和政策支持力度显得尤为关键。

从发展理念的协调性来看（图2-2），历年来，"五大理念"的各类重点项目总体上呈现攀升之势，且"共享类"增幅最大、高达1250%，"协调类"增幅也高达1200%。总体来看，区域协同、产业协调在新发展理念框架下态势良好。

从发展理念的长远性来看（图2-2），历年来，"创新类"增幅达400%。"生态类"的重视程度是"零"的突破和"质"的飞跃，创新驱动发展战略的综合承载和可持续发展战略的布局深化，决定着战略推进的永续性。

天府新区直管区重点项目2014-2018年

图2-2　以"五大理念"统领布局的"纵向"分析

二、总体布局——以"五位一体"统筹

（一）以"五位一体"统筹的导向性"原点"分析

以"五大建设"为统筹的项目化分类，主要体现的是全面建成小康社会的目标导向。如宁波在 2017 年度工作项目考核分类中：一级分类为经济建设、政治建设、文化建设、社会建设、生态文明建设五大类别；二级分类以主要经济指标、"中国制造 2025"试点示范城市创建、法治政府、文教体卫等社会事业、平安创建、美丽宁波、环境质量改善、节能减排等为主，共涉及 50 项指标。这种分类方法，体现了全面协调可持续发展，其聚焦重点、破解难点，体现了集中力量、克难攻坚谋发展的针对性，使得工作导向能注重实效性和公众感知度，进而取得感知度、满意度较高的效果。

以"五大建设"对工作项目做一级分大类并进行二级分类的方法，使得工作导向清晰，且项目指标通用性强，在对推动主体的激励上简明易操作。这种分类条条都很清晰，但块块都是重点，在力量均衡摆布和力量集中上，需要执行主体及时做好整合和分散，以便于在推进工作项目中既有稳定推进又有各个击破。

以总体布局为原则的工作项目化分类布局，使得工作项目的客体能够清晰地了解公共管理和服务的目标导向及具象载体，便于公众在支持工作项目推进中有序参与，工作项目的普适性和有感性，易于被公众接受，若推行实效明显，可快速提升战略实施主体和战略布局的满意度。

（二）以"五位一体"统筹的针对性"横向"分析

2014 年至 2018 年，天府新区进一步巩固和拓展群众路线教育实践活动成果，持续加强新形势下党的政治建设和作风建设，全面统筹经济建设、文化建设、社会建设和生态建设，通过践行"三严三实"，狠抓干部队伍政治建设，形成"拓荒牛"精神，充分调动了战略实施主体的参与积极性，提高了群众满意度。

从项目的占比看（图 2-3），经济建设类别由天府新区成都管委会领导班子成员领衔的经济发展重大项目高达 64%，反映出天府新区直管区在初创期紧紧围绕经济发展中心，强力夯实基础，实现跨越式发展。同时，社会建设占比居第二位，反映出天府新区发展伊始，就高度重视回应群众关切，大力加强民生领域的社会建设，赢得群众的关注，提升群众的满意度，有利于产生齐心协力谋发展的正能量。

从发展初创期的项目地域布局看，主要集中在天府中心、科学城等起步区和中期发展区，易于集中力量形成良好发展态势。同时，对人口相对集中的老街区如华阳街道等，回应民生关切，合理布局社会建设项目，着眼于提升工作项目成效的社会满意度，形成经济社会发展的良好氛围，进行均衡性布局。

虽然在发展初创期，各项投资需求压力大，但针对可持续发展的工作切入点和突破口，进行了必要性、迫切性和可行性筛选，进行了兴隆湖生态水环境综合整治、锦江生态带整治和鹿溪智谷生态修复等示范性和控制性较强的生态重点项目，取得了较好的社会效益和经济效益。

天府新区直管区重点项目2014–2018年

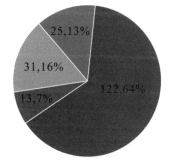

■ 经济 ■ 文化 ■ 社会 ■ 生态

图 2-3 以"五位一体"统筹的"横向"分析

（三）以"五位一体"统筹的持续性"纵向"分析

从图 2-4 看，2014 年到 2018 年的项目占比增幅，生态建设项目增幅高达 266.7％；社会建设项目增幅高达 200.0％。由此反映出成立的第一个五年，在以人民为中心的发展思想指导下，推进发展的项目愈来愈凸显公共管理和服务的公众需求导向。生态建设项目的投资规模和社会影响力愈来愈大，社会建设项目覆盖面愈来愈广,如安居工作从传统核心街区向更大发展区域的街区覆盖,满足社会需求面愈来愈广。

从重点项目的年度分布来看,2014 年 13 件,到 2018 年 99件,表明公众对发展态势的感知度越来越高。其中,单从经济类重点项目的占比看,2014 年占比 84.6%,2018 年占比 65.0%,体现了工作组织从集中力量、克难攻坚到注重实效、提高社会感知度的逐步转变。

2020 年是全面建成小康社会的决胜期,总体来看,重大项目组织在初创期要注重项目类型和资源配置的集中,但在全面建成小康社会决胜期的时代背景下,随着发展的推进和逐步深入,应考虑项目类型的统筹、彼此依存和相互促进,进而形成全面协调可持续的发展局面。

图 2-4 以"五位一体"统筹的"纵向"分析

三、战略布局——以"四个全面"深化

(一)深化"四个全面"的导向性"原点"分析

全面建成小康社会、全面依法治国、全面深化改革、全面从严治党是包含战略目标和战略举措的战略布局。着眼于决胜全面建成小康社会，进而全面建设社会主义现代化强国的时代要求，工作体系应以"四个全面"分项为导向、以突出重点经济指标和重点工作项目为主线进行分类。如武汉市 2017 年就从全面建成小康社会、全面依法治国、全面深化改革、全面从严治党出发，从体现推动发展、深化改革、维护稳定和从严治党四个专项进行工作项目分类。这种分类方法，可有效解决部门职能定位与工作项目匹配挂钩的问题，让工作职能部门能快速树立公信力，提升公共部门管理的公信度。

以"四个全面"进行工作项目化管理，既要注重每个单项的深化，也要注重项目之间的整合着力。从注重项目与项目之间的横向互补和纵向衔接，提升项目之间的关联度和衔接性，形成项目与项目的联动性和互补性。

战略布局作为工作项目分类的原则，有利于让执行主体以联系的观点、发展的观点和辩证的观点从系统性、针对性、根本性上解决制约因素的症结，形成推动工作的强大动力，便于阶段性地解决全程性要素制约，形成突破性的跨越式进展，进而产生各方关注、广泛参与的实质性连锁反应、联动效应。

（二）深化"四个全面"的针对性"横向"分析

以"四个全面"作为工作项目，分类管理，在工作体系设计即战略谋划上，应体现战略布局的联系、发展和辩证。在项目设定即战略实施上，应体现战略布局的具象和整体。

应在全项目分类的第一个层面体现推动发展、深化改革、维护稳定和从严治党等四个专项；在第二个层面体现分区域管理，分为起步区、功能区和特色镇等三个区域组别；在第三个层面根据项目实施部门在服务项目中的作用，将重点项目实施主体分为经济发展类、社会事业类、城市管理和执法监督类等类别。

（三）深化"四个全面"的持续性"纵向"分析

"四个全面"，展现出全方位推动改革发展、现代治理的系统动力支持，形成推动发展"大底盘"的系统性驱动。因此，从推动发展的阶段性成果分析看，既要注重增速和总量，还要看完成值在预期值中的占比。同时，要对标经济、文化、社会、生态等各项类别历年来阶段性投资总和的平均值，对继续推进具体年份中单项类别总量高于平均数或低于平均数的情况，在后续发展中应以增减达到适度进行，进而形成持续有度、后劲有力的中长期稳步发展。

基于以上分析，推动发展的各类别重点项目占比的及时调校，使得程序规范化、过程精准化的战略管理操作更为简明。同时还要跳出"一域"看"区域"，以全域同类型发展比较，比如在国家级新区建立主要经济指标排位比较的发展重点项目类型占比调整机制，发挥不同类型项目对各类主要经济指标拉动的着力点以及力度的调校，可以形成倒逼全面协调可持续发展的内生动力。

四、重点布局——以"五个建设"具象

（一）"五个建设"的导向性"原点"分析

作为布局重点的"五个建设"，具体为党的建设、城乡建设、产业建设、项目建设、社会建设。在基本方略的导向下，无论是布局理念、总体布局、战略布局，布局的实现都应坚持"两点论"和"重点论"的统一，用全面的观点，识别和找准布局的立足点、基本点和着力点。在纷繁芜杂的社会需求中，分析个性化需求，整合出公众最关心最直接最现实的利益问题，注重抓住公众获得感、幸福感、安全感的敏感点，找准共性着力点。按照"既尽力而为，又量力而行，一件事情接着一件事情办，一年接着一年干"[1] 的要求，在坚持保障和改善民生水平这个"人的问题是试金石"要义的前提下，其工作抓手的本质体现是统筹城乡谋发展、围绕特色建支柱、把握政策争项目、社会建设谱新篇、党建开创新局面。

---

[1] 《中国共产党第十九次全国代表大会报告》。

以党的建设为统筹，全面推进城乡建设、产业建设、项目建设和社会建设，必须要高昂党的建设龙头，以提高精神站位、推进高质量发展的实践勇气，狠抓领导班子、干部队伍、工作作风"三大建设"，统筹核心区、功能区、特色镇"三大区域"，围绕未来产业、支柱产业、战略性新兴产业"三大产业"，把握政策、市场、环境"三大杠杆"，突出就业创业、社会保障、社会治理"三大民生"，充分体现"一切工作必须以最广大人民根本利益为最高标准"。

以党的建设、城乡建设、产业建设、项目建设、社会建设为布局原则进行工作分类管理，有利于分类施治、分区集聚、分步实施，有利于工作项目与责任主体的紧密捆绑，既夯实"条"的职能作用发挥，又压实"块"的抓落地生根、落实生效的"一线阵地"责任。总体来看，以此布局来推进工作项目，可以打造一线抓落实的"前沿阵地"和责任主体担当的"精神高地"。

（二）"五个建设"的针对性"横向"分析

以党的建设为统筹，坚持战略导向、任务导向和问题导向，充分依托和奋力打造国家级新区体制机制核心竞争力，通过大力推进城乡建设、产业建设、项目建设和社会建设，全力支撑和促进国家级新区对国家战略的综合承载。

社会需求的分众化趋势，要求对多样化公共产品供给进行全面着力和重点着力。从图2－5看，城乡建设、产业建设、项目建设和社会建设总体均衡。从天府新区直管区建设历程看，处于发展的起步期和事业的初创期，"第一个五年"侧重了发展动力和支撑的产业建设，着眼"围绕特色建支柱"大步迈进。

天府新区直管区重点项目2014—2018

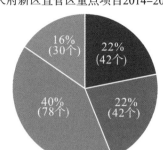

图 2—5　"五个建设"的"横向"分析

（三）"五个建设"的持续性"纵向"分析

从"五大建设"的分步实施看（图 2—6），自 2013 年 7 月成都市成立天府新区成都片区管理委员会以来，2014 年首先是通过大项目来拉动投资发展，兼顾产业和项目。在发展过程中，注重高昂党建龙头，狠抓管理体制改革，加强干部队伍建设，尤其是在 2017 年天府新区体制机制改革总体方案出台和推行后，着眼于全域统筹和战略谋划，实现职能型向功能型转变的产业发展职能变革，各项建设急剧增长。2017 年以来，各项建设项目数量在近五年项目个数总量占比高，如城乡建设占比达 88.1%、产业建设占比达 76.9%、项目建设占比达 61.9%、社会建设占比达 96.7%。

从"五大建设"的分区集聚、分类实施看（图 2—6），2014年，项目集中在起步区的天府中心；2015 年，省级重点项目仍主要涉及天府中心以及科学城；自 2016 年后，才逐步向其他功能区聚集和向科技研发、先进制造业、现代服务业及创新创业载体辐射；2017 年，向产业化、基础设施、民生社会事业和生态环保全方位拓展；2018 年，实现在产业、基础设施、生态环保、公共配套等领域的续建和新开工全过程延伸。

天府新区直管区重点项目2014-2018年

图2-6 "五个建设"的"纵向"分析

五、空间布局——以"生产生活生态"贯穿

（一）以"生产生活生态"贯穿公园城市建设始终的价值原点

遵循城市发展客观规律，兼顾空间、规模、产业三大结构，始终保持集约高效的生产空间、宜居宜业的生活空间、山青水绿的生态空间。通过压缩生产空间、优化生活空间和生态空间，坚定生态保护红线不动摇，坚守永久基本农田和城市开发不越界，是建设人与自然和谐共生的现代化经济体系中贯穿始终的红线。坚持生态立城，在公共底板上突出"三生融合"的工作项目布局分类法，可以实现从理论性转向实践性的对城市发展和建设一般规律的有效探索。

以生产、生活、生态进行工作分类，虽然生产是根本动力、生活是基本目标、生态是本质要求，但我们也应充分认识到生态是前提、生活是核心、生产是保障。因此，如何在生产生活布局中，全过程全领域考虑生态本底坚守和生态因素导入是自始至终的价值坚守和目标追求。同时，"资源节约型、环境友好型"的绿色发展向机关、家庭、学校、社区、出行延伸和覆盖是基本，对突出环境问题实行全民共治、源头防治，尤其是大力推进民心所盼的生态系统保护和修复重大工程项目也是民生必选项。

总揽生产、生活、生态三大布局，始终贯彻生态优先的绿色发展理念，有利于生产、生活、生态有机融合的产业生态圈构建，有利于高质量产业生态圈和高品质宜居生活圈的叠加乃至耦合，进而有效实现人、城、产融合。这种工作项目分类导向，可以体现城市新区新的功能定位、更高程度的现代化、更立体的发展方向、更绿色低碳智慧的公共底板，可以实现物质财富、精神财富和优质生态产品相得益彰的合理匹配，形成节约资源和保护环境的空间格局、产业结构、生产方式、生活方式，构建全域城市发展范式和公园城市范本。

（二）以"生产生活生态"贯穿公园城市建设始终的历史沿革

2014 年 10 月 2 日，国务院正式批复设立四川天府新区，新区新业梦想，由此浩瀚启航。在这样一个划时代的起点，规划引领、高位布局是发展延伸、拓展和辐射的原点。在富饶的天府之国，一个新区以"天府"为名，就充分体现了其"三生"相融的逻辑起点和根本遵循。历史典籍对天府的表述，均以地形地貌、山水定形、以水定人、师法自然、安居乐业、人地共生等为特点。因此，天府新区从白纸画图到立体实现，着眼于"天府新区、西部明星"在完善国家区域发展格局中的首发和带动作用的发挥。

2015 年，按照"一城双核、双核共生"城市发展科学引领格局，形成广覆盖、成系统、有深度的规划体系，着眼于现代产业、现代生活、现代都市"三位一体"协调发展，编制了"一城一区一带"的起步区城市规划、重要节点城市设计和特色鲜明、魅力独具的城市形态。其中，"一城"的成都科学城规划面积达到 73 平方公里；"一区"的天府商务区布局了总投资 200 亿的中国西部国家展览中心项目；"一带"的锦江生态带，打造城市滨水典范，合理布局产业功能和公共服务配套。

2016 年 5 月，经国务院和四川省人民政府批准，简阳市由成都市代管后，天府新区形成"一带两翼、一城六区"的空间布局。"一带"指高端服务功能聚集带，沿线布局金融商务、科技研发、行政文化。"两翼"指东西两翼产业功能区，以成（成都）眉（眉山）乐（乐山）产业走廊为基础，打造成眉高技术和战略新兴产业集聚带；以成都经济技术开发区为基础，打造高端制造产业功能带。"一城"是天府新城现代服务业功能区，集聚发展会展商务、总部经济、总部办公、文化行政等高端服务功能，建设区域生产组织和生活服务主中心，为专业功能区提供完善的生产生活配套服务。"六区"是依据主导产业和生态隔离划定的六个产城综合功能区，分别是成眉战略新兴产业功能区、双流高技术产业功能区、龙泉高端制造业产业功能区、"两湖一山"国际旅游文化功能区。新区的建设，基于"产城融合"概念，每个产城单元均有产业支撑，在周边 15 分钟内公共交通圈涵盖与之配套的居住、商业、公共服务等生活功能，并打造城市与自然有机融合的城市形态。

2017 年 3 月 15 日，国务院正式印发《中国（四川）自由贸易试验区总体方案》。其中，涉及天府新区直管区 26.45 平方公里，包括国际基金小镇、天府中心、兴隆湖周边区域，设置了政务服务自贸专区。天府新区直管区作为核心区，涵括国际会展中心、科技创新中心、政务服务中心以及区域性总部基地、高技术服务基地，具体布局功能区有鹿溪智谷、天府中心和锦江生态带。在生态格局上，布局"一山"（龙泉山）、"两楔"（新兴绿楔、毛家湾绿楔）、"三廊"（主城区与天府新区生态隔离走廊、鹿溪河湿地生态隔离走廊、"二绕"生态隔离走廊）、"五河"（锦江、鹿溪河、东风渠、赤水河、柴桑河）、"六湖"（白沙湖、兴隆湖、大林湖、籍田湖、雁栖湖、三峨湖）。

2018 年 2 月 11 日，习近平总书记视察天府新区，作出"73字"指示，首提"公园城市"。加快建设以人民为中心、全面践行新发展理念的公园城市，在优美的生态环境打造上，相继建成 2 平方公里天府公园、8 平方公里兴隆湖和鹿溪河生态区、11 公里长的锦江滨江生态带等都市生态绿地和水域工程，绿色节能环保技术也将被广泛应用于天府新区的生态居住环境建设中，将全面形成蓝绿交织的生态格局。天府新区直管区（核心区）的重点发展区域包括锦江河畔总部功能区、天府中心、新兴产业园、鹿溪智谷（含科学城）、雁栖湖国际文创功能区等。

（三）以"生产生活生态"贯穿公园城市建设始终的"横向"分析

高品质宜居生活圈和高质量产业生态圈"两圈"交融，是保持产业功能区发展方向、提升产城融合度的重要体现。从图2-7可以看出，生产生活的占比能够体现出产业主导、产城协同的基本布局导向。这种占比的表现形式破除了单纯工业园建设、局限于产业建园区的传统观念，突出注重生活需求的产业功能区发展方向。

总体来看，虽纯生态类别的重点项目占比相对偏小，但具体分析，例如成都科学城生态水环境工程、鹿溪智谷生态修复、鹿溪河国际合作项目、新区北部组团生态隔离带以及华阳污水处理厂改扩建工程等续建和新开工重大项目，都是公众关注、影响深远、民心所盼的必选项。

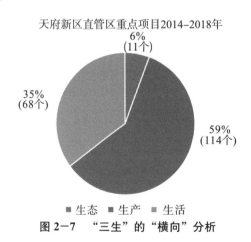

天府新区直管区重点项目2014–2018年

6%
(11个)

35%
(68个)

59%
(114个)

■ 生态　■ 生产　■ 生活

图2-7 "三生"的"横向"分析

（四）以"生产生活生态"贯穿公园城市建设始终的"纵向"分析

从历年生产项目和生活项目的对照来看（图2-8），从最初的

5.5 倍及以上，到近三年的约 3 倍、2 倍、1 倍，快速实现占比的协同平衡，表明了生产和生活需求的密不可分和相依相长。

从生产生活的连续对照看，生产、生活合理匹配的发展演进，才能实现生产方式和生活方式的相得益彰。从生活类重点项目最多的年份看，公共配套项目中，涉及征迁安居社区配套项目 4 项，涉及教育项目 4 项，涉及卫生项目 5 项，充分表现了人、城、产有机融合的紧密度。

天府新区直管区重点项目2014-2018年

图 2-8 "三生"的"纵向"分析

（五）以"生产生活生态"贯穿公园城市建设始终的推进体系

"三生"融合的公园城市建设，是天府新区的战略布局，如何落地落效是关键。将公园城市建设强力推进，必须构建系统完备的推进体系，系统推进是保障。应通过土地严控、规划严管，守住红线、把住蓝线，注重基层、夯实基础，广泛发动、广泛参与，建立制度、健全机制，全面务实、不偏不倚地推进公园城市建设。

关于"两严"，应做好土地严控，即按照大美城市形态的要求，突出蜀山水韵、天府之土的文化内涵，紧紧守住山水田园，确保农用地、非建设性用地的占比标准，控制好生态保护红线、基本农田、城市开发边界。规划严管，应按照生态格局和建设风貌管控，刚性地执行规划，坚决杜绝"规划规划、图上画画、墙上挂挂"。

关于"两线"，公园城市建设应实现人、城、境、业的有机统一，需要山水和谐、天人合一的生态格局。要"开窗见田、推门见绿、出门入园"，就必须牢牢把握土地红线，按照启动区、中期发展区、长远控制区的基本分区要求，保护好生态的核心区和缓冲区，统筹好街区和田园的和谐共生，把乡村建成公园，把城市镶嵌到大美田园里。应牢牢守住水域蓝线，水线、岸线、控制线，线线明晰，退田还水线、退房还岸线、人退水进、人水共生。通过"两线"，全景式呈现"一山""两楔""三廊""五河""六湖"生态格局的旷世胜景。

关于"两基"，应注重基层，充分践行以人民为中心的发展思想，发挥各级各区域基层组织和社会自组织在公园城市建设中的有序参与作用，提高各层级各区域服从服务公园城市建设规划体系的自觉性和主动性，让"三级组团、四级廊道"生态格局观念深入人心、外化于行。应夯实基础，在综合体建设、基础设施建设、公共配套建设等各类重点项目的规划设计、建管结合中遵循"公园体系"理念，以全新范式、全新理念、全新空间，形成优质城市公共产品，大美城市空间形态，形成绿色发展向机关、家庭、学校、社区、出行延伸的共建共享生命共同体。

关于"两广"，应广泛发动、广泛参与。从生产领域、生活领域、生态领域，从规划环节、建设环节、管理环节，有效发动每一个生产环节体现公园城市生活理念，每一个生活行为符合生态刚性约束，每一个城市设计遵从控制性规划，每一个建设风貌依据修建性详规，每一个管理模式体现公园城市要求。应从历史维度、生态维度、人本维度，让每一个老百姓，从尊重自然、顺应自然和保护自然的高度，有序参与到公园城市设计、公园城市指标体系创设、公园城市社会满意度评估的每一个环节，真正打造全域全天候全方位领先的人居环境。

关于"两制"，应建立制度、健全机制。通过建立公园城市的总体规划、年度计划、分步实施、逐点督办、全程全域考核的一系列制度，形成公园城市建设项目的准入化决策、人本化执行、标准化监督和集约化保障的立体开放、全域拓展的工作机制，进而为公园城市建设提供标杆、标准、标尺的全局性、根本性和长远性战略保障。

策略二 以公园城市理念统揽产业功能区建设的建议

2018年，习近平总书记来川视察时指出"天府新区是'一带一路'建设和长江经济带发展的重要节点，一定要规划好建设好，特别是要突出公园城市特点，把生态价值考虑进去，努力打造新的增长极，建设内陆开放经济高地"。天府新区直管区拥有天府总部商务区、成都科学城、天府文创城（中意文化创新产业园）三大产业功能区，在培育主导产业集聚竞争优势、深化体制机制改革、推进新区经济活跃度提升等方面取得了阶段性成果，应将公园城市理念融入功能区建设，打造"一个产业功能区就是一个城市公园场景"，推动产业功能区高质量发展。

一、公园城市理念下产业功能区的建设现状

北部的天府总部商务区、中部的成都科学城以及南部的天府文创城是天府新区沿鹿溪河依次规划形成的3个产业功能区。

（一）天府总部商务区

北部组团天府总部商务区沿天府公园东西两翼布局，规划范围50.3平方公里，核心区8.5平方公里。截至2019年底，建设用地19.6平方公里，居住人口30万人、就业人口50万人，三生空间（生态：生活：生产）占比为45：20：35。

天府总部商务区坚持"两翼联动、双轮驱动"，以西部博览城、总部基地引擎项目为基础推动会展博览和总部经济发展，构建面向未来、面向全球的总部商务区和成都未来城市新中心。目前已经成功招引世界最大的会展集团英国英富曼以及其他世界顶级的会展机

构十五家、认证展会五家，共计举办 170 个如西博会等重大展会。在"天府博览城商圈"品牌引导下，已布局有 22 个城市综合体。

（二）成都科学城

中部组团成都科学城沿鹿溪河布局，规划范围 99.4 平方公里，核心起步区 39.4 平方公里。截至 2019 年底，建设用地 50 平方公里，规划人口 44 万人，三生空间（生态：生活：生产）占比为 39：27：34。

成都科学城把科技创新、发展新经济作为关键任务，凭借"一岛一园一谷"基础依托，支撑成都构筑全国科技创新第五极。目前成都超级计算中心等 4 家重大科技基础设施及研究基地落户成都科学城，拥有清华大学、北京航空航天大学等院校的合作项目 32 个。秉承"先绿后产、先人后产"的理念将鹿溪智谷公园城市示范引领工程建设作为推动产业社区建设的核心。从高设标构筑独角兽岛，以百亿元专项投资和相关条例蓬勃培育千亿级独角兽企业集群。

（三）天府文创城

南部组团天府文创城是中意合作的国家战略承载地，规划范围 140.3 平方公里，核心起步区 2.3 平方公里。截至 2019 年底，建设用地 25 平方公里，规划人口 23 万人，三生空间（生态：生活：生产）占比为 65：23：12。

把创意设计、数字影视、文博旅游作为天府文创城基础，通过"一园一带一区"板块构建，推出"文创之都"新名片。从高打造中意文化创新产业园，凭借中意创新镜像园，优化艺术创新资源利用方式，引育超高清影视制作业态。努力擦亮雁栖文创生态带品牌，协同中国美院完成公园城市文创研究院的组建。凸显公园城市美学理念，把名师、名导、名家工作室散点式布控在雁林湿地中。以营造文博旅游带带来的消费驱动效应，把天府国际旅游区等项目作为突破口，构筑一批具有国际影响力的文博旅游区，实现世界级文创旅游消费和休闲度假有高度吸引力的目的地。

二、公园城市理念下产业功能区建设导向

(一) 人本化导向

以人为本是公园城市建设的特点之一,也是城市发展的出发点和落脚点,在公园城市理念的指导下,产业功能区建设要坚持人本化导向,探索产城融合新趋势,打造生活、生产、生态"三生融合"的城市新空间。遵循以人为本,在促进产业发展的同时服务功能区居民,提高功能区居民的生活质量,针对产业功能区人群的职业特点,配置全生命周期生活服务设施,构建"5—10—15"三级生活圈,重点关注步行可达范围内的服务设施供给。通过规划功能区绿道、小微型公园绿地,串联功能区工作生活所需的服务设施。依托林荫绿化兼顾生态廊道的功能,为进一步满足人民群众美好生活需要,把公园游憩服务纳入城市基本公共服务之中,促进全新的绿色健康生活,实现以人为本,共享发展。

(二) 差异化导向

打造差异化、特色化的产业是企业的核心竞争力,在市场经济中,唯有错位协同,形成各产业功能区的特色和比较优势,才能逐渐形成竞争优势。产业功能区的发展要坚持产业协同、差异发展,深化各功能区资源禀赋比较优势的认识,研判产业功能区的产业方向、产业门类和细分领域,精准确定符合主体功能定位、资源禀赋潜力和未来发展方向的主导产业,聚焦主导产业集聚发展、集群发展,增强功能区的发展集中度、产业显示度。天府新区三大产业功能区要遵循差异化导向,错位发展。其中,天府总部商务区聚焦总部经济、国际博览,承担"总部成都"和国际交往中心支撑功能;成都科学城要聚焦新一代人工智能、5G通信、区块链等高新技术服务,承担国家科技创新中心和新经济发展支撑功能;天府文创城聚焦创意设计、网络视听、文博旅游,承担全国重要文创中心支撑功能。

(三) 可持续导向

产业功能区建设作为成都市重塑产业经济地理,提供永续发展

空间载体的重要举措，应以可持续化发展理念为指导，将公园城市理念融入建设过程。体现高质量发展，努力实现公共空间与自然生态的高度相融，把城市人口、生产力、基础公共服务进行合理布控，实现"大城市病"分解化治理。要通过营造林湖交汇绿水蓝天的全域景区、全城景观方式形成"开窗见田，推门见绿"的城市生态宜居空间形态，体现出生态科学发展优势。要重拳出击，以铁腕手段、科学方式实现这一场景营建，促进成都市可持续发展，夯实生态本底。

三、公园城市理念下产业功能区建设路径

（一）国际标准，综合开发

天府总部商务区的重要功能是全国重要总部经济中心，需要坚持国际标准，综合开发。一是打造新生态国际博览城集群。以会展博览流量优势，牵引西部博览城、天府国际会议中心这一核心，打造具有健全功能的会展会议综合体，在"大会展"理念引领下，实现产业集聚，把"会展第四城"招牌压实。引育一批名业名展名企名馆。塑造"天府会展"IP。二是突出生态引领构建新型产业社区。按45%的蓝绿科学合理占地，总揽"三生"空间，以最佳用地比例，助力公园、绿道和绿廊一体化功能建设，实现在公园城市中发展新型产业社区，形成"山水环抱、林湖交汇"的自然生态格局。三是完善轨道交通集散总部商务区大流量。依托路径、界面、功能三重元素叠加，加快重点轨道交通线路建设，构建"轨交＋步行"绿色交通体系，打造城市候机楼承接双机场，链接轨交站点，建成站城一体、高效集约的TOD示范区，形成零障碍通达的立体交通功能，更好为总部经济核心城市新中心服务。

（二）科技赋能，极核牵引

成都科学城的重要功能在于国家科技创新中心和新经济发展中心，需要坚持科技赋能、极核引领。一是全力争创综合性国家科学中心。紧盯国家科技战略有关需求，以重大科技基础设施乃至研究基地集聚匹配响应，以国际技术转移中心营建为核心实现具有龙头

引领、成果转化等优点的创新生态体系。二是把独角兽岛建设成为高质量发展样本区。主要构造可带头引领的独角兽企业，可集聚要素的创新培育地，制定独角兽岛产业政策体系、投融资机制和运营管理办法，塑造"天府独角兽、'瞪羚'麒麟岛"企业登临新标识，加快构建与独角兽企业发展高度契合的多元应用场景。三是持续提能新经济产业园发展。以数字经济为依托，以场景示范为驱动，以集中要素为手段，进一步发挥"核高基"企业的引领辐射作用，驱动紫光芯城等重大项目建设。四是精心打造鹿溪智谷公园城市示范引领性工程。在"先绿后城，先人后产"理念引领下，用城市新区绿色规划和低碳建设项目在鹿溪智谷核心区形成全国样板经验，实现6大产业社区的良性联动。

（三）创意蓄势，设计营城

天府文创城的重要功能是全国重要文创中心，需要坚持创意蓄势，设计营城。一是重点建设中意文化创新产业园。以"设计＋"文创产业生态为抓手展开中意文化的创新合作，借助"中意创新镜像园"这一平台载体，争取民间知名艺术馆、图书馆、博物馆入驻。进一步招大引强和吸引文创大师及团队，通过招商引资、大型企业带动等方式建设版权交易、金融服务、研究咨询、技术服务、经纪代理等平台。充分利用意大利文化创新资源，延伸文化创新产业链，加速文创产业的价值转化。二是突出雁栖文创生态带公园城市美学表达。通过强化城市智慧基础设施建设，建立健全绿色交通体系实现文创示范。通过体现诗意林盘的大美生态形态，实现城市在山水林田湖中自然生长。三是着力增强国际文博旅游区影响力。重点发展艺术创作、主题旅游等细分领域，先手落位艺术市集、博物馆群落，构筑好文创艺术生态体系，实现融休闲、设计、文博一体的文旅泛商业形态。

第三章　战略方向

一、路径选择——具体指向抉择

（一）聚焦——发展目标和建设目标的同向性

国家级新区的发展目标包括建设产城融合的重要示范区、打造全方位对外开放的窗口、建立创新体制机制的主要平台和辐射带动区域发展的重要增长极；国家级新区的建设目标包括推动产城融合发展、加强区域互利合作、推进新型城镇化、统筹城乡发展。发展目标是导向设定，建设目标是路径选择，聚焦国家级新区的战略承载示范，发展目标和建设目标具有同向性。

基于天府新区直管区 2014 年至 2018 年的重点项目摆布，其支撑产城融合发展重要示范区发展目标的代表性项目，主要集中在天府中心区块、鹿溪区块以及科学城区块；通过代表性项目支撑打造全方位对外开放窗口的项目涉及国际会展、金融、贸易、高新技术、国别合作等方面的 7 个项目；通过代表性项目支撑创新体制机制的主要平台涉及科学城创新孵化中心、天府数智谷创新基地等；通过代表性项目辐射带动区域发展的重要增长极涉及中交国际中心、吉利新能源电动汽车项目、北航西部国际创新港项目、天府国际金融中心、万科中西部区域总部基地项目等（以上四个类别具体项目见表 3-1）。

表 3-1 聚焦性：发展目标和建设目标的一致性

	国家级新区发展目标	国家级新区建设目标
国家级新区发展目标和建设目标的一致性	产城融合发展的重要示范区	推动产城融合发展
	打造全方位对外开放的窗口	加强区域互利合作
	创新体制机制的主要平台	推进新型城镇化
	辐射带动区域发展的重要增长极	统筹城乡发展
	发展目标	代表性项目
天府新区直管区发展目标和代表性项目的一致性	产城融合发展的重要示范区	中铁西南总部及配套设施项目、成都天府商务区商业综合体及配套项目、成都天府新区鹿溪医谷国际社区项目、科学城天府科创园及配套项目
	打造全方位对外开放的窗口	西部国际展览中心、国际基金小镇、成都天府新区海关业务技术大楼及天投国际商务中心项目、成都天府新区保税物流中心（B型）、成都紫光IC国际城项目、中德产业园、联东U谷天府高新国际企业港项目
	创新体制机制的主要平台	成都天府新区科学城创新孵化中心、成都天府新区天府数智谷创新基地
	辐射带动区域发展的重要增长极	中交国际中心、吉利新能源电动汽车项目、成都天府新区北航西部国际创新港项目、天府国际金融中心及万科中西部区域总部基地项目

部分资料来源：《关于促进国家级新区健康发展的指导意见》（发改地区〔2015〕778号）。

（二）均衡——启动区域和辐射区域的渐进性

均衡是空间布局协同的基本遵循。以集约开发为导向，瞄准提升发展能级、推进发展均衡等问题靶向，遵循突出重点和全面统筹的发展原则，形成发展的核心区（启动区）、缓冲区（中期发展区）和外缘区（辐射区）自内向外的梯次开放态势。

从启动区来看，代表性项目集中摆布在两个聚焦区域：一是在天府总部商务区摆布的有西部国际展览中心、中铁西南总部及配套设施项目等；二是在科学城摆布的有中科院成都研究中心、兴隆湖生态水环境综合治理项目、成都科学城创新孵化中心、天府科创园及配套项目等。从中长期发展区来看，涉及新科技、新能源、新经济、新生活等方面。具体包括联东U谷天府高新国际企业港项目、成都紫光IC国际城项目、吉利新能源汽车项目、国际基金小镇、鹿溪医谷国际社区项目等（以上两个区域具体项目见表3-2）。

表3-2 均衡性：启动区、中长期发展区、辐射区渐进性

区 域	代表性项目
启动区	中科院成都科学研究中心、天府新区兴隆湖生态水环境综合治理项目、西部国际展览中心、成都科学城创新孵化中心、科学城天府科创园及配套项目、中铁西南总部及配套设施项目
中长期发展区	联东U谷天府高新国际企业港项目、成都紫光IC国际城项目、吉利新能源汽车项目、国际基金小镇、成都天府新区鹿溪医谷国际社区项目

（三）增效——重大支撑项目的连续性

重大支撑项目是战略定力的重要体现，其成效的影响决定性、辐射带动性、驱动长远性需要目标确定以后持之以恒。2014年以来，涉及时段5年的项目有1个，涉及时段4年的项目有2个，涉及时段3年的项目有3个。体现支撑性项目连续性的7个代表性项目中，中期阶段性完成或暂停、后续再续建或扩大的项目有4个。可见，重大项目纳入目标计划之后，无论其推进速度、落实力度，只要是选定之后，其效度是具有公认度的。因此，重大项目的系统谋划、分步实施、续建扩大是增加路径选择公信力的重要标志，必须咬定目标不放松，持之以恒抓落实。

涉及开工取得阶段性成果，进而续建、配套扩建的项目主要涉及中国建筑、中国交建、中国中铁轨道等国字号大型央企，这说明了在"筑巢引凤"的前期，通过争取政策性市场力量倾斜，在发展

起步期起到引擎作用。同时，标志性公共建筑、公共环境、公共服务项目的破解瓶颈、强力推进也是凸显路径选择成效的务实之举。如国际博览城、科学城生态水环境、华西天府医院等项目的建成、推进或启动都凸显了路径选择阶段性的可视和可及（具体项目见表3-3）。

表3-3 实效性：重大项目的深化拓展

项 目	2014	2015	2016	2017	2018
天府新区中国西部国际博览城项目		√	√	√	
中国建筑西南总部及西南设计中心项目	√			√	
中国交建西南研发设计中心项目	√			√	√
中国中铁轨道研发设计中心项目		√		√	√
成都天府新区成都科学城生态水环境工程				√	√
中科院成都科学研究中心			√	√	√
成都天府新区华西天府医院项目			√		√

（四）整合——责任团队力量的联动性

成事之道，关键在人。用人之道，关键用在刀刃上。具体项目确定之后，明确了牵头领导，确定了责任团队，突出了抓落实的力量分兵摆布和整体推进。在天府新区直管区2014年至2018年的重大项目中，考虑到部门职能整合的因素，以2017年体制机制改革后的职能归属部门（机构）为统计口径，负责项目数量最多的为天投集团，重点项目的近四成由其负责，这充分体现了在发展起步期，政策性市场力量的引擎作用。

在管委会的职能组成部门中，负责项目数量处于前列的依次是规划建设国土局、科创和新经济局、国际合作和投资服务局、总部经济局。由此可见在第一个五年发展阶段，规划建设部门和产业职能部门的主动引领作为。同时，着眼于社会治理、绿色发展、安全发展的相关职能部门的重点项目建设任务也紧跟其后，体现经济与社会发展的相互依存和相互促进（具体项目见表3-4）。

表3-4 整体性：责任团队力量的集中整合

责任部门	负责项目数量
文创和会展局	6
总部经济局	16
经济运行和安监局	6
科创和新经济局	20
成都天投集团	65
国际合作和投服局	19
规划建设国土局	27
基层治理和社事局	7
环保和统筹城乡局	5
财政金融局	1
城管和市场监管局	1

注：2017—2018年重大项目统计（天府新区直管区2017年9月公共管理部门机构改革后，按照实现职能型向功能型转变职能归属的部门设置统计）

二、发展引擎——打造新的增长极

（一）天府新区打造新的增长极是承载国家战略的内在要求

提高战略站位。天府新区作为国家级新区，是承载国家重大发展和改革开放战略的综合功能区。习近平总书记视察天府新区，明确指出了天府新区的战略定位是"'一带一路'和长江经济带"的重要节点。规划好建设好这个"重要节点"，就必须站在承载国家这两大战略使命的高度和视角，认真领会好、落实好。

拓展战略承接。中国共产党第十九次全国代表大会报告中提出了七大战略，发展包括科教兴国战略、人才强国战略、创新驱动发展战略、乡村振兴战略、区域协调发展战略、可持续发展战略和军民融合战略，可持续发展战略又包含贸易强国、文化强国、体育强国、教育强国、健康中国、国家安全、就业优先、美丽中国等战略目标。国家级新区作为国家重大发展和改革开放战略的综合功能区，一定要在对国家重大战略部署的承载和示范上走在前列。

增强战略辐射。天府新区作为"重要节点"，是我国区域协调发展的内在要求，是长江经济带"共抓大保护，不搞大开发"的经济基础，是"一带一路"南向对外开放的起点，是西向、北向开放的集合点。同时，天府新区的国家战略担当承担着国家新的增长极的历史使命，是长江中上游保护源点、"一带一路"多向走深走实的起点、西部大开发核心驱动的引擎点，是整个国家西部整体性经济跃升的迫切要求，是国家外向发展拓宽新通道的重要途径，是带动西部以及参与"一带一路"建设的重点国家、重点城市、重点项目、重点企业乃至有关联动区域的增长极核。

（二）天府新区打造新的增长极是区域发展的必然需要

纵深战略腹地的需要。成渝地区双城经济圈是西部大开发的重要平台，是长江经济带的重要支撑，是国家推进新型城市化的重要示范区。在加强合作的前提下也有区域的差异化竞争，要找到竞争与合作的优势，就必须敢想善谋，充分考虑战略腹地的纵深，打开更广阔的市场腹地。天府新区战略腹地涉及的人口不仅仅是成都的近 2000 万人，更是远远超过成渝地区双城经济圈中重庆的 3000 多万人。天府新区的市场腹地不仅仅涉及四川省的近 9000 万人，也涉及云贵川渝的近 2 亿人，甚至涉及西部云贵川渝藏和陕甘宁青疆的共计逾 3 亿人（数据参考 2017 年末常住人口）。

"四向拓展"开放的需要。按照"打造立体全面开放格局""努力走在西部全面开发开放的前列"的要求，天府新区深度融入"一带一路"建设、长江经济带发展、成渝地区双城经济圈、构建西部大开发新格局等，在加快形成"四向拓展、全域开放"立体全面开放新态势的进程中，实施"四向拓展"，注重"突出南向、提升东向、深化西向、扩大北向"的统筹，同时应通过自贸试验区这一切口，南向纵深推动国际合作园区的建设，把重大展会和外事活动办优办精，促进开放型经济水平的提高。

生态横向补偿的需要。依托黄金水道，推动长江经济带发展，应将新的空间发展和管制理念贯穿始终、辐射全域。在长江大保护中，将天府新区作为新的增长极，就是考虑到西部大部分区域的资源环境承载能力、开发强度和发展潜力差异化较大，较之"沃野千里、天府之土"的天府新区所在地，其他大部分地区属于限制开发区和禁止开发区。通过天府新区作为新的增长极，作为国家主体功能区划分中的优化开发区，夯实辐射长江中上游流域以及源头的生态横向补偿的经济基础和就业优先战略的空间支撑。可突出国家级新区的使命担当，探索建立生态横向补偿发起式基金，积极争取适时开征环境税的转移支付和政策奖补机遇，发挥更具辐射力和影响力的高质量发展排头兵作用。

（三）天府新区打造新的增长极具备承载支撑能力

天府新区是承东启西经济链接的重要枢纽。通过彰显"枢纽"作用，有力提升长江经济带生态保护和绿色发展的成效，凸显反映"共抓大保护、不搞大开发""一干多支、五区协同"①的长江中上游绿色经济的新经济形态。法国著名经济学家费朗索瓦·佩鲁对增长极的定义是"产业部门集中而优先增长的地区成为增长极"。放大"枢纽"作用，就是通过天府新区核心区、起步区具有区位优势的点位，壮大形成可以吸纳周围"生产要素"的"核极"，成为"一干"之要、"五区"引擎，让增长极成长为可以向"五区"进行生产要素扩散并带动全域经济增长，确定"产业集中、要素集聚、资源集约、空间优化"的区域增长极，确立以点带面的格局。

天府新区是纵贯南北外向发展的重要途径。立足天府新区是贯通南北的"通道"，是连接我国西南西北，沟通南亚东南亚的重要交通走廊。从战略区位看：向北经兰州、乌鲁木齐至阿拉山口，从

---

① 中共四川省委十一届三次全会提出做强"主干"，支持成都加快建设全面体现新发展理念的国家中心城市，发展"多支"，打造各具特色的区域经济板块，推动环成都经济圈、川南经济区、川东北经济区、攀西经济区竞相发展，形成四川区域发展多个支点支撑的局面；大力推进"五区协同"发展，推动成都平原经济区、川南经济区、川东北经济区、攀西经济区、川西北生态示范区协同发展；推动成都与环成都经济圈协同发展；推动甘孜藏族自治州、阿坝藏族羌族自治州、凉山彝族自治州与内地协同发展；推动区域内各市（州）协同发展。

成都走已建成铁路（截至 2017 年年底）3511 公里。向南可经贵阳、广州至香港，对接粤港澳大湾区，可经云南昭通、贵州六盘水、广西南宁直至钦州港，从成都走已建成铁路（截至 2017 年年底）1642 公里；也可经四川雅安、西昌、攀枝花，途经云南大理、瑞丽，进入缅甸走规划中的中缅铁路，经曼德勒到皎漂港直达印度洋；还可走中缅印孟经济走廊到印度的加尔各答（图 3-1）。

图 3-1 孟中印缅经济走廊路线图

从川桂合作看，可着眼于天府新区和北部湾大区域合作的战略布局，出川南向通道可选择从成都到宜宾直抵钦州东的中线置换为高等级货运通道，这比走途经重庆的东线和途经攀枝花的西线分别节省里程 625 千米和 460 千米（图 3-2）。

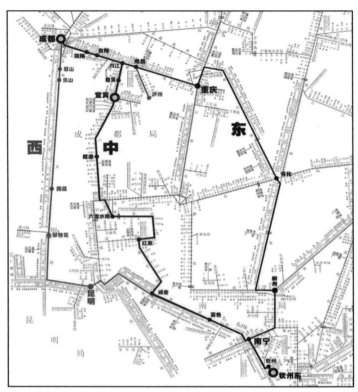

东线：成都—重庆—钦州东，全程约2267千米
（成都→简阳→资阳→内江→隆昌→重庆→怀化→柳州→南宁→钦州东）
中线：成都—宜宾—钦州东，全程约1642千米
中线运距比东线少625千米，比西线少460千米
（成都→简阳→资阳→内江→自贡→宜宾→邵通→六盘水→红果→威舍→百色→南宁→钦州东）
西线：成都—攀枝花—钦州东，全程约2102千米
（成都→眉山→乐山→西昌→攀枝花→昆明→威舍→百色→南宁→钦州东）

图3-2 四川省南向通道铁路运行图（2017年）

从整合港口资源和对川内南向带动看，可串起泸州、宜宾、乐山等地港口资源，把川南打造成南向开放重要门户，把攀枝花建设成对接云南、面向东盟的重要门户。

天府新区是带动内陆开放发展的增长极核。立足天府新区是对外开放的"窗口"，贯穿东向长江经济带从"长江头"到"长江口"，借助经达州至万州的高铁出川大通道，可对接将开辟的经达州至万州港进入长江的货运出海新通道；西向纵深"丝绸之路经济带"由铁路直抵荷兰鹿特丹或土耳其伊斯坦布尔再走海路经直布罗陀海峡到英吉利海峡。借力四川自贸区、国别合作园区，突出"一带一路"的重点国家、重点城市、重点企业、重点项目，打造提升经济外向度的产业示范项目，通过"一线穿珠"，打造"一带一路"产业示范带。

（四）天府新区打造新的增长极具备要素综合配置能力

第一，资源配置全球化。要从主要依靠区域配置资源转向在全球配置配套高端资源。天府新区作为国家级新区，应具有国家级担当、国家级的资源配置水平。通过国际视野、世界眼光、国际标准和把握未来的挑战，抢抓打造新的经济增长极的机遇。资源配置的每一次设计、每一步推进、每一个环节、每一条路径的逻辑起点都要代表国家形象、体现国家水准、参与国际竞争、彰显国家级新区国家战略承载功能，参与全球资源配置。应通过打造新的增长极，将"重要节点"建设成为战略支点，切实加大国际化社区建设力度，加大国际企业的招商促进力度，加大国际化活动的引入力度，加大国际化标识的植入力度，加大国际化消费模式的引进力度，在有国际影响力和区域带动力的高质量发展中彰显极核作用，以全球配置资源能力体现国家级新区的国际影响力，让国际化企业进来以后对于整个成都、整个四川、整个西部地区带来全球化的思想冲击，带来新的示范引领。应突出人力资源、金融资源、创新资源、生态资源的国际化配置，实施海外人才来蓉创新创业工程、本土人才国际化培育工程、出入境停居留服务提升工程、金融国际融通工程、全球创新合作提质工程、生态文明建设国际合作工程。

第二，产业准入高端化。按照产业功能区布局，围绕"一带一路"总部经济、国际会展、鹿溪智谷科技创新和高技术产业服务等功能区域，向构建高品质生活圈和高质量产业生态圈转变的要求，建立招商引资政策与亩均税收挂钩的"亩均论英雄"机制。基点必须要由产业发展带动，最终实现区域带动，要将产业集聚度作为力量源泉、高技术彰显度作为第一助推、经济外向度作为加速牵引、服务资信度作为重要保障，充分发挥国家级新区经济增长极的极化效应和扩散效应。

第三，政策支持精准化。积极服务服从国家战略的落实落地，优化产业功能区设定，优化产业目录准入，优化区域协同，优化产业提档升级。同时，应通过规划的制订、举措的推进，避免短期、促进均衡，控制有可能出现的"发展病"，协调产业布局与区域资源优势的匹配度，形成合理的产业、产业群，化解产业布局的区域矛盾，均衡布局区域生产力，大力培育新经济，走可持续发展之路。

第四，市场导入多元化。充分发挥市场机制在资源配置过程中的基础性调节作用。在战略实施中，充分考虑区域市场发育程度，着眼探索"产城融合"的整体开发机制，从规划设计、土地整理、基础设施、公共设施、产业招商、城市运营等各个层面引入市场力量，强化市场推动和公共服务市场化供给，通过市场化跟随、精准施策、环境营造、机制建设，使资源实现集约节约利用，并配置到具有较高收益水平的环节和产业上。

三、辐射带动——建设内陆开放经济高地

（一）提升开放新格局

一是抢抓机遇。应站在"两个大局"的高度，构建全面对外开放新格局。积极融入"一带一路"建设，强化"重要节点"意识，围绕建设内陆开放经济高地战略方向，在国家开放全局中把握机遇，充分发挥国家级新区带动引领辐射作用。应抢抓新时代"一带一路"建设重大机遇，着眼于增强枢纽辐射力、要素集聚力和产业引领力，精心谋划和推动涉及"一带一路"总部经济的相关产业功能区建设，全面凸显其极核、门户和服务功能，将其打造成具有国际影响力和标识度的样板产业生态圈。应全面梳理西向、南向开放重要国家、重点城市、重大项目，勾画招引路线图，全面出击、全面覆盖、重点突破、步步为营，筑牢全方位对外开放的坐标"原点"，强化建设"高地"的责任担当。

二是破除瓶颈。应破除"区位"制约的瓶颈，无论从"一带一路""长江经济带""成渝地区双城经济圈""成都平原经济区"，还是从"一干多支""西部大开发"，从国家到地方，从省内到省外，重大战略和战略举措为破解区位瓶颈提供了机遇，内陆的"区位"可成为创新开放的"首位"。应破除"平台"制约的瓶颈，充分利用自由贸易区的国际投资贸易平台以及知识产权法院等国际化营商环境制度保障平台，建设国际贸易集成转化高地，提升国际交往承载能力。应破除"通道""空间"的制约，利用成都平原经济区建设契机，在全面辐射环成都经济圈、川南经济区、川东北经济区、攀西经济区的主动作为中，提前谋划、高位推动公、铁、水通道；还要科学对接双流机场和新天府机场"双机场"的快速、无缝接驳通道建设，积极争取对新天府机场临场经济区建设的实质性参与乃至主导，做好区域发展的协作统筹乃至空间拓展。

三是创新赋能。全面分析天府新区直管区发展项目机构以及外向型经济现状（图3-3，3-4，3-5），充分认识到创新是第一动力，并应紧扣开放经济体系建设，加快区域协同体系和运行机制的设计和设立，加大良好营商环境和金融服务环境的营造力度，加大智慧城市建设步伐，以新体制、新形态、新机制、新方式、新生活的国际化治理体系，推动资本要素充分流动、创新要素集聚转化、信息要素交换共享、文化要素共鉴共融。应围绕国家级新区的国家使命和民族担当，当好全域开放的窗口，做好服务四川、服务西部，带动区域发展的示范，切实当好先锋。

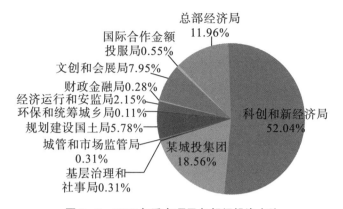

图 3-3　2018 年重点项目各部门投资占比

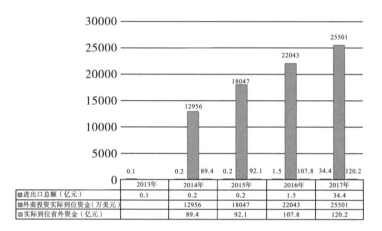

图 3-4　2013-2017 年外向型经济指标

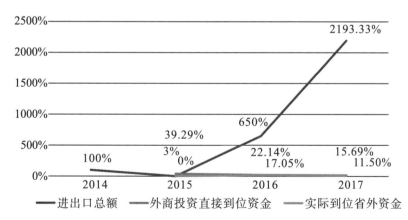

图 3-5　2013-2017 年外向型经济指标增长率

（二）打造开放新载体

全面提升主导产业国际竞争力。围绕功能区建设，聚焦新一代人工智能产业，集约优化科学城和鹿溪智谷的产业承载，瞄准全球资源配置的国际科技合作项目，争创综合性国家科学中心。依托国际博览城，大力引进一批重大国际会展，积极策划一批走向世界的原创性特色展会。依托文创城，以天府国际旅游度假区（成都佳龙）、中意文化创意园区、成眉协同区域"沃野千里、天府之土"的文化产业示范区为切入点，以全球化资源配置、体现"南方丝绸之路"的古蜀文明节目，打造全球最大的人类文明发端探秘节目，打造"一带一路"文创产业示范带。围绕具有国际辐射聚合功能的产业建设，立足支柱产业、优势产业、未来产业、特色产业，如人工智能、互联网和信息安全、检验检测认证等战略性新兴产业，打通国际产能双向合作通道，面向重点国别市场、合作产业，实现资金、产业、人才的双向自由流动，优先获得和优化配置国际创新资源。

大力开展全方位招商引资。瞄准具有全球辐射带动作用的领军企业，开展"精准引进"跨国公司，提升专业招商水平。精细化分类施策，全力推进新兴行业专业总部和地区性总部引进，依托"一带一路"总部经济相关功能区域，积极引进跨国公司总部、区域总部，辐射"一带一路"国家的国内大企业、大集团总部，培育一批承载"一带一路"倡议的总部企业。大力实施"支柱嵌入、主导引领"式招引，瞄准主营业务突出、核心竞争力强、带动效益明显、市场份额领先的世界500强、中国500强以及"一带一路"沿线重点国家、重点城市、重点企业，大力提升经济外向度，形成"极核型"企业的快速汇聚和集约承载。

全面提升区域开放承载力和影响力。高标准推进国别合作园区建设，积极探索与"一带一路"沿线国家或地区互设经贸合作产业园区。提升研究国别园区相关跨国经贸协定条款的能力，制定开放合作实施细则，优化针对国际中小企业的相关流程体系，开展专业化的咨询、融资、孵化等全链条服务。进一步提升区域承载力，推出产业功能配套清单管理，以具有标准化、特色化、国际化的园区、小镇、人才公寓构建，支撑国际企业即签即入。在全面提升区域开放能力水平上，发挥天府新区"主干内芯"作用，形成"核心区研发、拓展区联动、辐射区转化"的梯次传导和开放协作格局。大力塑造国际标识，围绕高标准推进"一心三城"①布局，将世界文创名城、世界旅游名城、世界赛事名城、国际美食之都、国际音乐之都、国际会展之都这"三城三都"的标识，镶嵌在天府总部商务区（含博览城）、科学城、文创城的规划、建设和运营的每一个领域、每一个环节、每一个视角。

（三）拓宽开放新路径

全面提升新经济品牌国际影响力。以进一步提档升级功能平台，强化产业生态、场景供给等领域实现新经济发展城市高品牌收益，构建以高端劳动力投入、资本投入和科技创新为重要指标参数的新经济评价国际通行"天府标准"，构建以创新资源及成果为主的新型国际合作方式，推出便捷化国际交易新品牌。以市场应用为导向，聚焦数字经济、智能经济、绿色经济、创意经济、流量经济、共享经济，规划新场景、创造新场景、包容新场景，为催生新产业提供应用市场。规划建设"类海外"高层次外籍人才的特色小镇和新经济指数全球发布中心，不断增强"新时代、新天府、新经济"品牌全球影响力。

围绕大通道、大平台、大经贸、大交流，深度融入"一带一路"建设和长江经济带开放开发。通过充分利用天府新区居中于双机场（双流机场和天府国际机场）连线的优势，大力发展外向型流量经济；以高铁天府站为发射原点，四向拓展，从高设置东向出川铁路等级标准，延展向西向南通道与粤港澳大湾区及北部湾的无缝快速货客对接，实现铁水、海陆联运；积极开拓绕城的北向往三台

---

① "一心"，天府中心；"三城"，西部博览城、科学城、文创城。

方向的铁路通道，充分实现天府新区在成都平原经济区协同发展中的全方位高速辐射引领。充分发挥天府保税物流中心（B型）和天府海关作用，为保税加工、保税物流、进出口贸易、展示交易等开放型经济业态发展提供载体支撑，共享空、铁、公、水、口岸资源，形成内引外联、通江达海的物流体系。围绕产业转移趋势和跨国企业全球布局要求，融入服务"一带一路"的全球供应链。高起点规划建设（西部）保税商品展示交易中心，广辐射"一带一路"沿线国家，形成"国家馆区"式的特色业态。同时，服务西部大开发，设立西部十个省（区）和粤港澳大湾区的地方馆，实现"与国际接轨、与前沿对接、与西部相融"的人居生活。

以自贸区为载体，谋划建设内陆自由贸易港。依托天府保税物流中心（B型），以四川自由贸易实验区天府新区直管区 26.45 平方公里板块为先锋区，与川南临港自贸片区泸州港建立"无水港"，共享国际启运港便利化政策，强化与长江口岸信息对接互联和通关一体化，发挥长江经济带和成渝地区双城经济圈中的"长江头"动力源作用。积极争取与世界各地自由贸易港合作，探索在"无水港"基础上建成多维度、全球链接的内陆自由贸易港。以制度创新为核心，以可复制可推广为基本要求，立足内陆、承东启西，服务全国、面向世界，将自贸实验区建设成为西部门户枢纽城市开放开发引领区、内陆开放战略支撑先导区、国际开放通道枢纽区、内陆开放经济高地、内陆与沿海沿边沿江协同开放示范区，彰显出对古代南丝绸之路"起点"和"一带一路"重要节点的极核支撑。

（四）完善开放新机制

全面提升营商环境水平。建立符合国际规范和灵活高效的开放管理体制。通过市场开放先行，主动争取先行先试，全面实行准入前国民待遇加负面清单管理，提高市场准入透明度。开展知识产权保护管理体制改革试点，加快国家知识产权运营公共服务平台成都运营中心落户天府新区，搭建以行业数据库为主体、专利专题数据库为支撑的专利信息共享平台，实现与世界知识产权组织信息互动共享。构建与国际接轨的知识产权保护体系，通过知识产权法院和建立自由贸易区仲裁中心，建立知识产权国际仲裁、商事调解机制和知识产权快速维权机制，助力构建自贸区的法治化营商环境，更好地服务自贸区民商事主体。打造政务服务标杆新区，建立投资准入、商事登记、精准服务一体化政务服务体系，深化审批改革，构建全链条服务体系。

全方位提升国际化服务实力。完善国际化教育服务体系，推动中外教育合作与交流，积极引导各类学校进行形式多样、手段灵活的国际交流合作，创建教育国际化窗口学校。引进国际先进教学资源，推动国际学校建设。根据外籍人士"家在成都"工程语种数据，建立小语种学校和培育小语种教育市场。提升国际化医疗卫生水平，完善国际化的医疗卫生体系，探索建立与国际医疗保险机构相衔接的费用结算模式，优化外籍人士就医流程，形成特色化服务体系。创新国际化的社区服务方式，高标准建设与产业功能区和产业生态圈布局相匹配的国际化社区群落。在新区全域推进语言环境国际化，实施公共场所国际化标识通行标准，提高准入门槛，避免反复改造。推出双语设置社区服务和便民服务网络终端。

建立开放能力培育机制。积极参与国际行业标准制定，普及宣教国际规则和惯例、国际合作法律法规和贸易准则。建立新区科研机构与世界最先进大学、科研机构、科学家、创新企业深度合作的全员参与机制，拓宽交流渠道，汇聚创新资源，助力开放性经济体系建设。借鉴国际先进的人力资源开发管理理念和管理方式，在专业人才资格认证等方面主动与国际接轨，形成国际化的人才构成、国际化的人才流动、国际化的人才素养、国际化的人才教育培训以及国际化的人才评价、国际化的人才政策法规体系，推进人才体制机制改革创新，通过高层次人才国际化集聚，从根本上提升全域全方位开放能力。

策略三　关于将检验检测认证产业作为天府新区战略性新兴产业布局的对策建议

作为改革发展先行先试的国家级新区，培育发展战略性新兴产业是天府新区打造高端产业集聚区的一项重大战略任务，通过加快检验检测认证①产业落地天府总部商务区和成都科学城，是聚焦细分领域、构筑比较竞争优势产业生态圈的务实之举，力争把天府新区直管区建设成为全国检验检测认证之城。

一、培育发展检验检测认证产业必要性的战略思考

（一）战略性产业的整合助推跨越发展

一是该产业具有技术密集、知识密集、人才密集的特征，对提升相关服务领域产品附加值、带动相关产业升级和结构优化、发展绿色低碳经济、提高可持续发展能力，具有重要的引领带动作用。二是该产业整合辐射新能源、新材料、信息等重点领域的前瞻性部署，穿透服务领域的关键性技术，必然创造新的经济增长点，夺取未来经济和科技的主导权。2010 年以来，全球检测行业复合增速为 9.6%（图 1），高于 GDP 复合增速 3.3%。我国发布的《认证认可检验检测发展"十三五"规划》中明确提出，检验检测认证服务业营业总收入预期要保持 9.2% 的增长速度，预计我国检验检测行业规模至 2024 年将突破 5400 亿元（图 2）。三是该产业有利于构建结构优化、技术先进、清洁安全、附加值高、吸纳就业能力强的现代产业体系。当前，国家级新区都未将该产业作为战略性新兴产业进行布局，天府新区应率先突破，通过寻找产业整合交叉点和战略布局盲点，体现科技创新、转型升级和产业跃升的战略定位、布局和发展方向。

---

①　检验检测的定义是对产品安全、功能等特性或参数进行分析、测试、检验、检测，必要时进行符合性判断的活动。认证是指由认证机构证明产品、服务、管理体系符合相关技术规范的强制性要求或者标准的合格评定活动。

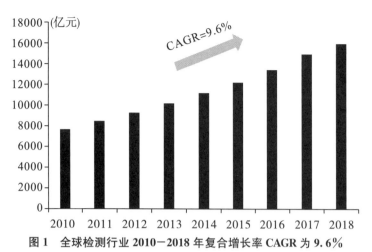

图 1　全球检测行业 2010－2018 年复合增长率 CAGR 为 9.6%

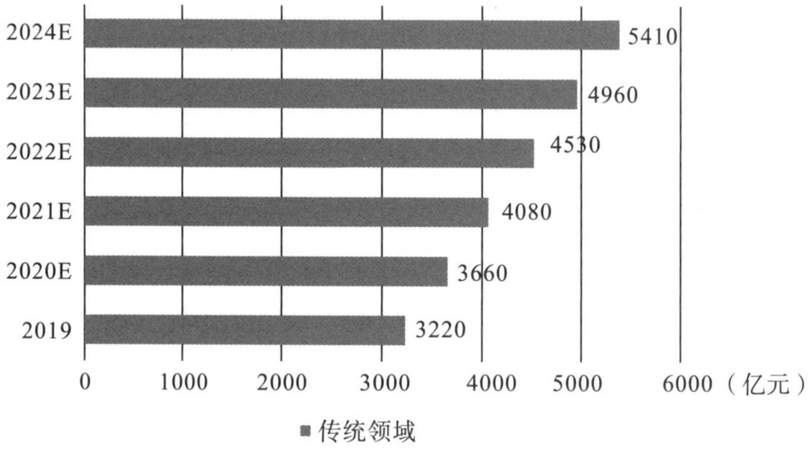

图 2　2019－2024 年我国检验检测行业市场规模预测

注：E 代表统计学预测值。

（二）产业链高端的融合能实现组团发展

一是该产业的发展水平决定着制造业的技术水准和附加值，能够实现制造环节和服务环节分离，降低企业的固定成本，实现向产业链高端的攀升。二是该产业从制造业中分离，形成独立的经济部门，有利于形成制造业和服务业的互动，并逐步脱离制造业，实现服务部门的急速扩张，进而提升自身效益，形成规模经济。三是该产业可为制造业的壮大做好环境营造，通过充分利用就近空间中的服务投入，降低成本。总之，发展该产业有利于形成生产性服务业集中在鹿溪智谷核心区、相关要素敏感制造业分布在中心区域外围缓冲区的产业组团发展格局。

（三）价值链核心的集合激活错位发展

一是该产业作为支撑性行业发展决定着产业的比较优势，在国际市场准入中抢占"标准"制高点，是凸显比较优势、提高国际竞争力的重要因素。二是该产业的扩散效应有利于其他行业不断循环升级、互动发展，实现产业组织优化，推动新经济进程不断加快。三是该产业的专业化分工导向可以扭转价值链收益分配的壁垒差异和权利不对称。可见，发展检验检测认证产业，实现标准引领，可以在全球范围内形成与占据价值链核心相匹配的经济活动地理分布和收益分配。

二、天府新区培育发展检验检测认证产业的现状分析

（一）国内检验检测认证行业发展情况

国家市场监督管理总局统计数据显示，我国检验检测机构数量逐年递增，截至 2018 年末，我国检验检测行业机构数量达 39472 家，共出具检测报告 4.28 亿份，发展势态良好。其具体分类结构如图 3 所示：

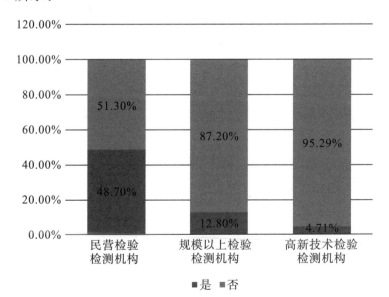

图3　国内检验检测认证机构分类结构图

（二）天府新区培育发展检验检测认证产业的优势

一是地域辐射优势。天府新区将成为成都作为国家中心城市发展新兴产业、总部经济集聚的主要区域，为检验检测认证产业发展提供区位优势。其作为自贸区、保税区，为该产业的落户以及降低认证周期和成本提供了重要政策支撑。其拥有的双机场空港优势，对该产业形成全球化功能提供枢纽支撑。二是行业比较优势。当前，天府新区相对缺乏具有核心竞争力的产业，发展检验检测认证产业是快速形成比较优势的有效路径，因其涉及各个产业门类，突出的"跨界融合"特征，以及对产业的聚集效应和吸附能力可以弥补传统招商引资的局限，进而实现"一业聚、百业兴"。三是人才支撑优势。截至 2018 年底，成都市通过四川省级资质认定检验检测机构有 400 余家，约占全省总数三成左右，从业人数逾 2 万人，占全省近四成。实力较强的主要是在西部处于领先地位的国有机构，例如，成检公司（省市质检院整合组建）、中测院、成都市计量院、四川省特检院、成都市特检院、四川省食药检院、成都市食药检院等，专业技术人才队伍基础较好且相对稳定，呈现人才集群趋势，可为新区提供检验检测认证人才保障。四是体制机制优势。天府新区的产业功能区采取"委局合一、委街融合、政企联动"模式，实行"两块牌子、一套人马"。充分遵循"政府主导、市场主体、商业化逻辑"，功能区管委会与企业共同组建重大项目建设领导小组，促进检验检测认证产业项目快速落地，并形成该产业项目从策划包装、招商引资到后期产业导入、企业服务的"全生命周期"管理。

（三）检验检测认证行业发展的制约因素

一是该产业依托于全球经济贸易发展。全球最有影响力的百大品牌中，美国独占 50 个，可见发展检验检测产业必须加强国际合作。受疫情影响，全球经济受创，尤其是检验检测产业新的需求与产业基础滞后之间的矛盾，导致对快速形成全球影响力的功能造成短期屏障。二是该产业存在聚合度不高、机构分散的不足。该产业在整个大西南的机构规模比重只占全国的 12％（截至 2017 年底），因检测需求逐渐多样化、差异化，大部分企业本就缺乏综合型检测能力、科技资源整合度不高，市场仅能辐射当地及周边地区，无法脱离"本土化"特点，在外地乃至全国开展服务受到制约。三是受产业市场结构制约。该产业市场化程度低、产业运行方式相对固化，第三方检验检测认证机构参与竞争还不充分，整个检测行业技术水平、管理经验和经营方式等方面与现实需求存在较大差距，作为战略性产业的长远支撑作用显示度不够。

三、天府新区培育发展检验检测认证的战略选择及实施路径

（一）全局把握产业发展的战略定位、布局和方向

一是把准产业定位。遵循"东进、南拓、西控、北改、中优"10字方针，按照"立足中西部、面向大中国、走向全世界"的总体定位，以提高发展质量和效益为中心，加快构建快集聚、广辐射、上规模、塑品牌的检验检测认证服务体系，推动新区检验检测认证服务业融入"一带一路"，为高标准建设西部最具活力的新兴增长极奠定坚实的质量技术基础。二是着力产业布局。充分发挥新区"一带一路"双向开放高地和国际化现代新城作用，率先依托鹿溪智谷核心区，引领辐射相关产业功能区，建设"园中园""园外园"布局的检验检测认证服务产业社区，争创"一核多点"支撑的高技术服务集聚先行区，全面辐射其作为生产性服务业所重点涉及的支柱、优势、未来、特色等四个产业类型、九大产业以及21个行业细分领域，筑牢检验检测认证产业作为战略性新兴产业的"底盘"。三是把握产业创造的功能方向。以检验检测认证的强有力支撑，推进关键共性技术、前沿引领技术、现代工程技术、颠覆性技术创新。通过吸附高技术企业入驻，实现高精尖的专业检测服务机构落地。通过将检验检测认证作为市场准入的"门槛"，切实支撑产业转型，带动产业提质、淘汰落后产能。通过检验检测认证对接标准、技术法规等技术性贸易措施，形成企业及其产品进军国际市场的"绿码"。通过检验检测认证机构及其服务可以聚集上游仪器

设备供应商和下游生产制造商，延伸上下游产业链。通过建立系统完整、高效运行、技术服务一流的检验检测认证体系，持续提高产品、工程、服务的质量水平、质量层次和品牌影响力，抢占价值链核心。

（二）全面把控产业的发展步骤和辐射领域

一是发展步骤分为两个阶段。当前，加快移动互联网软件等 4 个国家质检中心和成都市质量技术监督检验检测服务中心向天府新区作实体或虚拟总部迁建。至 2022 年，检验检测认证服务业在天府新区经济转型升级、提质增效中的作用明显增强，市场活力进一步增强，竞争环境进一步优化。预计天府新区检验检测认证集聚区"鹿溪智谷园"向全市相关产业辐射整体规模达到 400 亿；新增国家级检验检测中心 5 个，将检验检测认证集聚区"鹿溪智谷园"打造成国家检验检测认证公共服务平台示范和国家级检验检测高技术服务业集聚的引领先行区，并逐步实现全辐射、广覆盖，将天府新区建设成为检验检测认证服务业集聚发展的新高地。二是功能辐射从依托制造业逐步转变为依托消费市场。检验检测认证机构将创新"互联网＋"模式，依托各种平台收集大数据，分析用户习惯、需求、活跃度及关注点，进而精准开发客户，制定市场战略，促使其提升专业性、时效性、服务体验等软硬实力。通过建立"鹿溪智谷园"，向产业细分领域涉及检验检测认证方向的功能区全辐射，再广覆盖式向东进区域 9 大片区开发单元中找功能耦合。围绕生产性服务业方向，通过检测数据的国际互认，使国内企业的国际认证费用和认证周期大幅缩短，推动企业产品走向国际化。三是平台建设实现"一谷串四段、一心连三极"。将检验检测集聚区"鹿溪智谷园"选址在核心区，同时核心区也是起步区，城市建设用地面积占比控制在 30.6％，近 18000 亩，按照成都市关于集聚区建设对"鹿溪智谷园"约 800 亩的总体规划建设用地要求，可以采取总体预留、分步实施，先期在产城融合六个组团中选取其中之一，在已招引项目用地的空隙地带，用市场化合作方式建设认证人才创业、社交、生活服务一体化的综合体，作为高技术服务业基地、构建完善科创生态圈的起搏点。

（三）全力拓宽产业在天府新区落地生根的现实路径

1. 标准引领——升级集成化"火车头"

一是推进标准化战略从高设标。着眼主导或参与编制国际标准、国家标准、行业标准和地方标准，控制检验检测认证过程的关键点。新区市场监管局可负责向上联系衔接 TC/SC/WG，即全国专业标准化技术委员会（包括技术委员会 TC、分技术委员会 SC 和工作组 WG）。积极争取由国家标准化主管部门根据工作需要，在新区设立相关行业领域从事标准化工作的技术工作机构，引进中国—南亚标准研究中心、成都"一带一路"标准化服务中心等机构。二是推动标准技术创新和变革的国际化。新区市场监管局联合国际合作和投服局，联络国际标准化组织（ISO），实质性推进 ISO 在新区设立分支机构，开展泛欧泛亚的国际标准化合作。三是高度重视新经济的新模式、新业态、新技术标准创设。新区市场监管局联合新经济与科创局，可通过积极对接中国合格评定国家认可委员会 CNAS① 认可和中国实验室国家认可委员会 CNAL② 认可，在新区设立服务"一带一路"标准创制和输出的工作机构，运用"互联网+"模式，搭建检验检测认证公共服务平台，吸引、链接国际国内重点检验检测认证机构，整合供需资源，建立线上超市，构建科学高效的"一站式"服务，为各类企业提供设计开发、生产制造、售后服务等全过程的检验检测服务并广泛辐射。同时，建立检验检测认证，线下超市向公众开放。

2. 产业细分——夯实精细化"大底盘"

一是立足基础。积极助推全川检验检测机构整合改革，实现强基固本、延展扩面。从向西北乃至中亚辐射看，国际合作和投服局应前瞻性研究新疆中亚检验检测中心的管理决策层与技术执行层分

---

① CNAS，是国家认证认可监督管理委员会批准设立并授权的国家认可机构，统一负责对认证机构、实验室和检验机构等相关机构的认可工作。

② CNAL，是由国务院有关行政部门以及与实验室、检验机构认可的相关方联合成立的国家认可机构，统一负责实验室和检验机构认可及相关工作。

离与内迁；从向西南乃至东南亚辐射看，总部经济局应将例如重庆西部高技术检测基地等实质性纳入"虚拟总部"。新区市场监管局联合国际合作和投服局，推动与"一带一路"沿线国家和地区共建共享质量基础设施，实现"一次检测、一张证书、全球通行"，帮助出口企业降成本、提效率，助推贸易便利化。二是承接融合。新区市场监管局应将北京300多家农产品和食品检测机构以及第三方检测企业（机构），积极作为疏解非首都功能的外迁对象进行争取承载，确保每大类当年引进权威性检测机构或第三方检测企业至少一家，并凝聚形成同类机构、企业集合组团。发展和经济运行局牵头做好军民融合检验检测认证试点示范，围绕规划建设新材料、航空航天、集成电路、信息安全等军民融合高技术产业基地，建立配套协同高效的军民融合检验检测认证发展体系。三是查漏补缺。科创和人才局联合相关行业主管部门，做好现有检验检测认证人才库的梳理工作，比对检验检测高技术服务业集聚区涉及的重点服务行业领域，以全覆盖、补短板、促提升为目标，精准、精细、精心吸纳与专业需求匹配的检验检测服务人才集群，并压实相关行业主管部门的人才集群机构和企业引进工作责任，确保当年至少引进一家，逐步打造服务自贸区的检验检测认证示范区和服务临空经济的检验检测认证服务集聚区。

3. 专业支撑——搭建多元化"立交桥"

一是强力推进"权威机构＋精英人才"模式。围绕重点关注的全球领先检验检测认证机构，实现全球领先的15家权威机构在天府总部商务区等设立办事处全覆盖。围绕重点关注的国内知名检验检测认证机构，尤其是引进中国检验认证集团、中国建材检验认证集团股份有限公司、华测检测认证集团股份有限公司、中国计量科学研究院、中国食品药品检定研究院和中国测试技术研究院等产业权威机构，引领天府新区在行业领域的权威站位。引进广州广电计量检测股份有限公司、苏州电器科学研究院股份有限公司、PONY（谱尼）测试集团、钢研纳克检测技术有限公司等行业领域专业机构，辐射引领带动相关产业发展壮大。二是错位发展"特色培育＋

人才团队"模式。针对国内检验检测认证机构数量大、规模小微、期待被培育孵化愿望强烈的现状，且在华外资机构数量占比小、业务量占比大的实际，通过"抓两头带中间、抓双向促导向"，形成"团队型人才"引进态势。针对特色产业领域，强化自贸区和会展经济检验检测认证服务能力建设。国际合作和投服局着眼加强检验检疫机构建设，推行出入境展品报检、查验、检疫处理、实验室检测等各环节"一站式"服务，实现进出口物品快速出入境。文创会展局全力服务会展经济，为参展企业提供产品质量检测、安全风险防控、展览创意设计、第三方调查与评价等技术服务。三是稳定"优化存量+增量人才"环境模式。将检验检测认证现有机构和拟引进机构的人才纳入"人才优先发展战略行动计划"，设立人才发展专项基金以及创新创业天使基金，引进多家专业风投机构，吸引全球检验检测认证领域高端人才安居乐业、创新创业。建立精准化引进的人才与企业的双向选择服务市场，建立创业、社交、生活一体化的检验检测认证服务人才入驻综合体。

4. 集聚辐射—打造品牌化"动车组"

一是首位驱动、高位推动。成立相关产业功能区的分工联系新区管委会领导牵头抓总，相关产业功能区管委会负责人，相关部门与产业功能区所在街道主要负责人参加的建设发展统筹协调小组，相关项目主要负责人为目标责任项目"施工队长"，并将专业团队和人才的招引纳入"一号工程"进行管理和考核。二是强化配套、硬化政策。新区市场监管局、发展和经济运行局负责新区集聚区建设的全程跟踪服务和协调督促工作，积极研究制定招商引资、人才引进、项目落地、土地供应、项目促建等配套措施。对落户新区的检验检测机构给予资金补贴，对通过相关资质认证和主导（参与）制定国际、国家标准的检验检测服务机构给予政策支持和奖励。相关职能部门组建"攻坚工作组"，落实长江经济带、成渝地区双城经济圈、大西部高校科研院所检验检测认证联盟建设和公益智库系统性支撑等匹配性工作。三是服务为首、放管为要。应"服"到位，从宏观和微观、程序和实体上都下足功夫。新区产业功能区应研究落实相关产业机构落地的公共管理、政务服务流程标准化以及人才与企业双向服务市场建设。同时,应"放"到位,充分释放市场活力,精简准入许可,全面双向开放第三方检测机构进入,通过"放"来实现"高端低成本、高速低门槛"的专业机构集聚。通过培育式、服务式、市场跟随式的"管"来抢占辐射"一带一路"、国际国内检验检测认证高技术服务市场,使检验检测认证高技术服务集聚相关功能区成为产业高地、人才洼地。

第四章　战略承载

一、全面承载国家战略

（一）以精准发力来承载国家战略

中国共产党第十九次全国代表大会报告提出要坚定实施科教兴国、人才强国、创新驱动发展、乡村振兴、区域协调发展、可持续发展、军民融合发展七大战略。天府新区作为国家级新区，积极承载国家战略，确保国家战略落地生效和示范先行，这是担当国家使命、体现国家意志、代表国家形象的首要标识。应把天府新区打造成国家七大战略的承载洼地、试验基地、前沿阵地、示范高地。在国家七大战略及其子战略、大区域协同战略、本地域特色战略的推进力量摆布上，应提高政治站位，做到高点谋划、精准发力，集中时间、集中力量、集中资源，全力承载国家战略，体现"国字号"的区域承载使命担当。

在战略承载的精准化上应下足功夫，找准着力点。充分认识到科教兴国战略是关乎决胜全面建成小康社会的重要战略，应通过教育先行，深化科技经费使用、科技成果评价、项目评审改革和科研人员收入分配改革，加大研发经费投入，提升科技进步贡献率，加速将最新科学技术转化为生产力。应积极破解经济社会发展与人才资源不足的矛盾，坚持人才资源开发、人才结构调整、人才投资保障、人才制度创新优先，全面推进人才强国战略实施。正视多数产业仍处于价值链中低端的现实，实施科技创新和体制机制创新"双轮驱动"，提升创新体系整体效能、优化创新环境。着力区域内不同区块的统筹发展和本区域与协同区域的共赢发展，实现内涵式发展、融合发展、现代化发展，突出乡村振兴战略和区域协调发展战略的引领带动作用。细分可持续发展战略的子战略，充分厘清贸易强国、文化强国、体育强国、教育强国、就业优先、健康中国（含食品安全战略）、国家安全战略、美丽中国之间的互动互促关系，更好地推动人的全面发展和社会的全面进步。

（二）以聚焦合力来冲刺强国目标

全面承载国家战略，是实现建设科技强国、质量强国、航天强国、网络强国、交通强国、数字中国、智慧社会、海洋强国、贸易强国、文化强国、体育强国、教育强国、健康中国、美丽中国等一系列强国梦的系统承载，以上强国方向是中国共产党第十九次全国代表大会报告提出的强国目标。实施七大国家战略，目标指向是十四个强国目标。区域的资源配置能力在时空维度中是有限的，必须通过聚焦目标，优化资源配置，形成强大的战略实施合力，确保科学性、整体性、前瞻性地选准着力点，形成有效体现资源要素匹配度的推进合力。

科技强国、质量强国、航天强国、网络强国、交通强国、数字中国、智慧社会，都是以世界最先进科技为项背，提升自身基础要素品质，超前进行基础性研究，大胆突破试点，促进创新型国家建设。促进科技成果转化和加强对知识产权创造、保护、转化、应用，引育一批战略科技上领先的国际化高端人才和高水平创新团队等方面形成示范效应。

天府新区围绕海洋强国目标，应着眼于写好"海上丝绸之路"新篇章，借助港口建设和港口经济作为海洋强国建设的重要抓手之势，深化南向开放，加大与北部湾的合作，畅达"南方丝绸之路"

入海口，瞄准海洋强国目标。应深度推进自贸区建设，以全球化资源配置的理念，积极争取在国际分工和利益分配中占据优势地位，体现国家级新区在优势行业领域对国际经济的影响力。应着力增强"千年天府、山水智城"融入大天府文化的"总体观"和"一盘棋"观念，切实提高"文化强国天府篇"的科学化水平，促进文化的整体和谐和可持续发展。体育是精神与物质连接的桥梁，天府新区应大力发展群众性体育运动，通过走体育强国之路，使社会物质生活与精神生活之间的差异变得最小，打造基层社会治理现代化的"美好生活向往"的"样板田"。应抓好"教育强国是中华民族伟大复兴的基础工程"，让"有学上"到"上好学"，跨越性实现全面进步、全面过硬。应把人民健康放在优先发展的战略位置，把健康优先体现在社会生活全过程，把健康中国目标、公共政策制定、财政收入保障凸显在国家级新区的社会经济发展规划中，打造老百姓健康权益得到优享的标杆。美丽中国的美好愿景在天府新区的践行和实现，通过总领生态经济实现蓬勃发展绿色环保的产业，形成宜居宜业的环境，实现国家级新区经济腾飞与环境保护、物质文明与精神文明、自然生态与人类生态高度统一和可持续发展。

（三）以把控定力来夯实承载根基

有效形成"源头活水"抓财源的机制。战略的承载必须以有力的财源支撑作为推动力。通过加强财税管理，保持战略实施，促进经济社会可持续发展，从开源、整合和节流三个方面下功夫。关于开源，可以从新经济培育、战略性新兴产业主导、总部经济招引、跨区域经济合作等方面加大力度，切实做好开源工作。关于整合，应坚持统筹整合使用财政资金的原则，集中财力围绕战略实施办大事、要事、急事和解难事，不撒"胡椒面"；出台本区域乃至协同发展区域《财政资金整合实施方案》，发挥财政资金的综合效益；应落实上争资金项目的前期经费保障，加大对关乎战略实施落位落地的区域立体交通运输体系、自贸区建设、"一带一路"总部经济、战略性新兴产业、生态经济、新经济、民生事业以及区域协同发展等方面项目的支持力度。关于节流，应始终坚持零基预算、绩效预算的原则，牢固树立绩效理念，认真落实《全面实施预算绩效管理的意见》，强化支出的预算硬约束，最大力度、最大额度控制非生产性支出，提升财政资金服务国家战略的集约节约质效，争取国家级财政预算绩效管理工作奖励资金和省级奖励配套。

有效形成"开渠引水"抓项目的机制。牢固树立战略需要项目支撑，有项目支撑才有战略推进，有重大项目才能实现战略跨越式推进的理念，开好沟渠引来"活水"：一方面，聚焦平台建设。进一步提升产业功能区的承载能力，优化产业布局和功能定位，规范项目进入、建设、投产、运营及退出程序，提高投资强度、单位产出率和贡献率。另一方面，聚焦发展路径。在政策中挖"金矿"，加强对上争取项目资金的研究谋划，精准对接国家重大项目建设库，将政策研透用足，把国家、省、市预算内资金争到位。抢抓"一干多支、五区协同"战略和成都平原经济区发展举措机遇，加强区域协同发展的全方位多层次对接，延展产业链、创新链、人才链、资金链、制度链等，切实发挥天府新区增长极核集聚辐射引领作用。

有效形成"万家有水"抓民生的机制。"大河有水小河满"，落实以人民为中心的发展思想，是我们战略实施的根本。加强和改善民生工作，不能"大水漫灌"，应"精准滴灌"，通过加大改革创新的力度，加大对弱势群众和薄弱环节的帮扶管理，要精准实施就业优先战略，认真落实促进创业就业扶持政策，不断增大城镇新增就业人数和生态补偿区域转移就业承接人数。健全完善创新机制，全力推进大众创业和万众创新。

有效形成"科学管水"抓保障的机制。政府分配资源有限，市场配置资源无限；财政资金有限，为民服务无限。只有科学管理、严格管理、精心管理，打好法治、监察、审计等部门联动"组合拳"，才能更好地用有限的资金撬动更广阔的市场。将依法行政贯穿始终，主动开展决策咨询和接受社会监督，提高决策科学化水平。紧扣行政部门履职尽责和优化经济发展环境这根主线，持续开展行政部门履职尽责全面督查、点题督查和"回头看"督查。审计部门当好公共资金的卫士，念好公共权力的"紧箍咒"，全力加强审计监督，切实抓好政策落实跟踪审计、财政审计、行政事业单位审计、经济责任审计等，推进审计跟进重大战略举措实施，推进审计的前期指导和过程介入，强化审计结果的运用，切实保障经济安全与健康发展。

二、推进战略深度融合

（一）"七大战略"是抓奇点、盲点、节点的叠加

七大战略的融合实施，以抓"奇点"为前提，切实形成核心引爆点，产生战略承载引发大发展的急速扩张效应。科教兴国战略、人才强国战略、创新驱动发展战略，都围绕天府新区快速形成增长极核亟待破解的瓶颈和堵点问题，如科技转化率不高，体制机制存在障碍；高层次和高技能人才严重短缺，人才结构不合理，人才管理体制、运行机制滞后；支撑产业升级、引领未来发展的科学技术储备亟待加强，创新企业家群体亟须发展壮大等方方面面的突出性制约因素等。以上这些制约瓶颈的突破，都为战略叠加产生聚合牵引、释放辐射的增强效应。

七大战略的融合实施，以抓"盲点"为核心。城乡发展不平衡，"三农问题"是我国经济社会发展不平衡不充分的突出问题；实施区域协调发展战略是"贯彻新发展理念，建设现代化经济体系"的重点。乡村振兴和区域协调的共赢共生就是统筹城乡，从增强区域协同性、拓展发展新空间、建设现代化经济体系和全面建成小康社会并开启全面建设社会主义现代化国家新征程的客观要求看，将统筹城乡放在更宽广的时空维度去思考，还存在视野的"盲区"，应以"一带一路"倡议和长江经济带、西部大开发、粤港澳大湾区等区域发展战略的高点站位，"直击盲点"，充分发挥国家级新区在大区域、大格局中的经济增长极核的统筹示范、集聚辐射

作用。

七大战略的融合实施，以抓"节点"为重要保障。抓节点必须坚持长远性谋划和永续性发展的基本遵循。只有坚持人与自然和谐共生，形成绿色发展方式和生活方式，以着力解决好发展不平衡不充分问题为关键性切入的节点把控，才能将贸易强国、文化强国、体育强国、教育强国、健康中国、国家安全抓具体抓落实，抓出示范抓出实效。同时，抓节点应抓跨越、抓协调、抓平衡、抓兼容。着眼于构建一体化的国家战略体系和能力，形成军民深度融合格局。将天府新区特色镇建设谋划、"一干多支"协同发展和军民融合发展战略的深入实施结合起来，将军民融合发展战略的落地落位作为天府新区实现跨越发展的重要转折点。

（二）"强国梦想"是战略延展、精进、升华的方向

创新是建设现代化经济体系的战略支撑。进一步加强在基础性和应用性的技术研究，进行共性技术突破、前沿技术引领、创新技术颠覆，是实现科技强国、质量强国、航天强国、网络强国、交通强国、数字中国、智慧社会的强大支撑。同时，以上强国目标又是加快建设创新型国家、构建现代化经济体系在具体领域体现的延展。

海洋强国，是实施区域协同发展战略的重要路径，通过坚持陆海统筹，创新"蓉桂"陆海联运模式，共建"一带一路"新通道。拓展对外贸易，培育贸易新业态新模式，充分放大天府新区自由贸易区的效能，率先形成国际采购交易、综合保税、国际物流、国际会展、金融结算和财经资讯"六大贸易框架"，形成实施贸易强国战略的西部内陆全面开放新格局。

文化强国、体育强国、教育强国、健康中国、美丽中国是坚持以人民为中心、坚持社会主义核心价值体系、坚持在发展中保障和改善民生、坚持人与自然和谐共生等新时代坚持和发展中国特色社会主义基本方略的具象和升华，是"人民群众对美好生活的向往就是我们的奋斗目标"的重要体现。作为国家级新区，在推动人的全

面进步和实现生态、生产、生活的"三生"融合等方面,应以更高的目标设定和方向校准来当好先锋、干在实处、走在前列。

(三)"战略深化"是实体、实力、实效的递增

战略的全面实施应形成实实在在的承载,战略目标的实现需要新的实施路径。坚持以新技术为驱动,坚持以新组织为主体,坚持以新产业为支撑,坚持以新业态为引擎,坚持以新模式为突破,构成集成、协调、系统的战略载体。

通过大力发展智能产业,展示以人工智能、区块链、云计算、大数据为代表的智能产业实力,依托鹿溪智谷产业生态带,形成软硬皆有的产业链、供应链、价值链。切实提升要素国际化配置能力,依托自贸区优势,增强国际高端资源要素吸附力。通过大力发展数字经济、智能经济、绿色经济、创意经济、流量经济、共享经济,着力构建具有全球竞争力和区域带动力的新经济体系。

通过战略深化的一系列举措,增强干部队伍融入承载国家战略大局的实战体验,让干部队伍在承担国家使命担当中提能。通过战略整合和围绕目标的强力推进,营造良好的人居环境和从业环境。采取跟随企业策略,充分发掘利用市场对经济的"嗅觉",从传统的企业跟随政府转变为政府跟随企业服务,在企业需要的公共产品上给予快捷有效供给。总之,通过战略的综合承载,达到人、城、境、业的有机融合。

三、促进战略应用场景提升

(一)分类施策

国家战略、区域战略和地域特色战略,究其本质包含于要素驱动型,如科教兴国战略、人才强国战略和创新驱动发展战略。此类战略是着眼于系统性、整体性、前瞻性的要素支撑,事关全局、事关根本、事关长远。推行量化管理,对教育经费占 GDP 比重及年

增长幅度、幼教和义务教育学位供需比平衡度以及群众满意率、R&D经费占比、科技进步贡献率，创新型人才类别中国内外顶尖人才、国家级领军人才、地方级领军人才、各大战略专业领域所需的紧缺人才，以及产业发展与科技创新类实用型人才和特殊人才等，实行刚性指标的考核责任化、责任目标化、目标项目化、项目数量化。

区域协调发展、乡村振兴等国家重大战略，长江经济带、成渝地区双城经济圈等国家区域发展战略，"一干多支"省级区域发展战略，正是打造新增长极的核心引领型战略。着眼于大区域统筹，不同区域间的协同共赢，区域内的连"点"成"线"、由"线"到"带"、由"带"汇"圈"，发挥战略助推发展极核形成的作用。尤其在统筹发展上，用协同共赢促进战略实施推进，着眼于空间布局协同、干部队伍协同、产业项目协同、金融支持协同和运行体系协同，发挥国家级新区在区域发展中的有向发力、有序引导、有效带动作用。

体现新发展理念的发展是可持续性的发展。足见，可持续发展是夯实根基型的战略。社会事业、生态发展事关民生大局，抓好夯实根基型战略的实施，应在文教卫资源、生态资源的合理布局上下功夫，根据对人口数量、年龄段、受教育情况和从业状况等数据的科学分析，合理确定资源布点、扩面和辐射半径，防止全域资源短缺与局部资源富集、相关类型重复严重与部分类别共享不够等"无序膨胀症"。

军民融合发展战略体现跨界融合型。围绕天府新区直管区"一心三城"和七个特色镇的产业布局规划落位以及"一干多支"的省级战略布局落位，可规划专门的军民融合特色镇作为研发基地，选取具有军民融合特色和港口等运输资源优势的市州建设制造基地，推动军民融合由初步融合向深度融合过渡，进而实现军民融合战略的跨越式推进，快速形成全要素、多领域、高效益、广辐射的军民融合深度发展格局。

（二）分区突破

以示范区牵引为突破口。围绕天府总部商务区打造公园城市示范区目标，以公园城市以人民为中心的全新范式、人与自然生命共同体的全新理念、大美城市空间形态的全新空间、"生态＋美学＋人文＋经济＋生活"的全新价值，建设好央企总部、国际总部、民企总部以及中小企业总部，彰显总部经济、金融科技和文化展示（体验）的主导功能；建好总部经济区以北以西的宜居活力区，彰显商业商务、文化教育和生活城市主导功能。通过打造总部经济区和宜居活力区的示范区域，配置高标准、合理化文教体卫等公共资源，形成承载科教兴国、人才强国、创新驱动、可持续发展等战略的示范先行区。

以功能区培育为突破口。立足总部商务区三大类企业总部公园、天府中心、天府国际基金小镇，通过创新国际交流合作模式，提升全球资源要素配置能力，推动高水平贸易和投资自由化便利化，着力做强"一带一路"建设、长江经济带发展、泛珠三角区域合作、对接粤港澳大湾区和北部湾乃至东盟的重要节点与广域辐射，做强枢纽功能、示范功能和联动功能，做实"一带一路"产业相关功能区。可持续性推进天府科学城、鹿溪智谷为主要载体的新一代人工智能有关产业功能区建设，聚焦人工智能基础支撑产业，主攻人工智能核心技术，加强人工智能与传统产业的融合，全面推进智慧城市建设，构建人工智能产业生态圈，为打造新的增长极提供永续支持，为区域协同发展、可持续发展等国家战略的前沿实践提供典范。

以协同区试点为突破口。国家级新区在区域发展中的极核引领和辐射带动既是国家区域协调发展战略、省级区域协同战略的承载目标，也是可持续的发展后劲所在。天府新区在长江经济带"共抓大保护、不搞大开发"的战略部署中，要承担生态横向补偿的稳压器和"导流槽"使命，通过发展极核形成疏导性吸附，为长江上游流域生态保护和西部限制开发区域奠定生态和就业优先战略支撑。

通过以加快推动成都平原经济区区域协同发展为切入点，更好发挥天府新区辐射引领带动示范赋能作用和各地区位、土地优势，促进合作共赢发展。

（三）分步推进

当坚持科技先行、要素提升的战略实施导向。着力做精起步区，努力做好天府科学城功能布局优化。在充分发掘培育环绕面积 3 平方公里、湖岸线近 10 公里的环湖岸线布局产业潜力的基础上，应充分考虑水线、岸线、控制线这"三线"的互动"映衬"关系，让当前从事信息安全、创意设计、科技研发等新兴产业的从业人员在 25 平方公里规划区域内，有更多的生态、生产、生活"三生"融合的现场惬意感，将当前的研发中心、金融中心、产业基地、办公区、孵化器作为构建产业生态圈的"基座"，向更加注重职住平衡、产城融合、境业相契合的方向转变。

近期坚持集聚主导、夯实支撑的战略实施导向。在以重点发展跨国公司、大企业集团、地区性龙头企业综合总部和职能总部以及发展国际博览的基础上，应致力于主导产业培育、战略性新兴产业落位、未来产业预判性场景营造等，按照长远发展、错位发展、组团发展的战略思维，建立体现国家级新区站位、展现辐射引领历史方位的产业准入目录，形成市场跟随的产业进入机制和"亩均论英雄"的项目退出机制。

中长期坚持留白为要、全域优化的战略实施导向。按照生态空间预留、项目发展用地预留、产业链条延伸载体预留的"留白"思路，对发展点位合理布局、精准落位。按照城市规划、建设、管理三位一体的"系统论"，从高设标建设数字孪生园区，从数字化城市向智能化城市迈进，城市建设跳过 BIM（建筑信息化模型）直接进入 CIM（城市信息模型）时代，实现城市的可视化、可感知、开放性、安全性，形成城市的永续生命力。在外树生态的前提下，更加注重内修人文，讲究历史回归与现代的交融，有力凸显古蜀文明是"南方丝绸之路"的源头，形成打通"四向拓展、全域开放"

格局的文化张力，建立全方位体现天府文化的城市风貌。高度重视公共资源的合理布局和有效供给，以智慧城市建设优化交通组织、公园城市社区服务、文教体卫设施布局，在公共底板上闪耀智慧智能的光辉。

四、形成战略实施的示范带动

（一）围绕发展第一要务"抢高地"

发展是永恒的主体，人才是第一资源，创新是第一动力，科技是第一生产力。城市新区走向理性之城，必须注重城市化进程中的发展与增长调控[①]，通过建立科学的战略决策，构建以 SWOT（优势、劣势、机会、威胁）分析为决策动议准入的基本遵循方法；以 FAROUT（未来导向、准确性、资源的有效性、客观性、有用性、时效性）分析为战略决策模型及执行成效评估的重要改善路径，担当好"天府新区一定要规划好和建设好"的历史使命，不负历史重托。

战略决策引导和规划控制体系的关键在人，思想创新、方法创新和制度创新是高质量发展的重要保障。通过全域三维地理信息扫描所建立的综合可视平台，供决策机构和执行部门直观地进行建设统筹，以及在城市规划、建设、管理中的运用，在产城融合中的介入，在智慧城市中的依托，都有利于公园城市现代化经济体系的构建。通过国家战略的示范性承载，可以在质量变革、效率变革、动力变革中走在前列，全面提升城市功能品位和培育发展新动能。

（二）围绕区域辐射和带动"补短板"

天府新区自成立以来，在整体规划、起步区建设、运行机制上

---

① 李翅：《走向理性之城——快速城市化进程中的城市新区发展与增长调控》，中国建筑工业出版社，2006 年。

迈出了坚实的第一步,但因经济总量处于起步阶段,自体发展压力大,在发挥国家级新区在战略综合承载基础之上的区域辐射和带动作用上还有较大空间。通过站高谋远的总体谋划和蹄疾步稳的战略"落子",才能补短板、强弱项、增后劲。

首先,深化近邻合作,推动内圈同城化。共建成(成都)眉(眉山)协同发展示范园区。坚持以共建园区为切入点,在眉山市仁寿县临近天府国际机场区域划出 20 平方公里作为协同发展示范园区。共建成(成都)资(资阳)合作园区。在资阳市雁江区临空经济区专辟 10~20 平方公里作为协同发展共建园区。共建成(成都)德(德阳)眉(眉山)文旅运营联合体,以三星堆文化遗址、金沙遗址、天府新区文创城、天府新区眉山片区南天府公园以及仁寿黑龙滩生态景区一体化运营和保护性开发为重点,以天府新区核心区为重要参与方,打造市场化联合运营机制,营造大天府新区范围的"千年天府、山水智城"的浓厚文化氛围,创新文创产业示范运营模式,打造文化创意产业联合体。其次,开辟南向通道,推进整体一体化。有效衔接宜宾"1+2+3"("1"是临港国际物流园区,"2"是象鼻公铁物流园区和菜坝城乡物流园区,"3"是"三中心"即航空物流中心、牟平物流中心、高铁物流中心)规划,以成都川桂南拓铁海联运公司为载体支撑,推动国际物流网络的延展,进而实现国际物流组织服务能力提升。深化与泸州"无水港"合作,拓展提升自贸区综合功能,以自贸区为载体谋划国际投资贸易平台,率先形成国际采购交易、综合保税、国际物流、国际会展、金融结算和财经资讯"六大贸易功能框架"。加大与乐山港合作力度,构建水陆并进南向大通道,将乐山港口资源盘活利用,为构建"物流枢纽、国际通道、立体口岸"为核心要素的国际联运体系提供新支撑。再次,全域拓展开发,实现区域大协同。立足成渝地区双城经济圈和成都平原经济区融合发展,结合乡村振兴、产业扶贫等政策,根据片区的发展潜力、资源要素和产业基础,以产业合作为突破,引领带动成都平原经济区全域开发。

（三）围绕一体融合、整合和运用的战略态势"造亮点"

国务院批准的全国 8 个全面创新改革试验区中，四川省是以军民融合深度发展来促进全面创新改革试验的地区。积极响应国家战略，发展军民融合高技术产业，建设全国性的军民融合产业示范区，符合国家级新区的定位，既是天府新区产业发展的历史机遇，也是天府新区的重要使命。应提升天府新区军民融合有关产业园的领先地位和建设速度，围绕"一心三城"和七个特色镇的产业布局，以特色镇的产业园落地落位路径，建成标杆性的军民融合园、落地一批标志性的军民融合大项目。以特色镇管委会作为专门机构对口承接军民融合的研发生产落地，且为新区创新企业牵线搭桥，形成项目牵引，还要积极跟踪科研成果，以优良配套吸引其在特色镇落地。

依托军民融合资源优势，考虑围绕微电子、新型激光、先进光学制造、超精密加工等领域布局创新联盟。建立西部军民融合信息数据中心，打通军民信息交汇的通道。围绕区域军民融合产业发展规划，将承载军民融合战略的特色镇打造成为军民融合产业"1＋N"多点支撑格局的核心和动力引擎，并结合"一干多支、五区协同"，向同城化、一体化、大协同区域选点落位制造基地。联合政府和军队相关单位、高校、科研院所、军民融合企业和民营企业等，共同发起成立西部军民融合创新发展研究院，以落实应用为导向，加强政府、大学、科研机构和企业的连接，构建科研和产业之间的协作纽带，提供应用型科技的研究开发和创新服务，具备智库协作、项目论证、项目推介、项目发展和成果展示等功能。可成立天府新区军民融合投资有限公司和设立天府新区军民融合新经济发展基金，按照政府引导、社会资本参与、市场化运作的原则，发挥政府财政资金杠杆撬动作用和各级军民融合资金的引导作用，推动产业资本、金融资本与新经济紧密结合。

策略四 以双机场连接线拓展天府新区战略承载空间的建议

一、建设双机场快速通道项目的重要意义

所谓双机场，是指拥有两座 4F 机场，是一座城市经济实力的重要标志。目前，我国真正拥有双 4F 机场的城市只有北京、上海、成都，其意义不言而喻。

天府国际机场定位为国家级国际航空枢纽，主要含义有三层：一是成为与北京、上海、广州遥相呼应、贯通南北、连接东西的中国第四个国家级国际航空枢纽；二是成为中国面向欧洲、东南亚、南亚、中东和中亚的国际空中门户，成为国际客货西进东出、东进西出、西进西出中国大陆的重要中转站；三是成为驱动东部新区、成渝地区双城经济圈发展的重要引擎。两个机场将形成互补，天府国际机场主要体现国际性，以国际航线为主，同时要吸引对时间不敏感、对价格比较敏感的旅客；双流机场则发展国内点对点的航线。双流国际机场 2019 年客流量 5586 万人次、货运量 67 万吨。根据规划，天府国际机场 2040 年客流量预计为 8000 万人次、货运量 200 万吨。

未来随着天府国际机场和双流国际机场一体化发展，成都天府新区、东部新区天府机场空港新城区域的协同化发展，会刺激区域交通量的增长，诱增项目交通量，根据有关分析预测，未来两个机场间的中转交通量约占项目整个交通量的 10%。因此，从"统筹两个机场营运管理、一体化发展"，以及从交通强省和构建成都国际性综合交通枢纽、强化以两个机场为核心的枢纽地位、多通道快速连接两个机场的角度来看，在"未来双流机场及天府机场区域内存在交通需求，且既有绕城高速公路容量又已经饱和、成自泸高速公路容量也较为有限"的情况下，强化以两个机场为联动的枢纽地位，以加强双流机场与天府国际机场高速公路联系为目的，规划兴

建两个机场的直连高速公路具有无缝连接的战略整合意义。

二、双机场快速通道项目为天府新区带来的战略机遇

正公快速路，是成都"双4F"天府国际机场和双流国际机场之间的快速通道，是"双流国际机场→成乐高速→正公路→天府支线、天府机场高速→天府国际机场"中的重要组成部分。其建成通车，可为双机场中转旅客提供快速、高效、直达的体验，极大提升双机场之间中转能力和国际航空枢纽竞争力，助推成都市构建"一市两场"格局，强化国际航空枢纽功能保障。

（一）提升天府新区战略枢纽地位

正公快速路（图1）起于成乐高速扩容复线正公路互通，沿正公路高架，跨成雅高速、剑南大道、天府大道南延线、红星路南延线，在高庙山互通与成自泸高速相接，并与成都新机场高速天府支线形成"十"字枢纽，路线里程约18公里，主线设计速度60公里/小时，采用主6辅4标准布设，共设置4处互通分别与成乐（扩容线）、剑南大道、天府大道南延线、成自泸高速实现交通转换。双流机场至新机场总里程约67公里（其中与新机场高速公路共线49公里），通行时间40分钟。作为成都天府新区规划中"三纵一横"贯穿天府新区腹心的"一横"，该项目被誉为天府新区东西向中轴线，也是2021年第31届世界大学生夏季运动会的重要交通保障项目，进一步凸显天府新区的区位优势，提升战略枢纽地位。

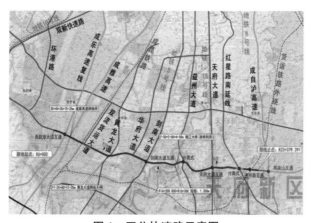

图 1　正公快速路示意图

（二）促进天府新区深度融入双机场战略发展

通过正公快速路可将双机场建设带来的物流、人流、信息流更为便捷地引入天府新区，为新区发展提供丰富的、优质的战略支撑要素。时间距离的缩短，有利于天府新区成为两个机场发展的战略承载区域，聚集起以高端制造业、现代服务业、现代金融、文创旅游为核心的功能区、自贸区、会展区、商业区、居住区、休闲娱乐区等。

三、天府新区以双机场连接线拓展战略承载空间的建议

双机场快速通道贯穿天府新区腹心，其带来的流量经济与临空经济能有效推动天府新区经济社会发展，新区可以此为契机，充分发挥双机场连接线通道优势，以新经济为牵引，实现流量转换。

（一）打造城市候机楼，提升枢纽地位

上海机场于 2002 年开通大陆首个城市候机楼，此后北京、广州等地也陆续建设城市候机楼，打造综合枢纽。天府新区应以"国际视野、国内一流"为规划建设导向，将机场航空服务及机场航站楼基本功能向天府新区延伸和拓展，充分发挥集散人、物和航空信息的功能，发挥城市交通枢纽设施的作用。结合产业功能区拓展战略承载空间，选取天府总部商务区作为承载地，规划建设成都首个城市候机楼。天府总部商务区距离双流机场只有 20 公里，距离在建的天府国际机场约 35 公里，距离成都最大的高铁枢纽天府高铁站约 9 公里，能深度融入"一带一路"、长江经济带与成渝地区双城经济圈建设。打造城市候机楼，可从以下几个方面考虑：一是方便旅客出行，提升城市形象。打造临空经济消费场景，起到提升城市形象、改善投资环境、打造城市名片的重要作用。二是提高对外交通地位，放大区域竞争优势。对接枢纽机场，打通对外开放航路，推动自贸发展，同时以临空经济带动新经济，特别是推动现代服务业发展，强化对周边区域的向心力和辐射力。三是完善综合运输体系，促进综合交通枢纽建设。通过与铁路、公路及城市公交、

轨道交通等运输方式有效衔接、协同运作，有效提升天府新区战略承载的综合运输能力。四是优化城市功能布局，促进文旅发展。应认识到，城市候机楼的建设是一次综合开发，是调整优化城市功能布局的重要方式。在场景营造上，应结合天府学研究，突出蜀地特色，注重文化创新，避免千篇一律的文旅"模块"，形成独树一帜的地方特色城市候机楼。

（二）强化功能耦合，以新经济催化新动能

以新经济为牵引，通过双机场连接线实现总部经济、临空经济、流量经济、数字经济等多种形态叠加，结合天府新区三大产业功能区的主导产业及细分领域，培育形成我市楼宇税收"亩均效应"的领头雁。以天府总部商务区为例，将总部经济与临空经济叠加：一是打造临空经济，提升总部经济吸引力。利用双机场联动，天府总部商务区不断发展成熟的临空经济产业有利于吸引大型总部，加强对人流物流信息的集聚效应。发展临空经济形成的完备基础设施、优质人才资源、高水平的专业服务等外部环境，在争取企业总部的竞争中更为有力。同时，总部经济的发展，有利于推动产业结构升级与优化，最终实现总部经济、临空经济、城市经济三者的协同健康发展。二是选择优势产业构建临空型总部经济。围绕主导产业形成特色鲜明的现代服务业集群，围绕产业细分领域形成较为完善的产业链。大力发展楼宇经济，可引进15家全球重点检验检测认证企业实体总部或虚拟总部，将其作为商务区特色产业总部。特色产业总部带来的集聚效应有利于形成产业集群创新，促进产业创新活动，提升产业成熟度和稳定性。

（三）促进区域协调发展，重塑城市经济地理

利用双机场连接线，深度融入"东进"战略，着重发展先进制造业和生产性服务业，促进区域协调发展，实现"千年之变"的城市重构。一是"以港促产、以产强港"，双机场枢纽功能将加速产业的集聚和发展，同时，产业的发展会带来更多客货流量，进一步巩固枢纽地位，形成良性循环。二是"港城共兴"，做好双机场集聚与辐射作用的承载，将天府新区逐步建设成为协同于主城区、具

备完整城市功能的新城，发挥容纳人口、社会保障、市政建设等服务和管理功能，推动周边区域成为协调共生、功能完备、宜居宜业的新兴城市和经济增长极，打破成都"单中心、集核式"粘连发展的传统模式，构建"双核联动、多中心支撑"网络化功能体系。

第五章　战略支撑

一、战略支撑中的外部因素和现实条件

（一）谋势，着眼大趋势

要在区位中找准定位。在学习新思想、贯彻新理念的成都实践中，从历史大势出发，实施主体功能区战略[①]，为天府新区指明了向东向南尤其是"南拓"的历史方位。主体功能区按照中央城市工作会议"一尊重五统筹"的城市工作新要求，推动形成"十字"的差异化空间功能布局。天府新区核心区沿城市中轴距离天府广场32公里，处于成都城市中轴正南区位，要想在"南拓"中高歌猛进，开拓更有质量、更有效率、更加公平和更可持续的发展之路，就必须准确把握历史方位和发展大势。善弈者谋势，如何谋划天府新区"南拓""东进"之势，窃以为先从以下方面来考虑。

第一个方面，"建好中心、重心南移"。天府新区成都管委会临时办公区地处华阳街道，处于主体功能区战略的"中优"区域，地理位置处于直管区的北缘。同时，受办公空间布局制约，应急性接访空间也需拓展和提升。更为重要的是，若管委会办公区的正式选

[①] 成都市委十三届二次全会通过的《关于学习新思想贯彻新理念实施主体功能区战略全面建设现代化新天府的决定》中提出推动形成"东进、南拓、西控、北改、中优"差异化的空间功能布局。

点南移，将形成核心区的公共管理、经济、文化多重叠加，形成聚合、虹吸和扩散效应，进而形成天府新区冲刺成渝地区双城经济圈"排头兵"的增长极和动力源。

第二个方面，"近抓合理用、远抓严格控"。高标准的规划还需要高压态势的管控，在做好天府新区直管区土地管控的同时，从全域新区出发，前瞻性地考虑天府机场临空经济区块、天府新区眉山片区的"规划严控、土地严管"尤为重要。越是梯次发展的缓冲地带、边缘区块，越是要依托优越的生态本底，保护好原生态肌理的田园村落，为后续有序高效保护性利用降低成本，避免重复性、浪费性建设。以核心区、起步区为"圆心"，以"环天府新区经济带"外缘为"环"，由内向外，近抓"合理用"、远抓"严格控"。通过探索建立对外缘区域的重点生态功能区奖补性管控制度，完善生态保护成效与资金分配挂钩的激励约束机制，健全开发核心区、缓冲区、外缘区自内向外递增的横向生态保护补偿机制，形成"规划启动区、中期发展区、远期控制区"的空间布局原则。通过借鉴雄安新区在县域交界处全力打造苗景两用林地的做法，在成眉衔接区域、天府机场周边待开发区域大力建造"公园城市林"和在环天府新区经济带内缘衔接处建苗景两用生态屏障，既是主动出击式抢占"田间地头"，也是公园城市建设的"绿色银行"，这就能严格控制城镇建设方向，防止"贴边"发展。

第三个方面，"跨越式布点，适时调整区划"。按照2019年1月1日起施行的国务院《行政区划管理条例》的要求，立足成渝地区双城经济圈、成都平原经济区的区域协同发展布局，助力资阳临空经济区对接成渝、面向国际的临空制造业基地、创新经济综合服务发展区等功能定位，"穿越"龙泉山、"跨越"空港新城、"飞越"天府国际机场，在空间格局拓展上跳跃到临空经济区的资阳片区直抵沱江（图5-1，5-2，5-3）。通过这种跨越式布点、"飞地"式联动，借助国务院施行《行政区划管理条例》契机，着眼于国家级新区的生产力空间布局进一步优化，有利于天府新区东向的辐射拓展以及进一步与成渝地区双城经济圈的融合，实现"南拓"与"东进"的协力。在战略机遇上，统筹用好成渝地区双城经济圈发展、天府国际机场建设、自贸试验区和全面创新改革试验区建设等系列重大发展机遇，有利于放大新区发展优势。在资源分布上，以龙泉山为中轴，形成"一山两翼"空间格局，资源分布更加均衡，发展腹地更为广阔，促进基础设施、产业功能、公共配套相对集中布局，有利于天府新区整体协调发展。在产业发展上，以龙泉山脉为中心，西翼布局科技创新和高技术服务业，东翼发展高端制造业，为重大项目落地提供了充足智力支持和空间支撑，有利于在合理空间尺度内形成完整的产业链和良性循环的产业生态圈，有利于发展新经济、培育新动能。

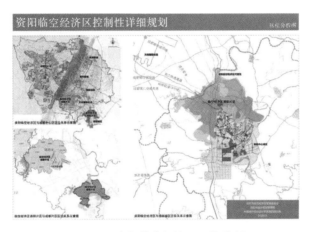

图 5-1　资阳临空经济区区位分析

图 5-2　资阳临空经济区区域交通图

图 5-3　成都大都市区用地规划拼合图

（二）求道，着眼大空间

何为"道"？在组合中拓展空间，坚持数字城市和现实城市同步规划、同步建设，实行城市智能化管理。建立城市治理体系，完善智能城市运营体制机制，避免简单的数字集成，重在数字信息的应用。同时，要夯实建筑信息模型（BIM）向城市信息模型（CIM）转变的基础，充分认识到建设智慧城市要先从建成一个数字化城市开始。

第一，用数字孪生探索智能城市。建立依托包括大数据、生物识别、人工智能、云计算、区块链、智慧交通的"天府云"，建设首个打破数字壁垒的块数据平台。通过万物互联，打造交相映射、融合共生的数字孪生产业功能区，建立个人数据账户体系及产业功能区诚信系统，并通过天府新区 App 串联智能化生活场景，作为探索智能化城市运营模式的先导和演练。这样的场景，在社会经济、基础设施、自然生态等方面，让人充分感知到产业功能区运营及服务的"活数据"，规划设计建设由 BIM/CIM 数据支撑，以及依托地质、地信的三维倾斜摄影。

第二，城市建设必须示范绿色理念。打造"践行绿色理念的先导区"，采用"装配式建造"方式，提高建筑品质和建设速度，降低施工对环境的影响；创新供热制冷节能机制，因地制宜采用"再生水热泵＋浅层地温能热泵＋冷热双蓄"方式，实现供暖、制冷、生活热水一体化供应，降低设施建设和运行成本；创新管廊体系，宜廊则廊、宜沟则沟、弹性拓展、系统集成；推广超低能耗建筑，优化能源消费结构。不仅要注重"公园城市"中的"筑牢山水生态本底"，还要注重"特色城乡风貌"塑造中的标志性建筑群落，注重其在前期规划、建设施工中体现绿色理念的先导，体现公共管理的示范性导入。

第三，建智慧城市，先建数字城市。城市建设中，智慧城市必须从数字化城市开始，建筑信息化模型（BIM）必须走向城市信息模型（CIM），不能忽视每一栋建筑作为城市细胞所蕴含的大量数据和信息，进而实现城市的可视化、可感知，增强城市的开放性、安全性。正如《河北雄安新区规划纲要》中"建设绿色智慧新城"将"同步建设数字城市"作为专门章节，阐明了要坚持数字城市和现实城市同步规划、同步建设理念，可考虑借鉴雄安新区起步模式，天府新区全域尤其是未启动区涵括的现状地形、地貌、建筑物、道路、管线等，都可通过三维激光扫描建立 1：1 精准定位模型，推行三维数字建模，为智慧国家级新区奠定原始数据模型基础，为科学决策提供全真模拟场景支撑。

（三）寻术，着眼大格局

在实践中增强动力。确定并围绕城市发展主体，明晰定位、科学布局、畅达路径，充分体现战略思维和战略布局，客观上这是对"术"、路径方法的不懈求索。

一是以区域协同为遵循进行产业布局。就天府新区产业发展布局，相关方面基本形成共识，"现在大家的看法一致了，把制造业东移，利用新的空港机场搞空港园区，把制造业放到龙泉山脉以外"。同时，相关方面普遍认为，必须牢牢把握天府新区建设的历史机遇，并对天府新区地形地貌、平原城市向丘陵城市展开的跨山（龙泉山）拥江（沱江）进程进行了全面阐释。成都将"坚定不移实施'东进'"作为坚决贯彻"牢牢把握天府新区建设的历史机遇"

重大要求的重要举措，要求坚定推进先进制造业和生产性服务业重心东移。综上可见，通过将空港新城、天府国际机场纳入天府新区与东部新区协同发展区，构建以龙泉山为轴、东西两翼拓展的生态新空间和发展新格局，释放出在"南拓"历史方位中的产业布局空间，通过加大与"东进"的空间协同一体化，形成产业功能区的联动之势，进而形成集中与分散相结合的方式，推动形成协同发展产业格局。

二是进一步优化产业选择与产业载体建设。筛选好国家级新区作为新时代承担国家重大发展和改革开放战略综合功能区的增长点和减量发展方向，明晰产业向数字化、网络化、智能化、绿色化发展的新趋势。建立以科技创新为导向的产学研深度融合创新体系是载体建设的方向。应结合成都产业功能区战略举措的实施，坚持以产业功能区建设构筑高质量产业生态圈为抓手，结合"南拓"区域产业功能区总体规划、控制性规划和城市设计，进一步优化"两图一表"（产业链全景图、产业生态发展路径图、重点企业和配套企业名录），引导产业链相关企业向功能区集聚，全面落实产业准入目录和"亩均论英雄"制度，使天府新区产业功能区率先凸显职住平衡、人城产协调和公园城市形态。

三是充分释放产业项目落地中的市场力量。应以企业个性化需求为信号，政府服务企业，不能再简单"盲投"，而是需要摸清家底，多维分析，全面掌握，精准高效地送其所需。市场跟随的制度设计更能增强对市场的嗅觉和灵敏度，其利益共享、风险共担、全程合作的流程管理，使得政府与市场紧密合作、共同决策、优势互补，进而通过产业功能区管委会、市场、社会机构联合的平台公司来充分释放促进产业项目落地中的市场力量。

二、战略支撑中的经济活动系统

（一）成都市主体功能区战略与天府新区区域发展举措的互动关系

主体功能区战略是成都作为国家中心城市的重要举措。2017年中央全面深化改革领导小组第三十八次会议审议通过了《关于完善主体功能区战略和制度的若干意见》后，着眼于发挥主体功能区作为国土空间开发保护的基础制度作用，推动主体功能区战略格局的精准落实，各大国家中心城市在强化区域差异化协同发展长效机制建设上纷纷出台和细化一系列具体举措。自重庆提出"西三角经济圈"，包括成都曾提出成渝西昆菱形（钻石）经济圈，尤其是高铁时代西成、成渝高铁的通车等一系列发展态势形成之后，"西三角"的三大国家中心城市均实施了城市空间布局的差异化协同发展举措，全力推进本城市的"主体功能区战略"。重庆市出台《中共重庆市委重庆市人民政府关于科学划分功能区域、加快建设五大功能区的意见》，将全市划分为都市功能核心区、都市功能拓展区、城市发展新区、渝东北生态涵养发展区、渝东南生态保护发展区五个功能区，突出了五个功能区的首要发展任务是最大特色。西安于2018年颁布了《大西安2050空间发展战略规划》，首次明确了大西安的格局和体量，实施"北跨、南控、西进、东拓、中优"空间战略，突出大西安与周边城市协同发展，共同打造国家级城市群。成都在2017年颁布的《关于学习新思想贯彻新理念实施主体功能区战略全面建设现代化新天府的决定》中，明确提出"东进、南拓、西控、北改、中优"差异化的空间功能布局，推动形成人口、资源和环境相协调的国土空间开发格局，增强城市的可持续发展能力，增强大区域资源配置能力，形成体现新发展理念的国土空间开发格局。

天府新区的发展举措是贯彻国家战略、区域战略的地域发展实施意见和行动计划，是围绕战略综合承载全局性、根本性、长远性问题所做的筹划和决策。2018年2月11日，习近平总书记视察天府新区时指出："天府新区是'一带一路'建设和长江经济带发展的重要节点，一定要规划好建设好，特别是要突出公园城市特点，把生态价值考虑进去，努力打造新的增长极，建设内陆开放经济高地。"围绕这"73字"，天府新区形成"三大发展目标"：进一步巩固生态本底、优化空间布局、提升城市功能，努力使天府新区公园城市的探索成为新型城镇化的全国样板，为世界城市建设创造"中国范式"。进一步突出科技创新的支撑作用和新经济的突破带动作用，发挥产业功能区的聚合功能，努力打造具有全球影响力、区域带动力和核心竞争力的新增长极，在国家发展格局中发挥示范作用、强化极核引领，为走好高质量发展之路提供"全国样板"。进一步创新举措聚焦重点工作，聚焦彰显城市特质，加快建设以人民为中心、全面体现新发展理念的公园城市；聚焦锻造带动能级，努力打造新的增长极；聚焦走好"一带一路"，加快建设内陆开放经济高地，聚焦融入成渝地区双城经济圈，在打造"两心两地"中走在前列。

主体功能区战略和区域发展举措是"面上"规范引领和"点上"重点突破的上下衔接关系。主体功能区战略，是为了规范空间开发秩序，形成合理的空间开发结构。"南拓"与"东进"，明确了天府新区打造区域创新发展新引擎和开辟城市永续发展新空间的城市能级提升方向和目标。要实现这一方向目标，天府新区应方向目标化、目标措施化，围绕发展目标和重点举措，矢志不移，持续努力。主体功能区战略和区域发展举措是政策系统支撑和推进发展举措走向区域协同化的相互依存关系。在不同发展方位确定不同发展方向，可更好地实现战略方向的明晰，避免同质化竞争，形成承载战略的资源优化整合与合理配置。主体功能区战略和区域发展举措是构建完整战略格局的相辅相成关系。主体功能区战略及相关配套政策的出台，有利于推进经济结构的战略性调整，围绕天府新区

"一点一园一极一地"① 规划建设要求，形成良好的区域合作和互动，提高发展速度和质效，切实提高战略综合承载能力。

（二）成都市主体功能区战略对天府新区区域发展举措的影响

围绕主体功能区战略，借力发展优势（strength）、正视发展劣势（weakness）、把握发展机遇（opportunity）、挑战发展威胁（threat），通过全面的 SWOT 剖析，以借势超越、换道超车、借船出海之态势，切实助力区域发展举措的推进。

关于发展优势。主体功能区中的"南拓"与"东进"，致力于将南部区域建设成为高新技术集聚区和高新技术产业服务区，将东部区域建设成为承接中心城区人口疏解、产业调迁的先进制造业基地和生产性服务业基地，成为市域经济社会发展的"第二主战场"。这些战略发展方向，为天府新区功能品质优化、城市能力提升提供发展资源调配的集聚力，充分体现了主体功能区战略带来的地域辐射优势和行业比较优势乃至全方位的资源支撑优势。

关于发展劣势。区域功能确定之后，因行政区划"壁垒"造成的资源整合性调剂缺失，在生产性服务业与生活性服务业的布局中，"南拓"与"东进"差异化发展的分区配合度不紧，生产性服务业的落地空间载体受限，且与生活性服务业的联动性不强，造成天府新区"南拓"区域与"东进"区域在发展中的均衡配合度、产业契合度不够，联动效益不流畅。天府新区大区域的统筹发展机制亟待形成和切实发挥实效。

关于发展机遇。国家重大战略的覆盖，有利于形成立足成渝、辐射西部、贯通欧亚、面向世界的全方位立体开放格局，形成发挥成渝地区双城经济圈乃至"西三角"经济圈和成渝西昆"菱形（钻石）"经济圈重点开发区域引领带动的主体功能，形成深度融入国

---

① "一点"：天府新区是"一带一路"和长江经济带的重要节点；"一园"：要突出公园城市特点，把生态价值考虑进去；"一极"：打造新的经济增长极；"一地"：建设内陆开放经济高地。

家"一带一路"、长江经济带和西部大开发的发展态势，助力形成"陆海内外联动、东西双向互济"开放新格局。

关于发展挑战。天府新区侧重发展的支柱产业、优势产业、未来产业、特色产业四大产业类型，应依托于增强参与国际分工比较优势的产业生态圈打造。当前，体制机制创新面临的制约性因素较多，提升空间相对较大，尤其是在加快培育创新生态链和强化主体功能区理念的引领等方面亟待加强。在天府新区发展的加速期，加快构建共建共治、法治良序的城市治理体系也显得尤为必要，应推动城市依法治理、系统治理、智慧治理、精准治理，形成与主体功能区和以人民为中心的公园城市建设相适应的治理体系和治理能力。

（三）国家重大战略承载与成都市主体功能区战略同步实施的政策规划

战略承载重要节点的实施政策规划。"天府新区是'一带一路'建设和长江经济带的重要节点"。"一带一路"沿线涉及国家有东亚1国、西亚18国、南亚8国、中亚5国、东盟10国、独联体7国、中东欧16国，共计65个国家和地区，覆盖人口超过世界的60%、经济总量占比近30%。长江经济带覆盖11个省市，人口和生产总值均超过全国的40%。在上争政策上，应支持率先发展，打造"一干"新极核。通过加大体制机制创新力度，尤其是适应天府新区产业功能区和特色小镇建设要求的行政管理体制创新。根据国家发改委体制机制创新工作要点的要求，加大产学研协调创新和成眉协调管理体制改革试点工作力度。通过要素配置支撑，在省级财政税收返还、优质项目建设用地、金融改革试点、产业基金支持等方面加大支持力度，建立"一带一路"国际人才市场，共享就业信息和人才信息，推行各类职业资格、专业标准在国别间统一认证认可。申请开展中国—中亚、中国—东盟人力资源合作与开发试验区试点，加快谋划国际人力资源服务产业功能区建设。

建设公园城市的实施政策规划。"特别要突出公园城市特点，把生态价值考虑进去"。公园城市一定要生态优先，突出发展生态经济。第一，通过支持率先发展，打造绿色发展新极核，建立引导天使投资、风险投资和私募资金等支持生态经济发展的鼓励机制，对符合土地利用总体规划和集约节约用地原则的项目，应纳入重点项目土地支持年度计划。新型生态产业、生态基础设施、新建生态产业功能区项目，一律视同省级层面统筹推进重大项目优先保障用地。第二，探索建立横向生态补偿机制，上下游区域以河流跨界断面水质达标为主要标准，下游按年度给予上游区域一定生态补偿，省域专项生态补偿资金倾斜，还可考虑建立辐射川南经济区、川东北经济区、攀西经济区、川西北生态示范区的横向生态补偿基金，并积极争取中央对地方生态功能区转移支付资金，充分发挥国家级新区作为区域增长极，在履行推动生态文明建设、实现中华民族永续发展的国家主体功能区重要战略任务中的使命担当。第三，建立成都平原经济区排污权交易和碳交易中心，实行污染物、碳排放总量控制，允许地方和企业通过购买节能量、排污量、碳排放量的方式完成节能减排任务，把森林碳汇作为可交易的商品权益，列入碳交易中心，尽快制定实施细则和办法，探索生态资源无形资产评估。第四，建立节能环保技改补偿机制，主动对环境治理和能耗设施实施第三方合同改造建设和运营管理的工业企业给予一次性补贴，从各级补助该领域的专项资金中安排。应通过支持基础设施建设，增强跨越发展支撑力，加快水环境治理及防洪工程体系建设，重点解决好直管区锦江流域水环境治理问题和华阳洪水防治等级问题；加快区域综合交通运输体系建设；加快节能环保型标志性重大公共服务项目建设；加快"三生融合"产城一体功能区建设，支持天府总部商务区（含西博城）、科学城、文创城的产城一体、职住平衡建设。第五，通过支持社会事业，提高公共服务品质，优先发展教育事业，全面推行民办公益的新机制学校建设，加大省级重点中小学联办天府新区校区的力度，满足快速增长的幼教、义务教育学位需求；加快发展医疗卫生事业，优化卫生资源的合理配置，加快建立标准统一、接口统一的医疗信息化平台，探索建立环天府新区重大疫情信息通报与联防联控工作机制、突发公共卫生事件应急合作机制和卫生事件互通协查机制；大力发展文化体育事业，建设"一带一路"艺术品交流中心，建立中西部文化联盟与跨区域公共图书馆文献、地方文献共享网络平台，共同承办国际重大体育赛事；完善就业和社会保障，推进社会保障管理服务一体化，推行天府新区"互联网＋人社"，逐步实现覆盖成都平原经济区的社保"一卡通"，率先建立社保关系跨地区转移接续机制和跨省区市异地就医结算机制，示范性建立健全全域天府新区跨区域社保业务经办机构的信息共享业务协同机制。

打造新的增长极的实施政策规划。应支持转型升级，培育战略性新兴产业。第一，优化功能布局。对天府总部商务区（含西博城）、科学城和文创城等功能区管委会进行机构人员编制支持，天府新区直管区的财税收入、土地出让收益、行政事业收费等，上缴部分均按比例返还，用于产业功能区基础配套发展、产业创新发展及产城融合发展。第二，突出创新驱动。围绕重大战略需求和政府购买实际需求，试行创新产品与服务远期约定政府购买制度，通过第三方机构向社会发布远期购买需求，支持和鼓励企业对创新产品的研发；制定首台（套）重大技术装备奖励和补贴实施办法，开展首台（套）重大技术装备保险补偿机制试点工作；招投标应注重鼓励技术创新，促进更多创新成果优先在天府新区使用；争取上级财政建立补助机制，引导企业系统谋划、持续递增、逐点实施地进行研发投入；允许天府新区科技项目捆绑打包列入省级层面重大项目统筹推进，倾斜安排项目用地指标。完善保障和激励创新的分配制度，探索高层次人才协议工资、项目工资、年薪制、股权、期权和分红等激励措施；对获得省级及以上科技奖励的人员，其配套奖励资金依法落实税收减免政策，不符合减免规定的，凭有关报税凭证给予财政补助或创新券；实行以项目负责人制为核心的科研组织管理模式，赋予创新领军人才更大的技术路线决策权、经费支配权、资源调动权；加强留学人员创业园和创业创新基地建设，引进高层次人才到天府新区创业；鼓励支持创造创意活动，培养具有创造发明兴趣、创新思维和动手能力的创客，扶持打造更多创新创业社区；争取各方支持设立创新驱动发展专项资金启动金，主要支持关乎战略性新兴产业发展的重大科学研究、重大科技攻关、重大新产品开发和国家级创新平台等建设；政府投资引导基金应重点向科技成果产业化及战略性新兴产业倾斜，充分发挥母基金的引导作用，撬动更多的社会资本投向科技创新；完善上级财政科技投入向天府新区倾斜机制，实现一次性拨款向更加注重滚动支持、前期投入向更加注重后期补助、零散投入向更加注重集中扶持的"三个转变"，围绕重点领域、重点环节，集中投向重大科技专项、重点研发项目、重大科技设施装备、重大科技平台建设、重要人才引进培养等。第三，重在环境优化。加强新型智库建设，着力提升专业化服务能力，用好用活智库资源。高校、科研院所等单位科研人员可在科技型企业兼职并按规定获得报酬，也可带着科研项目和成果离岗创业；鼓励支持高校、科研院所设立柔性引才岗位，吸引具有创新实践经验的企业家、科技人才兼职。第四，拓宽用人渠道。研究制定吸引非公有制经济组织和社会组织优秀人才进入党政机关、国有企事业单位的政策措施，探索运用"旋转门"机制，促进人才在体制内外和机关、企事业单位之间合理流动、有效配置。第五，强化知识产权。通过加强知识产权应用和保护，实施专利提质增效工程，调动社会资本加大对专利等知识产权开发应用投入；完善重点资助专利转化应用和国际专利申请等专利资助激励政策；建立激励知识产权应用转化的考核体系，通过加快健全知识产权机构和队伍建设，加强专利执法和知识产权保护；推动建立自由贸易区知识产权保护规则，建立知识产权仲裁快速反应协调机制；实行严格的知识产权保护制度，完善知识产权保护模式，加强公益性知识产权维权援助工作，健全知识产权维权援助体系。第六，面向企业布局一批创新公共服务平台。加快创新资源向企业流动，支持各地加快建立健全技术开发、知识产权、信息化应用、工业设计、检验检测认证等公共技术服务平台，为企业提供全方位、全过程、全天候创新服务。第七，全面落实降税减费。建立落实国家支持企业技术创新的研发费用加计扣除、高新技术企业所得税优惠、固定资产加速折旧、股权激励和分红、技术服务和转让税收优惠等激励政策的督查机制；加大对科技型企业的奖励支持，全面落实天府新区有关片区国家自主创新示范区所得税政策。第八，建立完善跨区域、跨部门专利保护协作机制。有效开展涉外专利维权服务，建设完善专利服务平台；建设并完善全部领域专利数据库及其检索平台，加快形成便捷有效的专利文献检索服务能力；支持企业建设专题专利数据库，鼓励和引导创新主体充分利用专利信息资源开展创新活动前的知识产权状况分析，科学确定攻关方向和目标；建立国家专利技术（中西部）展示交易中心，形成集专利项目展示交流、交易、咨询、网络平台为一体的专利综合服务体系。第九，加快服务业高端聚集。优先发展生产性服务业，逐步形成面向三次产业融合发展、服务辐射"一带一路"的文化创意和设计服务中心；以凝聚城市功能高端要素，展示城市实力与活力，体现特色优势为方向，重点发展跨境金融、互联网金融、科技金融、航运金融、总部经济、综合商业、会展业、产权和股权交易、证券保险等；重点打造具有较大品牌影响力和市场辐射力的中央商务区、金融街、商业街、总部基地、会展中心和城市综合体等多种类型服务业企业、服务业新型业态和新兴产业集聚的应用场景，主要为重点产业功能区、重大开放合作平台提供综合性配套服务；积极发展生活性服务业，将建设高品质生活圈的要求全域全程融入产业功能区和特色镇建设之中；以重大项目招商为中心，以服务优势产业和战略性新兴产业为重点招商引资方向，突出产业链招商和集群招商，加快构建区域性国际招商网络平台、区域性国际投融资平台、区域性国际开放开发与交流合作平台，全面引进和消化吸收技术、管理、人才、品牌和经营新理念等先进要素，全面推进服务业发展。

建设内陆开放经济高地的实施政策规划。应支持立体开放，增强活力动力。第一，构建开放型经济。充分发挥面向"一带一路"的国际大通道优势，重点发展冷链物流、电子商务物流、金融物流、智慧物流，大力发展第三方物流，培育第四方物流，打造"一带一路"有机衔接的区域性国际物流中心。主动服务"一带一路"建设和自由贸易区,以建设中国(四川)自由贸易试验区为契机,通过"请进来"和"走出去",聚力开放合作通道、平台建设和企业发展,加快推动面向"一带一路"的服务业开放合作和先行先试,逐步实现区域服务业的融合发展及服务市场一体化,加快服务贸易自由化进程。第二,提高国际会展知识产权保护水平。建立国际性会展知识产权保护机制,不断完善会展知识产权保护措施,提高现场处置知识产权纠纷的能力。第三,深化国际合作,积极加强与"一带一路"沿线国家产学研合作。通过加强科研联合攻关、人才联合培养、技术示范推广、科学家合作交流等构建国际产学研合作创新平台网络;积极对接全球创新资源,集聚国际创新人才、创新企业、创新服务机构和投融资平台等要素,促进引资引智引技相结合,建设面向全球的国际创新合作基地;实施高端研发机构集聚计划,吸引跨国公司设立区域性研发中心,对世界 500 强企业在天府新区设立独立法人资格的区域性研发总部,由所在地实行"统一标准收、差异化配置返"的租金优惠政策,按照集中统筹和分级保障原则对建设用地需求予以保障。第四,建设国家重要的对外交往中心。积极担当国家主场外交使命,全力推进国家内陆开放经济高地、国家友好往来门户建设。通过申请联合重庆两江新区承办国家级、国际性"喜马拉雅论坛",切实发挥天府新区作为国家级新区在加强我国与环喜马拉雅地区的经济、文化、科技合作,促进区域共赢发展。

三、战略支撑中的经济活动发展过程

(一)"接地"与"弹跳"——产业功能区"怎么看"

全局把握产业功能区。第一个视角,全方位看产业功能区的科学定位。产业功能区概念,即坚持以人民为中心,以某一主导产业为基础,围绕主导产业,加快形成产业链和产业生态圈,将产业发展和城市建设进行有机融合，以人力资源全生命周期需求和产业发展全生命周期需求为目标，融合研发、消费、生产、居住、人文生态的新型城市社区。

第二个视角，产业功能区是主体功能区战略的硬支撑。国家级新区肩负国家使命、体现国家意志、代表国家形象、引领区域发展，基础在产业、关键靠实力，核心是综合竞争力，产业功能区是为建设以人民为中心、全面体现新发展理念公园城市提供产业支撑的综合实力和竞争力的体现。成都提出构建"双核联动、多中心支撑"网络化功能体系，实施"东进、南拓、西控、北改、中优"十字方针的主体功能区战略，着力构建以龙泉山为中心，南北双向拓展、东西两侧发展的战略空间布局，推动成都做强"主干主轴"、实现成渝相向发展。同时，成都立足基础条件、产业基础，在全市规划统筹布局建设66个主导产业明确、专业分工合理、差异发展鲜明的产业功能区。

第三个视角，产业崛起要在"南拓""东进"中实现协同共赢。应充分考虑"东进"以大力发展先进制造业和国际化生产服务业为主，"南拓"着眼强化国际交往、科技创新和会展博览等城市功能，在产业准入上注重区分度和差异化，校准产业功能区建设中的产业定位，实现好主体功能区战略到产业功能区的战略举措支撑，实现契合全市产业布局的共赢协同发展。聚焦天府新区产业功能区，天府新区直管区主要涉及鹿溪智谷科技创新和高技术产业服务相关功能区域，以及总部经济、国际会展功能等。另，天府新区全域中还包括先进制造业、都市农业、文化创意、新金融产业、"中优"等功能。针对天府新区直管区收入结构中：第二产业受"营改增"等税收政策影响，2017年税收规模较2016年回落了近2亿元；第三产业尤其是房地产业在纳税贡献上占主导（图5-4），基于以上情况，必须牢固树立"一盘棋"思想，按照"分类施策、统筹兼顾"的原则，做好产业经济顶层设计，围绕总部经济产业、文创会展产业和科创与新经济产业这三大主导产业协同发力，共同实现天府新区直管区经济效益和社会效益的均衡发展。

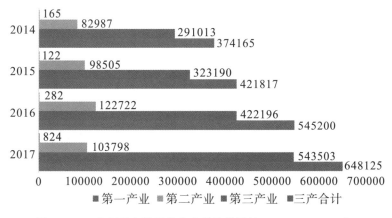

图5-4 天府新区直管区分产业税收发展情况（2014-2017年）

（二）"立体"与"多维"——产业功能区"怎么办"

立体式看产业功能区的实施路径。路径一：瞄准科学的产业选择。产业功能区是以产业发展为目标的空间聚集形式，所承载产业的层次、形态、质量直接决定着产业功能区的路径、模式和进程。一个产业功能区选择什么产业，作为经济活动的发展过程是动态的。但具体怎么选择，需要考虑的既有区位优势、资源禀赋、人才环境等因素，又有领导者和领导团队的远见卓识。总之，产业选择的目标是优化提升产业发展层次，着眼于产业发展和科技发展的大趋势。应着眼于塑造国家级新区领先优势，前瞻培育新的产业形态，形成高端产业引领，立足将产业功能区作为发展新经济培育新动能的主战场、主阵地，围绕六大经济形态和七大应用场景[①]，明晰产业功能区新经济发展定位、重点和目标。路径二：整合复合的配套功能。把人力资源生命周期与产业发展生命周期的双重需求定作目标，秉承功能复合、服务完善以及宜居宜业的建设方向，结合主导产业的发展形态、功能载体、配套需求、人力资源结构等特性，形成产业功能区的规划编制导则、编制大纲和设计导则。突出

[①] 成都市新经济大会提出着力发展数字经济、智能经济、绿色经济、创意经济、流量经济、共享经济；大力提升服务实体经济能力、大力推进智慧城市建设、大力推进科技创新创业、大力推进人力资本协同、大力推进消费提档升级、大力推进绿色低碳发展、大力推进现代供应链创新应用。

"三大平台"支撑，应围绕产业形态构建现代化设施平台，依据产业功能区发展方向、功能定位和规模能级等，加强基础性公共服务设施的规划和布局，形成产业的区域化、专业化布局，以差异化原则来进行城市规划编制，力争通过构建一批符合发展需要的生产型公共基础设施，为企业和项目提供即签即人的可靠保障，引导产业链优质资源加速向特色产业功能区集聚；应围绕产业需求构建科研型功能平台，通过建立大学生创新创业俱乐部，在产业功能区建立大学创业园，积极推动校地企共建；应围绕产业人群构建生活性服务平台，加强规划布局建设更加智能的基础设施和更高品质的生活设施、公共服务设施。路径三：提档升级的载体内涵。应以产业生态圈理念引导主导产业集聚、集群要素集聚。通过人才、技术、资金、信息、物流等若干要素的集聚，构建主体鲜明、要素可及、资源共享、协作协同、绿色循环、安居乐业的产业生态圈。产业生态圈的内涵包括适应高层次创新人才的生活场景，通过从人的特质出发，为产业的生存和人才成果的转化创造出要素市场化配置的场景，这种场景更是一个实现战略目的最便捷的生态环境，加快形成行业圈、原料圈、资本圈、制造圈、技术圈、市场圈、研发圈、信息圈环环相扣的产业生态。应将具有强关联的产业链、创新链、服务链和供应链有机整合于产业功能区这一载体，加快形成以企业为主体、市场为导向、产学研深度融合的技术创新体系、政策扶持体系、产业服务体系和生活保障体系，切实增强产与产的关联度、产与城的融合度、产与人的匹配度。路径四：健全完善的体制机制。建立协同化工作推进机制，即"功能区（园区）管委会＋院校企创新共同体＋产业投资基金"的"三位一体"。建立紧扣战略定位、发展定位和阶段任务的功能区（园区）管理体制，即"功能区（园区）城市总体规划＋产业招商指导目录＋功能区（园区）设计规划导则＋产业引导政务政策＋公共服务设施建设规划"的"五位一体"。建立和完善以市场化为导向的激励约束机制，具体应包括与产业功能区需要相适应的投资便利化体制、项目择优机制、科技成果转化机制、绩效评价机制以及以集群化为导向的企业扶持机制。

建立和完善以差异化为导向的工作考核评价机制，针对不同类型的产业功能区，聚焦重大战略部署、重大项目进程设定差异化考核指标，建立以实绩为导向的选人用人机制，确保产业功能区发展举措落地落实。

多维度看产业功能区建设的发展动力。一是国家级新区的战略承载和建立功能区产业发展工作机制是"动力源"。围绕天府总部商务区（含西博城）、科学城、文创城发展战略规划，将总部经济产业、文创会展产业定位于天府新区直管区的财源建设"聚宝盆"；将科创和新经济产业定位于天府新区直管区"创新极"产业，作为财源建设"蓄电池"；将着眼于区域辐射确立战略性新兴产业的方向，作为财源建设的"稳压器"。通过政策倾斜培育产业新动能，实现主导产业、特色产业、战略性新兴产业以及未来产业的协同发力，展开"未来城市"建设的生动实践。应遵循区域经济一体化规律，坚持产业集聚、城市发展、生态建设和普惠民生平衡共进。在城市功能核心区建设上，应展示"以产兴城、以城带产、产城融合、城乡一体"，以建设"全球创新城市"，致力于打造产、城、境、业相融共生的建设标杆，打造国际化城市功能核心区。二是产业发展战略导向是"传动轴"。应注重发展先导产业，注重创新驱动战略导向，加强政学研合作，构建以企业为主体、市场为导向以及高校科研院所研究成果为基础的"政产学研金"结合的创新体系，并重点打造集"自主培育、资本干预、成果转移、支撑服务"四位一体的"政产学研金"协同创新平台，形成高层次人才、高技术成果、高新技术企业和资本的聚集高地，推动"全球技术商业化中心"的目标实现。注重产业培育走内涵式发展之路。三是产业发展战略布局及产业落地落效是"硬支撑"。采用"政府主导、企业运作、合作共赢"的市场化运作方式，引领产业转型升级和新型城镇化建设，走出一条以制度创新带动区域经济发展的特色之路。可探索推广"TMS 创新"布局方式，即整体式外包合作方式（Turnkey）、整体开发建设机制（Mechanism）、园区建设和区域经济发展的综合解决方案（Solution），凸显国家级新区显著创新特质。

（三）"大视野"与"小切口"——产业功能区"怎么干"

以"精准施策"让国家级新区的产业功能区建设成为"先导"。一是集中力量，明确主责。成立主导产业发展领导小组和管委会，分工负责功能区经济建设和社会管理，成立运营管理公司，分工负责基础设施建设、项目招商、园区管理等实务。二是统筹推进，分类施策。涉及人才政策、土地政策、投融资政策。三是精准服务、优化环境。包括政务服务环境、知识产权运用和保护、社会信用。四是分步实施、有序推进。按照规划先行、体制机制、项目建设循序渐进、重点突破，加快进度、注重实效。

以"亩均论英雄"推进"土地利用集约化"和"载体使用高效化"。将"对地方税收贡献规模""高科技含量""吸纳人才就业数量"作为产业供地的必要条件，与供地面积、价格精准挂钩，在投资合作协议中单列亩产效益指标，应大力发展以楼宇经济为代表的"立体经济"，推动城市经济从外延式扩张向内涵式深化转变。针对某区域建成产业载体常驻办公人员人均面积达82平方米（截至2018年6月）的载体利用质效的实际，应建立及时清退违约企业的刚性制度；还应建立与贡献度挂钩的准入设置、分配招商、运营管理、调剂退出的全过程载体管理机制。

以"权责对等"细化严格项目管理。将财政扶持资金到位事前控制在企业阶段性履约之后，对设计产业载体租售等优惠政策，必须先统一征收、后按履约情况奖补，必须明确基准线，企业享受的补贴总和不得超过企业在一定时间内对税收的实际贡献总和。还应加强对项目主体的履约监管。对已兑付扶持资金的项目开展资金检查，将资金合规作为下期补贴前提，对未履约或未按协议方向使用扶持资金的，严格按照违约条款追究项目方责任。

以"市场力量"激活企业发展活力。应切实发挥财政资金杠杆效应，提高精准度和集聚度，深化股权投入改革，改补为投，支持企业技术、管理、商业模式创新。健全政府购买公共服务的体系，丰富完善企业市场化应用场景。切实激发社会资本投资活力，鼓励社会资本设立产业发展基金，重点投资主导产业和战略性新兴产业，发挥产业发展基金的撬动作用。健全金融服务体系，用好用活债券融资风险资金池，提升企业直接融资水平和规模，解决中小微企业融资难、融资贵的问题。

策略五　关于形成天府总部商务区建设发展新格局的建议

天府总部商务区是成都市 66 个产业功能区、天府新区三大产业功能区之一，位于天府新区几何中心、成都两大国际机场连线中间，其发展定位为"总部经济集聚区、全球会展博览城、国际交往新高地、公园城市示范区"。

一、天府总部商务区建设进展情况

天府总部商务区在城市战略、城市品质、集群集聚、产业生态、体制机制等五大方面呈现出高位谋划、高效推进的发展态势。具体情况如下：

（一）战略区位优势凸显

天府总部商务区位于交通枢纽中心，距离双流机场、天府国际机场、天府高铁站分别为 20 公里、35 公里、9 公里，规划建设成都首个机场城市候机楼，深度融入"一带一路"、长江经济带与成渝地区双城经济圈建设。总体设计上：加快规划立体慢行网络，推动实现人、车、轨交垂直布局、分层通行，绿色交通出行率达 85％。道路交通方面：形成"六横五纵"格局，可快速通达其他区域。轨道交通方面：采用轨交先导发展模式，范围内规划有 8 条轨道交通线，共 18 个站，包括 7 条市内线，1 条区域线，重点打造 4 个 TOD 城市综合体。

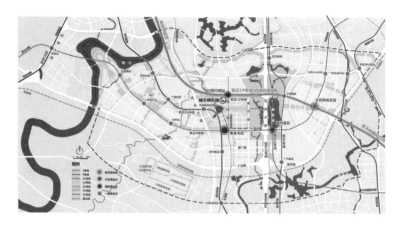

图1　天府总部商务区轨道交通规划示意图

（二）宜居宜业品质提升

天府总部商务区瞄准功能复合、业态多元、职住平衡、充满活力的7×24小时城市活力社区定位。绿色生态优势突出，绿化面积超20平方公里，生态空间占比45％，以天府公园、鹿溪河生态带及锦江生态带为基础布局"公园＋"模式。营城范式创新，创新提出中央商务公园（CBP）发展新范式，实施"POD（公园城市导向）＋TOD（轨道交通导向）＋VOD（活力导向）"的"3D"规划策略，突出绿色、高效、活力导向。功能布局均衡，核心区商务、商业、居住、其他配套建筑面积配比为46％∶23％∶24％∶7％，商业与居住比例优于北上广CBD（中央商务区）。建筑及人口密度适宜，核心区建筑面积1237.7万平方米，净容积率3.3，舒适度较高。

（三）集群集聚成效明显

通过建设产业生态圈、设置准入门槛、提升楼宇品质等举措，头部企业和重大项目集群集聚成效明显。加强产业生态圈建设，瞄准新兴金融、国际贸易、科技创新等重点产业领域，着力引进行业头部企业总部，2019年引进中国建材集团等多个总部项目。强化准入门槛，按产业项目年度亩均税收不低于1000万元准入标准，持续完善"两图一表"（产业链全景图、产业生态发展路径图、重点企业和配套产业名录表），已签约落地高能级重大产业项目55

个，总投资 2120 亿元。提升楼宇品质，全面引入三星级绿色建筑标准，拟建和在建专业楼宇建筑面积达 773.9 万平方米。

（四）产业生态逐步完善

以产业生态圈理念为指导，放大总部经济要素聚合效应和会展博览流量牵引作用，完善产业配套。促进生活性服务业配套，举办天府新区生活性服务业品牌集中签约仪式，引进多个高端购物商场、高端酒店等。加快生产性服务业进驻，针对轻资产、服务型配套企业，启动楼宇经济招商、专业服务业发展支持等政策研究，引进德勤、泰和泰等专业机构，逐步完善服务性产业链。推进体验式文创产业发展，以天府博览城商圈建设为引领，顺应"年轻商业"消费趋势精准布局个性化、体验式、参与性消费场景，重点发展新零售、艺术展览等新兴文创消费领域，引进天府大悦城等高端商业项目。建设开放经济新平台。利用中国西部博览会等贸易合作平台、自贸试验区、保税物流中心等优势，促进天府保税商业中心等开放经济平台建设。

（五）体制机制务实管用

坚持以创新突破理念转变工作组织方式，天府总部商务区在体制机制创新方面走在天府新区三个功能区的前列，着力专业化队伍和专业化管理。架构方面，按照"委局合一、委街融合、政企联动"模式在总部经济局基础上成立天府中央商务区管委会，实行"两块牌子、一套人马"。运营方面，功能区管委会已形成专业化人才团队，实现产业项目从策划包装到城市规划、建设、管理、运营的"全生命周期"管理，充分遵循"政府主导、市场主体、商业化逻辑"。

二、天府总部商务区创新发展着力方向

天府总部商务区充分把握后发优势，秉持专业精神思考谋划，在建管模式、营城思路上大胆创新，经过 4 年的发展，已从一片农田发展为雏形渐展的未来之城。建议下一步从三个方面着力：空间战略布局及叠加耦合效应、要素差异化配置及集聚集群协同、组织

结构及人才效应。

（一）空间战略布局待优化，叠加耦合效应相对较弱

天府总部商务区位处交通枢纽中心位置，且正规划建设成都首个机场城市候机楼，可布局楼宇、总部、航空三大经济支柱，牵引成都市经济进一步发展。目前，天府总部商务区仅楼宇经济与总部经济初具规模，航空经济尚待开发。

（二）要素配置差异化待加强，集聚协同效应不足

天府总部商务区以产业生态圈理念为指导，形成集约、集成和集聚的核心竞争优势。目前，天府总部商务区产业生态处于初步建设时期，要素配置配套政策尚不完善，集聚效应相对弱无法形成核心竞争优势。

（三）管理组织结构待完善，人才效应仍需提升

天府总部商务区已初步形成专业化人才团队，对产业项目实施"全周期管理"。目前，专业化人才流失比例相对较高，产业项目专业化管理不及预期，国际项目引进较少等现象，导致天府总部商务区国际化接轨程度相对低，高新产业发展程度不及预期等。

三、对策建议

为更快更好创新推进天府总部商务区建设，补齐项目招引、商业配套、后续发展空间的短板，可从产业支撑、要素支撑、人才支撑、体制支撑等四个方面推进。

（一）产业支撑——总部经济与航空经济叠加

以新经济为牵引，实现总部经济和航空经济"双翼"起飞，呈现"一体两翼、展翅高飞"，可考虑在楼宇经济中引进15家全球重点检验检测认证企业实体总部和虚拟总部，培育形成我市楼宇税收"亩均效应"的领头雁。一是营建航空经济，提升总部经济招引力度。在全球经济呈现更为紧密的融合下，企业改变了原有的区位选择偏好，运输成本、经济时效等重要性更为凸显，尤其对于全球性企业总部来说，临近大型枢纽机场是其首要考虑的区位选择因素。利用双机场联动，天府总部商务区航空经济将逐步实现成熟发展强

化对大型总部的持续吸引力度，从而在区域内更有效地聚集人流、物流和资金流。二是大力发展楼宇经济，构建临空型总部经济。大力发展楼宇经济，可引进企业实体总部和虚拟总部，将其作为商务区特色产业总部。由特色产业总部形成的集聚效应可以助力产业集群创新，推进产业集群活动的开展，进而实现产业成熟度和稳定性的提升。

（二）要素支撑——准入指标与后劲指标兼顾

推动要素差异化配置，实现规模效益指标和绿色后劲指标"双重"叠加，呈现"严准入、增后劲"。注重产业配套链、要素供应链、产品价值链、技术创新链整体成势、协同并进。一是为入驻产业提供完善的资源要素配套政策。主要包括能源要素耗费差别化定价政策、土地要素新项目准入政策、金融科技及人才要素支撑政策、高效便捷的要素交易机制等四方面。其中，能源要素耗费差别化定价指用水、用电、用能采取超计划累进加价制度；土地要素新项目准入政策指用地竞买政策、投资履约监管制度；金融科技及人才要素支撑政策指扩大民间资金进入金融体系、建设科技平台及引入高新人才等政策；高效便捷的要素交易机制指行政审批等高效化。对商务区范围内年度用电量在30万千瓦时以上的商场、购物中心、酒店、餐厅、会展中心等商贸企业设置应税销售收入、实际入库税收、单位电耗应税销售收入、单位电耗实缴税收、全员劳动生产率等5个评价指标，并将每个指标分成若干档，实行分类打分，得出每个企业的综合得分，按照零售类、住宿类、餐饮类、文创类等行业划分，分别进行A、B、C、D四类排序。根据企业排序，在租金、用电、信贷等资源要素配置上对企业实施差别化措施并且实行动态管理，倒逼企业改造提升，提高"亩均效应"。二是大力发展绿色建筑，增强企业绿色发展后劲。按照公园城市建设理念，要求入驻商务区的自建楼企业，充分考虑设计及建造、节能与材料资源、可持续利用资源等三个方面，参照《绿色办公建筑评价标准》，对楼宇全寿命期内的安全耐久、健康舒适、生活便利、资源节约、环境宜居5类指标等性能进行综合评价，等级划分由高到低划分为三星级、二星级、一星级和基本级。鼓励企业自建或入驻三星级绿色建筑，可对自建三星级绿色建筑的企业给予奖励及政策倾斜，对入驻三星级绿色建筑的企业给予租金补贴。对不属于三星级绿色建筑的楼宇进行整改，力争3年内实现楼宇"三星绿建"全覆盖。

（三）人才支撑——柔性引才与刚性用才并重

将"两图一表"（产业链全景图、产业生态发展路径图、重点企业和配套产业）的产业需求翻译成人才"专业需求"，到人才专业需求推导出人才团队的"精准建模"，再到管理架构与平台设置的"效率优先"。一是以需求定供给的选人之道。以产业需求为导向选拔专业型人才，围绕总部经济与国际博览两大主导产业、新兴金融与体验式文创两大配套产业及细分领域，重点引进工商管理、会展管理、酒店管理、理论经济学、应用经济学、金融学、美学、新闻传播学、小语种等专业人才。二是"整团队成建制"的引才模式。互补且专业的团队能精准对应产业所需，成建制的专业团队能同时提升工作效率和效能，由专业团队将区域内的要素链、产品链、技术链、产业配套链串联形成闭环，实现早出成果、出大成果。通过团队引才的方式可以集中解决由单个人才招引引发的环境适应，团队融入问题。建立由各带头人与3名以上有稳定合作意向的核心成员组成团队。要求团队带头人在国际同行中的学术水平位于前列。三是以完善的激励机制提升人才效率。以市场化为导向制定产业政策，需配以扁平化管理及高薪激励机制，搭建有利于人才发挥效应的激励平台。市场机制导向的扁平化管理模式强调效率和弹性，对员工工作技能、战略眼光和组织策划能力、忠诚度等三个方面提出了更高的要求，因此扁平化管理模式下更需要建立人才评价激励机制，充分发挥人才效应，减少人才流失。应不拘一格用人才，对于在重点工作中表现突出的人才要大胆任命，形成自上而下具有活力的任人用人机制。对想干事、能干事、干成事的人才，在政治上给予尊重，经济上给予实惠，增强干部做事的信心，进一步助推人才发展，形成良性发展格局。

（四）体制支撑——决策执行与监督保障统筹

将天府总部商务区打造成产业功能区体制机制创新的"样板田园"。围绕产业功能区体制机制变革的"五个转变"方向，总部商务区着力机构设置由"多层级"向"扁平化"转变、管理运行由"多头分治"向"条块融合"转变、职责方向由"全能型"向"服务型"转变、动力机制由"行政推动"向"内生驱动"转变、考核评价由"简单定性"向"精准定量"转变等方面，大胆创新、试点先行。具体从 PDCA 流程管理深度切入，按照坚持人城境业和谐统一理念，依据 Plan—Do—Check—Action 戴明环管理流程，以产业和全生命周期需求为导向，以转变政府职能、理顺权责关系、激发市场活力为重点，按照决策科学化系统化规范化，执行目标化项目化标准化，监督前置化常态化体系化，保障集约化精准化便利化，形成体制机制建设的制度供给体系（具体体制、机制、制度、体系创设集成见附件 PDCA 流程管理图）。

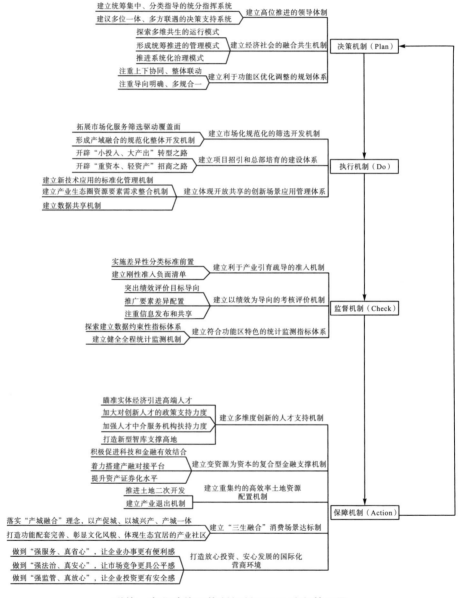

产业功能区体制机制PDCA管理流程图

附件　产业功能区体制机制 PDCA 流程管理图

第六章　战略传导

一、战略传导的流程管理

（一）战略传导的本质遵循

战略传导的本质是通过科学管理促进生产力发展的过程，是战略实施步骤的内在体现。着眼于 PDCA 的流程管理，通过决策、执行、监督、保障，将区域治理中的方略谋划、规律探索、体系设计、规范运行、节点控制、机制建设作为工作推动全流程的本质遵循，形成管理闭环，起到"传呼引导""压力传递""力量输送"的作用，确保战略落地生效。

战略承载需要方略谋划引领，围绕坚持战略新定位、严格规划新起点、体现地域新特色，着眼全局确定战略举措、夯实战略底盘、拓宽战略路径，形成凝心聚力的发展方向。增强后劲需要遵循规律，按照遵循路径、把握原则、集聚效应、全域统筹的"四大规律"，切实增强核心区承载、产业、服务、辐射功能，做到以人为本、生态为先、产业为要，坚持聚焦中心、示范带动，突出产业布局、基础设施、公共服务、社会治理统筹发展。体系构建上着眼破"难点"，立足经济发展、社会管理、工作落实、队伍建设、全域统筹，切实夯实产业、完善功能、强化治理、建强队伍、着眼后劲，实现永续发展。规范运行是干部队伍战斗力提升的重要保障，通过规范化的强力推进，以实现定目标明晰工作方向、明责任提升工作效率、严考核确保工作实效。节点控制实现倒逼落实，通过"横向到边、纵向到底"，"到边"就是到部门、到功能区、到镇街，"到底"就是到季、到月、到周，形成看板管理、动态倒逼、压力传导。机制建设是发展的基础性工程，着眼"打基础、促规范、管长远"，坚持以制管人、以制管事，建立健全日常工作到一线抓落实的激励机制、约束机制、监督机制、考核机制和保障机制，推进日常工作规范运行和重点工作全面开展。

（二）战略传导的时序控制

时序控制就是在战略落地落效过程中，坚持问题导向，注重工作节奏，实现工作的精准发力、瓶颈突破。确定工作重点项目后，若以年度作为实现工作阶段性成效的时间单位，则可以对工作进行季度性节点划分，通过坚定决心、提振信心、培育耐心，实现奋战一季度、突破二季度、攻坚三季度和决胜四季度的目标。

奋战一季度，就是为全年工作开好局、起好步、夯实基石；就是要"攻克难点、把握重点、掌握节点"。突破二季度，二季度承前启后，是实现全年工作目标任务的关键；二季度要有"新的亮点、实的场面、好的局面"。攻坚三季度，三季度是收获的季节，是结出硕果的季节；三季度要强力推进"大比拼、大督办、大拉练"。决胜四季度，四季度是工作收官季，是检验工作成果的季度，是全年工作得失的落脚点和归宿点；要推进"大检查、大验收、大评比"。

奋战一季度，实现"开门红"；突破二季度，实现"双过半"；攻坚三季度，实现"大跨越"；决胜四季度，实现"全年红"。时间节点的有效把握，在于打好项目建设的攻坚战役，在建成项目上谋点子、出思路、找出路。应借助智慧政务平台，在项目攻坚克难的"大会战"中，实行"每日一通报、每周一汇报、每半月一拉练"，多管齐下，多措并举，激励先进，鞭策后进，相互促进，共同推进。在检查、验收、评比中，要坚持"考核目标化、目标项目化、项目数量化"，对日常性工作实施"周自查、月督查、季互查、半年考查"，对重点工作和项目实施"月自查、季互查、半年督查、年终考查"。通过层次分明、重点突出两个层面节点式"四查"，以自评、互评、督评式硬账硬结，一结到底，形成周、月、季时序节点抓工作落实的立体攻防体系。

（三）战略传导的质量保证

项目责任化是项目具体化的前提。确定的重点项目应建立动态倒逼柱状图，实行数字化、精准化、可视化管理。战略传导的质量保证应落实"责任到一线"：即人员置放到一线、责任明确到一线、督办深入到一线、奖惩挂钩到一线。

工作项目的责任分解，应将每一个工作项目明确第一责任人、责任团队、进度节点。应全面推行保障要素到项目：即实施人员管理归项目、工作保障到项目、向上衔接对项目、部门服务在项目、考核指标挂钩项目的工作项目责任制。应全面推行节点控制的量化考核。每一个工作项目，既要抓工作责任的精准，也要抓工作节点管控的精细。通过将工作任务进行阶段性划分，并根据工作的破局点、关键点、支撑点、攻坚点、跨越点、决胜点、收官点进行权重细分，形成进度的量化对照，进而可根据进度形成动态倒逼式的柱状图、对比图，让压力传导形成质效兼取、以质为帅的实际成效。

二、战略传导的全局把握

（一）处理好长期性和阶段性的关系

项目建设是战略意图的集聚辐射式体现，是战略推进效能的展现，本质特征是战略载体的时序推进和节点把控，内在要求是将决定战略决胜的长期工作项目和显示阶段性成效的具体工作目标有机结合。战略传导的阶段性特点是战略步骤，其要与阶段性战略意图相匹配并突出战略阶段性成果。

以天府新区某区域 2018 年度 59 个重点项目为例：34 个续建项目的建设年限均在 3 年以上，其中有 24 个项目在 4 年（含）以上，11 个项目建设年限在 5 年（含）以上（表 6-1）。其中，续建项目中铁西南总部及配套设施项目计划建设年限长达 7 年。

新开工项目成都紫光 IC 国际城项目拟定建设年限长达 7 年（表 6-2），其作为实施国家战略、强化核心技术研发的重大项目，具象化为"成都紫光芯城"项目正式开工于 2019 年 4 月，该项目建成有利于推动电子信息这一主导产业加速向全球产业链核心、价值链高端跨越。

表6-1 天府新区某区域2018年省市重点项目建设年限表（续建）

序号	1	2	3	4	5	6	7	8	9	10	11	12
项目名称	成都天府新区北航西部国际创新港项目	成都天府新区中铁轨道设计项目	中国科学院成都科学研究中心	成都科学新区科创新城创新中心二期	成都天府新区西丹孚系统集成产业基地项目	卫星通导及系统融合合产业化项目	成都天府新区天府数智融创新基地	成都联东U谷天府高新企业项目	成都天府新区中德禄江装备产业基地项目	成都天府新区润嘉汽车研发及数控中心项目	成都天府新区中航航空科技文化博览中心项目	成都天府新区花园城市国际度假中心项目
建设年限	2017－2021（5年）	2015－2020（6年）	2016－2019（4年）	2016－2019（4年）	2017－2019（3年）	2017－2019（3年）	2016－2019（4年）	2017－2019（3年）	2017－2020（4年）	2017－2019（3年）	2016－2020（5年）	2015－2020（6年）

序号	13	14	15	16	17	18	19	20	21	22	23	24
项目名称	成都天府新区万达国际医疗中心及配套项目	成都天府新区中铁西南总部及配套设施项目	成都天府新区海关业务技术大楼天投国际商务中心项目	成都天府新区新疆广汇第二总部及配套项目	成都天府新区万江仓储物流项目	成都天府新区红美凯龙天府商业广场项目	成都天府新区京东亚洲一号智能物流运营中心项目	成都天府新区易东城市共同配送中心项目	成都天府新区中冶天府大厦项目	成都天府新区柏杨湖都市农庄项目	成都天府新区益州大道南段项目	成都天府新区核心区PPP综合管廊道路项目
建设年限	2016－2021（6年）	2014－2020（7年）	2015－2020（6年）	2017－2022（6年）	2016－2020（5年）	2017－2019（3年）	2016－2019（4年）	2016－2019（4年）	2016－2019（4年）	2015－2020（6年）	2016－2020（5年）	2016－2019（4年）

序号	25	26	27	28	29	30	31	32	33	34		
项目名称	成都天府新区鹿溪智谷四纵四横路网项目	成都天府新区云龙湾锦江桥项目	成都天府新区天保锦江桥湾项目	成都天府新区保水安置房建设二期项目	成都天府新区兴隆安置房建设三期项目	成都天府新区安置房建设二期项目	成都天府新区华阳一心安置房建设二期项目	四川省肿瘤诊疗中心项目（一期）	成都天府新区五小项目	成都天府新区成科学城生态水环境工程		
建设年限	2016－2019（4年）	2016－2019（4年）	2017－2019（3年）	2017－2019（4年）	2017－2019（3年）	2017－2019（3年）	2017－2019（3年）	2017－2020（4年）	2017－2019（3年）	2017－2019（3年）		

表6-2 天府新区某区域2018年省市重点项目建设年限表（新开工）

序号	项目名称	建设年限
1	成都天府新区鹿溪海创园项目	2018—2020（3年）
2	中科院光电技术研究所鹿溪智谷园区项目	2018—2020（3年）
3	成都天府新区传化智联西部运营总部项目	2018—2021（4年）
4	成都天府新区天同空间信息产业基地项目	2018—2020（3年）
5	成都天府新区中德天翔环保技术工程研发中心项目	2018—2020（3年）
6	成都天府新区海天新区集团研发总部项目	2018—2020（3年）
7	成都天府新区锂业全球研发暨新能源产业投资总部项目	2018—2020（3年）
8	成都紫光IC国际城项目	2018—2024（7年）
9	成都天府新区吉利新能源动力汽车项目	2018—2019（2年）
10	成都天府新区人才综合体及国际社区项目	2018—2022（5年）
11	成都天府新区万科兴隆湖产业项目	2018—2020（3年）
12	成都天府新区鲁能天府美丽汇项目	2018—2020（3年）
13	成都天府新区科学城天府创园配套项目一号地块工程	2018—2022（5年）
14	成都天府新区鹿溪医院社区项目	2018—2022（5年）
15	成都天府新区国际保税国际商业中心项目	2018—2020（3年）
16	成都天府新区金茂万豪超五星级酒店项目	2018—2021（4年）
17	成都天府新区温州商厦项目	2018—2021（4年）
18	成都天府新区科学城项目（益州大道—天府大道）南路项目（项目道—天府大道）	2018—2020（3年）
19	成都天府新区华西天府医院项目	2018—2021（4年）
20	成都天府新区大石学校项目	2018—2019（2年）
21	成都天府新区沙河小学项目	2018—2019（2年）
22	天府六小项目	2018—2019（2年）
23	鹿溪智谷生态修复项目	2018—2020（3年）
24	成都大林环保发电项目	2018—2020（3年）
25	成都天府新区北部组团生态隔离带项目	2018—2019（2年）

（二）处理好总体谋划与重点突破的关系

重点项目是战略落地在地理空间的物理映射和空间载体。项目推进应处理好统筹兼顾和突出重点的关系，应充分认识到以强力推进重点项目牵引、驱动战略实施的重大战略举措的意义，切实明晰推进战略举措的现实路径，坚持问题导向，找准战略实施的动力源和传导器。对于重点项目的攻坚克难，要善于"搬石头"，从结果"倒推"，找到和攻克制约"瓶颈"，实现重大项目的重点突破。

以天府新区某区域 2018 年重点项目任务为例：从总体谋划看，项目包括产业化、基础设施、民生社会事业、生态环保四个大的方面。产业化项目主要包括现代制造业、现代服务业和现代农业；基础设施主要包括交通、城市、能源等方面；民生社会事业细分为民生和社会事业两个类别；生态环保将凸显"生态价值"单列为一个类别（表 6-1）。

从 2018 年度各责任部门负责项目的投资占比看，科创和新经济局负责项目的投资占比达 52.04%，占据"半壁江山"，体现了天府新区某区域着眼于发展新经济、培育新动能的产业突破重点。从 2018 年度各责任部门负责新开工项目的占比看，规划建设国土局、科创和新经济局、总部经济局占比位居前三，规划建设国土局负责新开工项目占比居首，体现了新开工项目的落地；产业局负责项目占比高，体现了高质量发展中，从基础设施投入向产业培育方向的转变（图 6-1，6-2）。

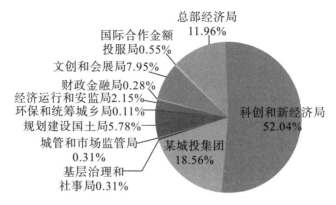

图 6-1　2018 年重点项目各部门投资占比

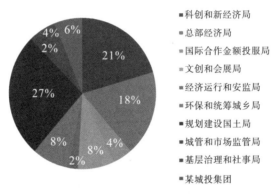

图 6-2　2018 年度重点项目各部门新开工项目占比

（三）处理好精准切入与久久为功的关系

战略实施的传导体现在战略步骤，战略步骤依托的是战略承载项目的精准切入。从项目切入的类别看，作为国家级新区，应注重有序、有力推进总部经济类、会展经济类、科技创新类、先进制造业类等产业方向的项目，同时也要有度、有效推进配套项目、基础设施类项目。从项目切口的聚焦聚力来说，在以年度或跨年度的阶段性时间节点内，一定要突破焦点性项目。以全域天府新区 2018 年度重点项目为例，紫光 IC 国际城项目投资 2000 亿元，其所涵盖的集成电路产业是信息技术产业的核心，是支撑经济社会发展和保障国家安全的战略性、基础性和先导性产业，具有重大的战略意义。

以 2018 年度项目的签约供地比、签约立项比、签约施工许可比、签约（拟）开工比来看：签约供地比占到近三成，签约立项比近两成，而签约施工许可比不足一成；从 2018 年度项目在以上四个类型的投资额占比看，已供地项目实际投资额占项目总投资额的近三成，已立项项目实际投资额占项目总投资额近两成（图 6-3）。

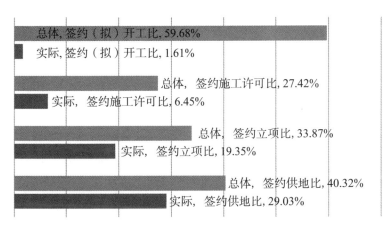

总体, 签约（拟）开工比, 59.68%
实际, 签约（拟）开工比, 1.61%
总体, 签约施工许可比, 27.42%
实际, 签约施工许可比, 6.45%
总体, 签约立项比, 33.87%
实际, 签约立项比, 19.35%
总体, 签约供地比, 40.32%
实际, 签约供地比, 29.03%

■总体 ■实际

注："总体"指该年末预期进度；"实际"指截至2018年11月8日实际进度。

图 6-3 项目签约进度图

综上，项目从招引到供地、立项、施工许可和开工，相互呼应、相互映衬、环环相扣、前后相济，需一步一步推进、一环一环突破，既要高度重视工作方向的精准精细、工作力量的有效集中，又要步步为营、久久为功。

三、战略传导的路径选择

（一）区域联合的路径

着眼于历史维度、全局维度和现实维度，立足于思想创新、方法创新和制度创新，推进战略的承载的路径选择应走区域联合之路。只有谋划在前、引导在先、主动在急，才能避免可能出现的盲目、无序、重复、短期开发行为，切实增强"探索性失误"的可修复性，确保战略传导的方向准、时序明、实效好。

坚持以空间布局协同为基本遵循，以集约开发为战略导向，以规划管控为重要抓手，以保护性利用为根本遵循。坚持以干部队伍协同为区域共融的核心引擎，让改革创新的合作共赢理念深入人心，加强干部人才队伍的交流，拓宽干部专业化培训的渠道。坚持以产业项目协同作为关键支撑，建立招商项目错位布局和共享联审机制，在项目落地上精准施策定项目，建立重点项目库和项目协同化推进机制。坚持以金融支撑协同作为主要牵引，以市场化运作作为主推力量，有效动员各片区优势资源、合力分担风险、共享利益，确定一定规模的法定资本，破除固有的基于政府协商的投资争端解决方式存在的弊端，建立公平公正决策和分配的治理结构。坚持以运行体系协同作为根本保障，推进区域的直管托管和对经济社会事务的综合管理，建立充分体现统筹功能的领导圈层，建立健全议事协调机制、畅通快捷的信息沟通机制、区域统一考核的评价机制。

（二）产业联动的路径

借势借力产业功能区战略举措的功能叠加效应，瞄准科学的产业选择，整合复合的功能配套，提档创新的产业载体，健全高效的体制机制。根据"三图一表"，即全域重大产业全景图、分区产业链全景图、产业发展路径图以及重点企业和配套企业名录，形成产业的协同化、集群化、专业化发展，并积极抢占价值链核心和产业链高端，引领构建产业生态圈。

天府新区直管区产业空间布局的"一心三城"（天府中心、博览城、科学城、文创城）在产业布局演进中，逐步可聚焦为天府总部商务区、成都科学城、天府文创城等三个产业功能区，其主导产业方向体现为科技创新、新经济、"总部成都"、国际交往、文化创意等方面的支撑功能，以上支撑功能中的科技创新与新经济、"总部成都"与国际交往等都存在天府新区直管区、高新区新经济活力区以及简阳临空经济产业园的功能复合与叠加的局面，进而形成产业集群化发展的联动之势（表6-3）。

表6-3 相关产业功能区主导产业方向及重要支撑功能的叠加情况

主导产业方向及重要支撑功能 有重叠的产业功能区	所重叠的主导产业方向	所重叠的重要支撑功能
成都科学城与成都新经济活力区（新川创新科技园、中韩创新创业园）	人工智能、5G通信、区块链	国家科技创新中心和新经济发展支撑功能
天府总部商务区与简阳临空经济产业园	总部经济	"总部成都"支撑功能

（三）项目联建的路径

天府新区核心区、拓展区、外缘区的项目联建要紧紧围绕核心产业链条延伸，研发制造在核心区范围，生产制造慎重布局在辐射范围，形成项目联建需求的动力源、传导器和硬支撑。要通过建立区域协调机构，组织协调实施跨区域的重大工程项目建设，在充分发挥各片区主观能动性的基础上，科学合理地设计和遴选项目。通过设立协同发展基础设施建设奖励基金，对区域衔接性重大基础设施建设项目给予奖补，用政策倾斜或市场化手段，对项目进行集约化运作。

应建立天府新区重点项目库，实现错位发展的项目合理布局，以区域铁路公交化和区域公交一体化为切入点，全力推进交通等基础设施以及5G网络、数据中心等新型基础设施的一体化。探索建立项目协同化联建机制。规划上，应共商联评，项目入库时空联动。建设上，坚决避免重复建设、滞后建设、"推诿"等问题。管理上，紧紧围绕民愿民盼，选准切口强力推进。

四、战略传导的节点控制

（一）开局发力"周到"

项目作为战略实施的承载，做好开局是成功的前提。"好的开始是成功的一半",如何做到开局发力"周到",应从高设置项目推进的管理机制出发,形成顶层设计、统一规划、全域管理、多方协同的一体化管理机制;应通过重构资本、资源和资产关系,升级项目总体格局,充分释放创新型管理机制的活力。

应分类设置各类项目高质量推进的指标体系。着眼于产业概貌、发展趋势、判断和决策,全力构建项目准入的标准体系。精准选择以功能区为导向的项目支撑点,以动力变革、效率变革和质量变革作为推动项目的基础和关键,全方位提升项目质量,从根本上保障项目的基础性、匹配性和可持续性。应着力提升以创新驱动发展战略为动力的项目科技含量。以科技引领项目,以项目打造精品,通过现代科技手段改造与提升,使项目在布局中体现影响决定性、表达多元化、嵌入人本化,不断提高项目的综合效应。

(二)突破借力"全面"

战略传导体现在着力既均衡又聚焦,即借力要全方位、多渠道。"好风凭借力,待到扬帆时。"应将核心引领、平台支撑和集聚辐射作为借力需求的目标导向。通过核心引领,体现项目特质的本土对位;通过平台支撑,丰富载体创新延伸链条;通过集聚辐射,全面整合可充分调动资源促进项目快速推进。

项目作为产业的载体或配套,应通过完善产业的承载和功能配套,以保证和推动区域的持续跨越发展。通过载体的设计和营造,促进形成全方位产业链。通过整合力量形成集聚辐射,形成集群化、引领型的"城市地标"式吸引效应,注重凸显智能化、智慧化方向,坚持市场化、人文化导向,通过项目载体促建市场化平台。

(三)攻坚用力"准确"

项目推进中,"行百里路半九十",这寓意着攻坚克难是要打提前量。应通过创新驱动,将项目建起来,以创新驱动为核心,推动以项目为依托和衍生的新组织、新产品、新业态、新模式发展起来。应通过科学管理,让项目推进灵动起来,实行"质效定乾坤",

鼓励自主破解、合力突破项目的堵点和难点。

攻坚用力应打好组合拳，形成突破口，厘清主攻方向。应集中时间、集中精力、集中要素、集中"火力"，精准"靶位"，通过"先发制人""断其一指"，形成"牵一发而动全身"的决胜点，使项目充满运转活力，注入不竭动力，进而可经多重叠加，形成超越项目本身的放大效应。

（四）决胜聚力"聚焦"

项目实现突破性进展，只是"万里长征第一步"，要形成求决胜的勇气和决断力，还需继续聚力聚焦，进一步强化要素保障和广域资源调配。通过切实加强各类政策措施的全局统筹与相互协调，保证政策措施的合理制定、有序实施。以共性政策为主体，集中研究、统一制定；以个性策略为配套，先行先试、分步推行；两者有机结合，共同理顺综合保障体系关系，避免政策措施的重复与冲突，形成有效的激励约束机制。

项目决胜关键在人。应加强项目推进人才体系建设，形成并充分发挥综合人才和专业人才的合力，用项目实绩来检验人才、培育人才，促进人才的有序流动和健康发展。项目决胜重在落地，落实各项形成发展合力的规划、法规和优惠政策，研究制定有关投资核准、银行贷款、土地使用、税收优惠、上市融资、发行债券、对外贸易和申请专项资金等各项扶持政策。清理行政审批事项，精简审批流程，严控审批时限，公开审批标准，提高审批效率。

（五）持续给力"内生"

项目的延续不仅仅是续建，更体现在项目的叠加效益和扩散效益。"内因是根本，外因是依据"，凸显项目效益应持续给力。持续性的力量来源于内生动力，内生动力的彰显力量是市场，体现形式是评价，应通过市场化驱动和差异化考核评价来形成源源不断的发展推动力。

市场保障就是要强化市场跟随。通过市场跟随式的服务整合，力争项目拥有更广阔的推广和运用空间。通过优化精准服务，内培外引、做强做大一批龙头项目，可"分兵竞争"，也可股权合作，形成体系同构、地域相连、层次互补的引爆点和示范面。同时，培育一批多元化参与、分众化经营、差异化互补的项目集群，增强核心竞争力，推动项目质量、规模和实力跨越提升。通过完善项目配套，以打造产业生态圈的理念，积极培育完善的市场配套，推动项目从形聚走向神聚，打造凸显全方位全领域全天候服务的产业生态圈。应压实责任，结合各自职责分工，制定工作计划，细化任务清单，划定步骤节点，做好政策衔接及重大任务的分解和落实，建立健全推进政策落实的目标分解、责任明确、考核评价和奖惩机制。

专栏 战略传导节点控制要求及案例示意表

节 点	定 义	基 本 要 求	个案体现（天府文创城）
开局 发力 "周到"	"好的开始是成功的一半"，战略传导体现在步骤可感，项目作为战略实施的承载，做好开局是成功的前提，从推进管理机制、指标体系建设做到开局发力的"周到"。	1. 从高设置项目推进的管理机制，形成顶层设计、统一规划、全域管理、多方协同的一体化管理机制。 2. 通过重构资本、资源和资产关系，升级项目总体格局，释放充分活力的创新型管理机制。 3. 分类设置各类项目高质量推进的指标体系。 4. 着眼于产业概貌、发展趋势、影响判断和决策，全力构建项目准入的标准体系。 5. 着力提升以创新驱动发展战略为动力的项目科技含量。	1. 从高创置文创产业管理机制，天府新区成立领导小组或文创城管委会，建立覆盖文创城、文创园、特色镇、综合体等"城、园、镇、体"的一体化管理机制。 2. 精准选择以产业功能区战略为导向的文创产业支撑点，完善职住平衡和全生命周期，提升新区文化产业质量。 3. 着力提升以创新驱动战略为动力的文创产业科技含量。充分运用包括云技术、大数据、物联网等信息产业最新发展成果，改造与提升传统的文创产业，发展体验经济，衍生文化消费产品和服务内容。

节点	定义	基本要求	个案体现（天府文创城）
突破借力"全面"	"好风凭借力，待到扬帆时。"战略传导体现在着力既均衡又聚焦，即借力要全方位、多渠道。将核心引领、平台支撑和集聚辐射作为借力需求的目标导向，全面整合资源促进项目快速推进。	1. 通过完善产业的承载和功能配套，保证和推动区域的持续跨越发展。 2. 通过载体的设计和营造，促进形成全方位产业链。 3. 通过整合力量形成集聚辐射，形成集群化、引领型的"城市地标"式吸引效应。 4. 坚持市场化、人文化导向，通过项目载体促建市场化平台。	1. 核心引领，原创产品对位本土市场，选定城市主题文化，整合文化资源，形成符合时代新潮流并具有天府新区特色的"经营、生产、服务、运作"模式，加快形成具有国际化大都市特色的文化创意产业。 2. 平台支撑，通过丰富文创产业园区载体、特色小镇载体、核心资源载体创新的产业链条。 3. 集聚辐射，精心布局打造城市地标，坚持以智能化、智慧化为主攻方向，进行跨界联动。注重对天府地域文化的挖掘与传承，将文创产业区打造为城市的精品地标。 4. 通过搭建市场化平台，借力实力过硬的地产商打造新区文创新地标。
攻坚用力"准确"	"行百里路半九十"，寓意着在项目推进中攻坚克难应打提前量的预期，攻坚用力要打好组合拳，形成突破口，厘清主攻方向。	1. 通过创新驱动，将项目建起来，以创新驱动为核心，推动以项目为依托和衍生的新组织、新产品、新业态、新模式发展起来。 2. 通过科学管理，让项目推进灵动起来，实行"质效定乾坤"，鼓励自主破解、合力突破项目的堵点和难点。 3. 应集中时间、精力、要素，集中"火力"、精准"靶位"，形成决胜点。	1. 创新驱动，将文创"建"起来。一是创新采用"国企＋民企"的运营模式，为国企混合所有制改革发展探索新路径。二是打造本土魅力"文创引擎"，利用文化的黏着性和文创的渗透性，强化新区文创特质及价值。 2. 科学管理，让文创"动"起来。一是对文创园区试点实行"质效定乾坤"。二是创意经营实现效益与艺术共存。三是注重产业发展的数据统计分析。 3. 复合经营，使文创"火"起来。一是发展文创商业，打造全新生活方式。二是大力发展"观农"产业，积极打造特色镇。三是发力街区品牌建设，推动区域协同发展。四是双机场联动，打造天府发展流量经济的通道文化。

节点	定义	基本要求	个案体现（天府文创城）
决胜聚力"聚焦"	"万里长征第一步"，项目形成突破性进展，应形成求决胜的勇气和决断力，还需继续聚力聚焦，进一步强化要素保障和广域资源调配。	1. 加强政策统筹，保证政策措施的合理制定、有序实施。以共性政策为主体，以个性策略为配套，两者有机结合，共同理顺综合保障体系关系，形成有效的激励约束机制。 2. 项目决胜关键在人，应加强项目推进人才体系建设，形成和充分发挥综合人才和专业人才的合力，通过用项目实绩来检验人才、培育人才，促进人才的有序流动和健康发展。 3. 项目决胜重在落地，落实各项形成发展合力的规划、法规和优惠政策，研究制定投资核准、银行贷款、土地使用、税收优惠等各项扶持政策。 4. 清理行政审批事项，精简审批流程，严控审批时限，公开审批标准，提高审批效率。	1. 加强政策统筹。以共性政策为主，个性政策为辅，切实加强新区各类政策措施的全局统筹与相互协调。 2. 加强人才建设。一是鼓励文创企业、园区建立专业人才实训平台。二是鼓励文创企业完善内部培训体制。三是充分发挥行业管理机构、行业协会和有关专业机构作用，建立行业人才信息库。 3. 加大政策落地。落实省市支持文创产业发展的各项规划、法规和优惠政策，研究制定文创产业和园区发展相关条例。 4. 注重产权保护。借力知识产权法庭，分类别建立知识产权保护制度。
持续给力"内生"	"内因是根本，外因是依据"，项目的延续不仅仅是续建，更体现在项目的叠加效益和扩散效益，要凸显项目效益必须要持续给力。	1. 通过市场化的驱动和差异化的考核评价来形成推动力。 2. 强化市场跟随，通过市场跟随式的服务整合，力争项目形成更广阔的推广和运用空间。 3. 通过优化精准服务，一方面内培外引、做强做大一批龙头项目，形成体系同构、地域相连、层次互补的引爆点和示范面；另一方面同时培育一批多元化参与、分众化经营、差异化互补的项目集群。 4. 通过完善项目配套性，积极培育完善的市场配套，打造凸显全方位全领域全天候服务的产业生态圈。 5. 压实责任，做好政策衔接及重大任务的分解和落实，建立健全推进政策落实的目标分解、责任明确、考核评价和奖惩机制。	1. 强化评估考核，建立健全推进政策落实的目标分解、责任明确、考核评价和奖惩机制。 2. 强化市场跟随，严审审批过程，让商业合作单位和设计师能够结合起来，形成更大的推广方向。 3. 优化精准服务，做强龙头企业，引进"1个旗舰式文创国企＋1个驱逐舰式的新兴文旅民企"，可分兵竞争，也可股权合作。同时培育一批本土文创企业多元化参与文创城、园、镇、体的差异化、分众化经营。 4. 完善产业配套，强化数据信息、行业认证、标准创制、品牌推广等全产业链构建，形成关乎文创产业的生产性服务业聚集，打造凸显全域全方位全天候服务的文创产业生态圈。

五、战略传导的氛围营造

（一）抓"奔头"，推进有向

思想决定高度，起势决定格局。谋篇布局是起势之招，必须把握"定好位、布好局、把好向"三要素，坚持科学谋划、路径创新，确保战略推进方向的高度、准度、力度，进而转化为战略执行主体力量的公信度、公认度和满意度，这样战略实施步骤才能立足长远、持续推进、永续发展。

（二）抓"重头"，配置有力

"上面千条线，下面一根针"，这是战略承载在一线的生动体现。要破解战略实施中的"见招拆招"，就必须把握好主线和方法，善于在统筹中谋全局，更善于在全局中抓重点，探求战略承载中的工作运行规律。通过把握"以人为本、时序节点、基层基础"等规律性要素，体现科学管理就是生产力、要素配置集聚有力的显著特征。

（三）抓"劲头"，参与有序

精神区位决定着战略担当站位。战略承载作为一线落实落地之举，更加强调精神区位。精神区位是否处于高位运行，决定着战略步骤有序推进的力度。实施步骤的有序取决于公众参与的有序。在战略举措区域化落地的过程中，要想营造良好的战略实施外部环境，形成齐心协力抓推进的良好氛围，就一定要注重有关项目载体推进的公众参与，将公民是否有序参与作为战略目标能否实现的落脚点，作为战略步骤是否高效推进的出发点，让"众人规划、众人共建、众人共享"贯穿项目人本化推进的始终。

（四）抓"苗头"，协调有度

战略实施进程体现在战略传导有效、战略步骤推进有力上依据定目标、明责任、严考核的具体操作方法，通过进度中的定性和定量分析相结合，推进战略目标管理的可视化、精细化和数字化，及时发现制约战略步骤有序推进的"苗头性、倾向性、瓶颈性"因素，实行破解制约要素的快速协调反应机制，将制约性苗头控制在可遏制限度之内，确保执行顺畅有力，做到"条条大路通罗马，唯有夯实第一条"。

（五）抓"两头"，均衡有效

战略传导是一种"压力传导"，其推进步骤中的工作难题破解是没有起点更没有终点的。在战略承载项目整体推进中，既要注重先行先试、办点示范的引导作用，也要注重推进"滞后"项目迎头赶上的"兜底"作用。既要注重项目实施环节中的优胜环节，也要强力做好"拖后腿"环节的制约要素破解和政策处理，通过"抓两头、带中间""抓节点、促整体"，实现压力传导、动态倒逼中的战略实施均衡推进。

策略六　关于加强四川天府新区产业发展质效的思考与建议

四川天府新区于 2014 年 10 月 2 日正式获批成为中国第 11 个国家级新区，由天府新区成都片区和天府新区眉山片区共同组成，规划总面积为 1578 平方公里。经过 5 年多的发展，其在完善城乡治理体系、提升城市极核功能、加快培育主导产业、深化体制机制改革等方面取得了阶段性的成果，但在产业发展质效及动能培育优势方面仍需进一步发力。

一、四川天府新区产业发展总体思路

深入贯彻落实习近平总书记对四川及成都工作系列重要指示精神和高质量发展要求，紧紧围绕产业功能区战略举措，推动四川天府新区范围内"11+3"功能区建设（11个产业功能区、3个产业园区），明确29个主导产业方向、10大重要功能，深度融入9类产业生态圈，整合价值链、供应链、产业链和创新链，重塑产业经济地理，做强新区产业支撑，打造新的增长极。优化调整后的产业功能区充分考虑功能错位，产业细分领域更符合各功能区所在地的产业基础，突出比较优势，既能保证产业高质高效发展，又能有效避免重复建设、同质竞争，进而形成科学合理的产业差异化发展格局。

二、四川天府新区产业发展导向

为深入贯彻落实中央和省市重大决策部署，四川天府新区产业发展应以产业功能区建设为载体，坚持生态优先、绿色发展导向，坚持高标准规划、高水平建设导向，坚持创新驱动、共建共享导向，推动经济高质量发展。

（一）生态优先、绿色发展

坚持"绿水青山就是金山银山"，集约集成利用山水林田湖多元要素汇聚的生态本底，推进基础设施建设（含新型基础设施）和重点区域开发，绿色推进成都科学城、天府总部商务区、成都天府国际生物城、天府文创城等产业功能区建设，构建"望得见山、看得见水"的城市格局。

（二）高标准规划、高水平建设

准确把握习近平总书记对新时代国家级新区引领高质量发展、推动构建人类命运共同体的时代定向，坚持规划先行，统筹部署、同步推进四川天府新区各区域产业发展。对照区域内11个产业功能区、3个产业园区的主导产业方向、细分领域、所属产业生态圈、重要功能，高标准编制产业规划，统筹生产生活生态空间布局。针对产业细分领域的差异化需求，精准配置关键要素、配套产业政策，高水平推动产业发展。

（三）创新驱动、共建共享

坚持创新驱动发展战略，立足四川天府新区的战略使命和发展定位，紧密结合产业功能区主导产业方向，以新经济突破发展为动力，逐步实现战略产业支撑功能、全国重要金融中心支撑功能等重要功能。按照"去中心化"发展思路，加强四川天府新区各区域间及邻近区（市、县）的协调发展，加快形成区域互补发展、一体发展的生动格局。打造创新生态链，大力发展更高层级的开放型经济，创新构建消费场景，进一步将产业发展成果转化为消费能力，加快建设"'人城产'有机融合、'产城人'相得益彰"的大美之城。

三、四川天府新区产业发展质效提升路径

四川天府新区主导产业集中在高端服务业、高新技术服务产业、战略性新兴产业、高端制造业等领域。其中，天府新区成都片区范围内有 11 个产业功能区，占成都市产业功能区的 16.7%；眉山片区暂不属于 66 个产业功能区涉及范围，但有 3 个重要产业园区。四川天府新区各区（市、县）的自然禀赋、产业基础与区位条件存在差异，依托产业功能区建设，合理规划产业布局，能够有效避免低效率重复建设、同质竞争（详见附件）。

（一）创新驱动

四川天府新区范围内从属"创新驱动"的产业功能区、产业园区共 4 个，分别为成都科学城、交子公园金融商务区、成都新经济活力区（新川创新科技园、中韩创新创业园）、天府眉山创新谷。主导产业包括新一代人工智能、5G 通信、区块链、科技金融、时尚消费、网络视听与数字文创、大数据与网络安全、电子信息、数字经济 9 大方向，分别对应国家科技创新中心和新经济发展支撑功能、全国重要金融中心支撑功能、"南部经济增长极"和向南辐射的窗口 3 大重要功能。所属电子信息产业生态圈、现代金融产业生

态圈、现代商贸产业生态圈 3 类产业生态圈。

"创新驱动"型的产业功能区、产业园区是推动自主创新的重要载体，应着力提高应用水平，完善硬条件和软环境，促进产业发展。一是加强骨干培育。通过建立各类研发中心、信息中心、孵化器、加速器等平台，培育一批核心技术能力突出、集成创新能力强、具有国际竞争力的"隐形冠军"和独角兽企业，培育一批有"新技术、新产业、新业态、新模式"的中小企业，培育一批"懂技术、懂经济、善管理"的企业骨干，为全方位提升产业能级提供支撑。二是促进要素集聚。围绕做强要素供应链、创新应用场景，构建功能配置载体、产业金融服务等政策支撑体系，努力促进技术、人才、资金等要素高效集聚。三是推行差异化配置。聚焦细分领域差异化特质和目标企业全生命周期需求，瞄准企业提能、要素保障、创新生态等关键环节，精准构建专业性、差异化产业政策体系。

（二）硬核带动

从属"硬核带动"的产业功能区、产业园区共 4 个，分别为成都天府国际生物城、成都芯谷、龙泉驿汽车产业功能区、天府智能制造产业园。主导产业包括生物医药、健康新经济、新一代信息技术、核技术、空天技术、智能制造、汽车产业、装备制造 8 大领域，分别对应战略产业支撑功能、军民融合支撑功能 2 大重要功能。所属医药健康产业生态圈、电子信息产业生态圈、绿色智能网联汽车产业生态圈、轨道交通产业生态圈、智能制造产业生态圈 5 类产业生态圈。

对于上述"硬核带动"型的产业功能区、产业园区，需要加大研发力度，突破技术瓶颈，拓宽应用领域。一是优化产业链。重点选择拥有核心技术和自主知识产权的新兴产业链条，横向延伸、纵向拓展产业链的广度和深度，进一步提高四川天府新区在 19 个国家级新区中的产业地位和水平。二是强化产业集群。加快培育行业首企，提升产业集群集聚度与显示度，形成产业虹吸效应，充分发挥产业集聚效应。三是加强技术创新。促进产业升级与技术进步，将技术创新作为产业发展的主要动力，深层次开展科技合作与交流，探索合作新模式。

（三）区域联动

从属"区域联动"的产业功能区、产业园区共4个，分别为双流航空经济区、简阳临空经济产业园、海峡两岸产业合作区、眉山临空经济区。主导产业包括枢纽型航空产业、临空型国际贸易、空港型国际商务、现代商贸物流、保税物流中心、精细化工、绿色食品7大领域，分别对应国际门户枢纽、开放平台和国际消费中心支撑功能、"总部成都"和特色产业承载地、"西南经济增长极"和向西南辐射的窗口、"南部经济增长极"和向南辐射的窗口4大重要功能。所属航空航天产业生态圈、绿色食品产业生态圈、现代物流产业生态圈、电子信息产业生态圈4类产业生态圈。

通过区域联动发展，促进四川天府新区各产业功能区、产业园区的研究力量、功能配套、服务体系迅速集聚，推动产业链上下游融合发展，进一步强化比较优势。一是加强区域协同。对照各产业功能区"两图一表"（产业链全景图、产业生态发展路径图、重点企业和配套企业名录），推进产业协同，加强区域协作，促进四川天府新区各区域间政策沟通、设施联通、资金融通、技术共通。二是夯实产业基础。注重各功能区关联企业的引进和培育，瞄准"五类500强企业"（世界500强企业、中国500强企业、民营500强企业、服务业500强企业、新经济500强企业）、行业领军企业及主导产业规模以上企业，夯实区域内各功能区的产业基础。三是坚持对外开放，建立开放型经济体系，依托自贸区建设、国际合作园区建设等，深度参与国际贸易与国际产业分工，提升四川天府新区的全球资源配置力。

（四）文化驿动

从属"文化驿动"的产业功能区、产业园区共2个，分别为天府总部商务区、天府文创城（中意文化创新产业园）。主导产业方向为总部经济、国际博览、创意设计、网络视听、文博旅游5大领域，分别对应"总部成都"和国际交往中心支撑功能、全国重要文创中心支撑功能两大重要功能。所属会展经济产业生态圈、现代商贸产业生态圈、文旅（运动）产业生态圈3类产业生态圈。

结合"三城三都"建设，按照"一个城市组团就是一个产业功能区""一个产业功能区就是一个城市公园场景""一个产业功能区就是一个新型生活社区"的理念，推动文化产业发展。一是突出创新引领。将一般性的成本竞争转为创新能力和效率的竞争，提升功能区"软实力"，推动区域内文化创新成果转化。二是增强品牌效应。建立产业品牌、企业品牌、服务品牌、文化品牌等，做强产业口碑，突出功能特色，提升功能区美誉度、知名度和辨识度，引领天府新区文化产业发展和文化消费潮流。三是坚持市场化运作。由政府搭建平台，企业具体指导，与专业化品牌联盟形成合力，在资本运作、品牌推广合作和文创项目的投资、策划、招引、运营等领域开展全方位合作。

附件：四川天府新区产业功能区情况一览表

附件　四川天府新区产业功能区情况一览表

类别	涉及产业功能区	主导产业方向	细分领域	重要功能	所属生态圈	在生态圈中的错位协同发展
创新驱动	成都科学城	新一代人工智能、5G通信、区块链等高新技术服务	以新一代人工智能和5G通信为特色的数字经济；计算机视觉、信息安全等软件算法研发应用；智慧城市、无人驾驶等行业应用和产品；小微基站、基带芯片等数字基础设施建设。建设以航空航天、核科学、信息安全为特点的综合性国家科学中心，发展新技术研发和检验检测认证、标准化服务、知识产权服务、技术推广等创新服务。	国家科技创新中心和新经济发展支撑功能	电子信息产业生态圈	重点发展新一代人工智能、5G通信、区块链等高新技术，打造国内一流的高新技术创新服务高地。
	交子公园金融商务区	科技金融、金融区块链、时尚消费	以资本和要素市场、银行服务、保险服务、金融科技、创投融资为发展主体形成主导产业细分领域；以金融信息服务、专业服务和金融文化、高端商业服务构建配套功能。	全国重要金融中心支撑功能	现代金融产业生态圈	聚焦科技金融与金融科技，重点发展以资本和要素市场、银行服务、保险服务、金融科技、金融区块链、创投融资为发展主体形成主导产业细分领域；以金融信息服务、专业服务和金融文化、高端商业服务构建配套功能，打造新金融发展高地。
					现代商贸产业生态圈	打造生态本底与文体旅商产业共融发展、新经济新业态聚合的多维全时消费场景，建设世界知名的公园式商圈、国际消费中心城市的核心新商圈。

续表

类别	涉及产业功能区	主导产业方向	细分领域	重要功能	所属生态圈	在生态圈中的错位协同发展
创新驱动	成都新经济活力区（新川创新科技园、中韩创业园）	5G与人工智能、网络视听与数字文创、大数据与网络安全、区块链应用创新	网络游戏、动漫、音乐、视频等网络视听应用和数字文化创意活动；网络架构、终端应用、大数据、网络安全等5G通信；智能芯片、智慧医疗等人工智能。	国家科技创新中心和经济发展支撑功能	电子信息产业生态圈	重点发展5G通信与人工智能、网络视听与数字文创、大数据与网络安全、区块链应用创新，跻身国内相关产业第一方阵。
	天府山眉新视核心区（高高）	电子信息、数字经济、高端服务和总部经济	暂未并入成都市66个产业功能区，未提及细分领域。	"南部经济增长极"和"向南辐射的窗口"	可划入电子信息产业生态圈、现代商贸产业生态圈	引入科技、金融、教育、医疗、文创、体育、商贸流通等优势产业，培育大数据领军企业，打造开放创新引领区、成眉同城突破区。

类别	涉及产业功能区	主导产业方向	细分领域	重要功能	所属生态圈	在生态圈中的错位协同发展
硬核带动	成都天府国际生物城	生物医药、健康新经济	血液制品、抗体药物、疫苗、细胞/基因治疗等生物技术药；原研药、首仿药等新型化学药制剂；生物医学材料；重大诊疗设备、体外诊断、医学穿戴设备等高性能医疗器械；CRO、CMO/CDMO、CSO等专业外包服务；医疗人工智能、健康大数据、"医学互联网+"、精准医疗、医学美容等智慧健康和精准医学。	战略产业支撑功能	医药健康产业生态圈	聚焦生物医药、健康新经济领域。重点发展生物技术药、新型化学药制剂、生物医学材料、高性能医疗器械、生物医药专业外包服务、智慧健康和精准医学，打造世界级生命科学创新家园。
	略	略	略	军民融合支撑功能	电子信息产业生态圈	略
	龙泉驿汽车产业功能区	汽车产业、装备制造	智能网联汽车、氢能汽车、中高端燃油汽车、新能源汽车整车及关键零部件，研发检测、设计咨询等产业前端总部经济，相关高端装备、智能装备制造产业。	战略产业支撑功能	绿色智能网联汽车产业生态圈	重点发展智能网联、氢燃料、中高端燃油、新能源等整车及关键零部件，融合研发检测、设计咨询等产业，打造绿色智能网联汽车产业核心区。

续表

类别	涉及产业功能区	主导产业方向	细分领域	重要功能	所属生态圈	在生态圈中的错位协同发展
硬核带动	天府智能制造产业园	智能制造	智能交通、智能装备、智能硬件、智能技术与服务。有轨电车、磁悬浮整车及地铁关键零部件等智能交通装备制造；工业机器人、数控设备，智能芯片、传感识别、精密传动、伺服控制、智能仪表等核心零部件等智能装备研制；智能家电、智能建筑、智能穿戴设备、数字化家庭产品智慧安防、新零售与共享经济等智能硬件产品研制；人工智能技术开发、大数据存储、分析及应用、工业软硬件设计、信息采集传输技术、系统集成、无人驾驶技术及物联网等智能技术与服务；方便食品、功能食品、休闲食品等绿色食品制造。	战略产业支撑功能	轨道交通产业生态圈	全市轨道交通"一校一总部两基地"中"两基地"重要承载地，重点发展地铁、单轨、有轨电车、中低速磁悬浮整车制造和维修，轨道系统及车辆核心配套产品制造，打造以新制式制造为主的轨道交通"创新新城"。
					智能制造产业生态圈	重点发展高档数控机床、数控系统、工业机器人二次开发和集成应用；传感识别、精密传动、伺服控制、精密和智能仪器仪表与试验设备等研制；智能穿戴设备、智能家电、数字化产品等智能硬件；工业软硬件设计、信息采集传输、物联网、系统解决方案供应等智能技术与服务等，打造智能制造核心集聚区。
					绿色食品产业生态圈	重点发展农产品精深加工、方便食品、功能性食品、休闲食品等。
区域联动	双流航空经济区	枢纽型航空产业、临空型国际贸易、空港型国际商务	航空运营服务、航空物流、跨境贸易等航空运输经济；物流、巡检、监测等工业无人机，中小推力航空发动机，航空叶片、机翼等飞机大部件，客货机维修制造，"客改货"业务等航空工业经济；LCD面板研发制造、智能终端制造、太阳能高效晶硅电池和薄膜电池制造、笔记本电脑制造、集成电路晶圆制造；航空金融、航空总部、航空商旅等航空服务经济。	国际门户枢纽和开放平台、国际消费中心支撑功能	航空航天业产业生态圈	重点发展航空运营服务、航空物流、跨境贸易等航空运输经济；物流、巡检、监测等工业无人机；中小推力航空发动机、叶片、机翼等飞机大部件；客货机维修制造，"客改货"业务等航空工业经济，打造国际空港商务、临空自贸新高地。

类别	涉及产业功能区	主导产业方向	细分领域	重要功能	所属生态圈	在生态圈中的错位协同发展
区域联动	简阳临空经济产业园	临空物流、总部经济、绿色食品	贸易结算、商务会展（含民族文化展示）、临空科技研发等现代综合服务业；国际物流、航空快递、跨境电商、智慧仓储等功能为一体的航空物流业及行业总部经济；特色农产品、航空食品等绿色食品生产研发。	"总部都"和特色产业承载地	绿色食品产业生态圈	重点发展航空食品、火锅底料及衍生品、农产品精深加工，依托国际物流、航空快递、跨境电商、智慧仓储、贸易结算、商务会展等航空物流及总部经济，打造绿色食品产业国际供应链枢纽。
					现代物流产业生态圈	重点发展原材料、产成品的采购供应、集中存储、分拨配送等综合物流服务功能以及航空快递、航空特货、跨境电商等临空物流服务功能，打造区域型商贸生产复合型物流枢纽。
	海峡两岸产业合作区	精细化工、电子信息、智能制造、现代商贸物流	暂未并入成都市66个产业功能区，未提及细分领域。	"西南经济增长极"和向西南辐射的窗口	可划入电信息产业生态圈	坚持科技引领，以装备制造、先进材料为主的高端产业聚集区、海峡两岸产业合作园。
	眉山临空经济区	临空产业、保税物流中心	暂未并入成都市66个产业功能区，未提及细分领域。	"南部经济增长极"和向南辐射的窗口	可划入现代物流产业生态圈	按照眉山天府新区经济带空间布局，打造南部临空经济区。

类别	涉及产业功能区	主导产业方向	细分领域	重要功能	所属生态圈	在生态圈中的错位协同发展
文化驿动	天府总部商务区	总部经济、国际博览	重点发展总部经济与会展博览两大主导产业，培育新兴金融与体验式文创两大配套产业，打造国际交往与生态公园两大核心功能，以功能型总部为主攻方向，瞄准世界500强、行业隐形冠军、国内大企业大集团，着力打造开放多元、创新引领的世界级中央商务区。	"总部都"和国际交往中心支撑功能	会展经济产业生态圈	重点发展会展博览及相关配套服务业，打造全球会展博览城、国际交往新高地。
					现代商贸产业生态圈	以功能型总部为主攻方向，瞄准世界500强、行业隐形冠军、国内大企业大集团，着力打造开放多元、创新引领的世界级中央商务区。
	天府文创城（中意文化创新产业园）	创意设计、网络视听、文博旅游	以影视传媒、创意设计、文博旅游、数字文创、时尚艺术、田园文创等文创产业为主导，以主题旅游为特色，把天府文创城建设成为蜀都味、国际范的天府文化集聚地、国际知名都市文创旅游目的地。	全国重要文创中心支撑功能	文旅（运动）产业生态圈	重点发展网络视听、创意设计、文博旅游，打造"一带一路"中意文创新地标、国际主题文旅目的地、世界级文创IP孵化地。

第七章 战略动力

一、执行主体是战略推进的动力之源

（一）充分认识干部队伍建设的重要意义

加强干部队伍建设是国家级新区政治使命的内在要求。国家级新区是承担着国家重大发展和改革开放战略任务的综合功能区，担负着承载国家战略和强国目标的重大使命。尤其是国家级新区在"核心功能、区域定位、模式创新、产业与科技以及生态与人文"等战略定位上的新使命，对干部队伍建设提出了更全局视野、更全面素质的新要求。

加强干部队伍建设是国家级新区创新示范的基本前提。国家级新区发展的最大优势在于拥有各种政策先行先试的权力。面对放权、赋能、要素配置等方面获得优先发展、创新发展、示范发展、引领发展的战略机遇，尤其在金融政策支撑、财税政策支撑、土地政策支撑等方面体现高质量发展导向，需要干部队伍的战略思维、改革思维和创新思维，以及在以上思维方式引领下的统筹改革能力、系统创新能力和务实开拓能力。

加强干部队伍建设是国家级新区战略承载的根本保障。国家战略的承载表现为空间的物理映射。每一个平台、每一个载体、每一个项目都必须是理念和规划的落地落效，他们的推动需要有敢于率先的第一责任人和敢于攻坚克难的责任团队。履行公共服务与管理职能的干部队伍是推动这些重大承载实现的一线牵引力，是决定事业成功的关键所在，是引领战略在一线承载推进的根本保障。

（二）明晰队伍建设的路径选择

提高准入门槛。应建立适应国家级新区大部制、扁平化管理体制特点的刚性准入条件。国家级新区行政级别相对高，干部职级空间相对大。同时，其管理体制上倾向于大部制、扁平化。以上特点，对干部素质提出了更高的要求。以大部制为例：大部制的"主官"相当于传统区县的管"块块"，若其只是某一个领域的管"条条"干部，在综合统筹上的抓全局能力、在功能整合上的抓关键能力等，会在岗位经历上存在"未经历多岗位第一责任"的缺失，直接形成了从单一"条条"延伸思维方式跳跃到"大块块"延展思维方式的"空档"。以扁平化为例：较高的行政级别设置抬高了部门中层干部的职级，但从其抓一线落实的工作属性来说，则更需要有一线实战经验的部门中层。级别设置高、工作抓落实的层级低，要求部门中层更应有基层历练的工作经历，但因为职级设置相对较高，当干部群体在满足晋升条件时，较多情况下出现"贴近、靠近或就在一线"的干部职业生涯缺失或"断档"。国家级新区较常见采取的大部制、扁平化管理体制，更需要干部的全局性岗位工作经历和实操性一线工作经历。若在干部准入中，忽略这两道门槛的刚性设立，片面性注重学历准入和级别准入等，就会导致门槛设置不对应"门框"，导致门槛形式化设置乃至实质性失效。

加强执行力建设。必须适应干部多方快速调集的"动员令"，全过程全方面考察。国家级新区所承担的国家使命具有较强的感召力，但若组建时间相对短、干部队伍组织的迅速集聚需求高，导致存在"单一性拼装"倾向，侧重于干部调任的"口对口"等显性要求，但在干部抓落实、能落实的"实打实"等隐形操行等级考察上相对缺乏有效手段，尤其是对其履历的结构性分析、全程性分析缺乏历史性的"时间前移"和现实性的"空间位移"，导致干部执行力评价可能"失真"。应建立规范、系统的干部履历量化分析办法、干部实绩综合评判办法以及招商引资、项目建设主战场实操能力动态考核办法，坚决防止"空降不落地""来自基层不谙一线"等干部执行力匮乏的现象在新区这一新战场上出现。

畅通优胜劣汰渠道。国家级新区作为培育新的经济增长极核的区域定位，应畅通干部大区域统筹的有效渠道。因各方重视度高和发展热度高，使得国家级新区在干部人才队伍建设上注重了"待遇留人"的效应发挥。但是从某区域的情况看，党政干部人才队伍、企业经营管理人才队伍和专业技术人才队伍的待遇区分度不高，导致对几支干部人才队伍的吸引力相互不匹配，公共部门与私人部门、政府部门与非政府组织的管理与服务水平还不匹配。同时，单个领域人才队伍的待遇在核心区域、辐射区域形成的极差导致"匹配度不高的不想走、适配度强的难以进"，以经济激励为杠杆的"自流力"相对乏力。

（三）坚持队伍建设的问题导向

干部"管理层级与幅度"是否匹配。根据管理层级和管理幅度计算公式：

$$G = 1 + (n + n^2 + n^3 + \cdots n^{N-1})$$

$$C = n\left[2^{n-1} + (n-1)\right]$$

专栏　管理层级与幅度

管理幅度	含义	管理幅度是组织中上级管理者能够直接管辖的下属人数，随着管理幅度上升其人员之间的关系数也呈一定规律上升。
	计算公式	$C = n\left[2^{n-1} + (n-1)\right]$ C 为人员之间的关系数 n 为管理幅度（即直接管辖的下属人数）
	案例	张三是部门主管，如果直接管理 2 人，则其管理幅度 $n=2$，所需处理的潜在关系 $C=6$；如果直接管理 3 人，则其管理幅度 $n=3$，所需处理的潜在关系 $C=18$；如果直接管理 4 人，则其管理幅度 $n=4$，所需处理的潜在关系 $C=44$。

管理幅度和管理层级的关系	管理人员计算方式	$G = 1 + (n + n^2 + n^3 + \cdots n^{N-1})$ G 为管理人员总数 N 为管理层级 n 为管理幅度
	管理总人数计算方式	$P = 1 + (n + n^2 + n^3 + \cdots n^{N})$ P 为人员总数 N 为管理层级 n 为管理幅度
	案例	某组织有 4 个管理层级，每级管理幅度为 3，组织中管理人员 $G=1+3+9+27=40$ 人，人员总数 $P=1+3+9+27+81=121$ 人。

  某区域在 2018 年底，编制内人员中处级及以上领导干部与处级以下干部之比为 0.35，即 1 个处级领导管理的人员为 2.85 人，常设部门为 16 个（该层级的管理幅度为 2），部门下辖处级单位为 115 个（该层级的管理幅度为 7），但层级涵盖该区域两委班子、区域管理的局级和副局级、处级以及处级以下的科级和科员级等，这就至少涉及委、局、处三个管理层级，根据管理幅度与管理人员的关系，管理人员总数 G 应为 52 人，实际上该区域处级以上管理人员数为 185 人（各层级占比参见图 7-1）；从编内处级对处级以下其他（含处级以下编内以及编外聘用人员）管理幅度为 10，其产生的人员关系数 C 至少为 5210 次，在执行落实层面又存在管理关系相对多导致的管理效率相对低的影响（以上有关数据参见表 7-1，7-2）。

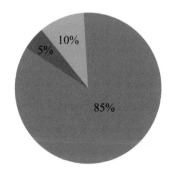

图 7-1 某区域各层级干部人数占比（不含党工委管委会班子成员）

表7-1 某区域干部人数

栏一	类别	副局以上		处级	处级以下
	数量	67		118	532
栏二	类别	副局以上		处级	其他
	数量	67		118	1049
栏三	类别	在编干部		编外人员	
	数量	717		517	
栏四	类别	机关及直属事业单位在编干部		乡镇机关在编干部	
	数量	717		348	

表7-2 某区域干部人数及部门数

栏一	类别	编内人员	处级以下干部	处级
	数量	717	532	118
栏二	类别	部门数	处室数	下属处级事业单位
	数量	16	99	16

干部责任主体是否混淆。某区域创立之初，着眼于机构精简、运行顺畅、务实高效等方面的要求，注重编制管控，但是从新区副局级以上和处级干部在编制内干部中的占比以及在全体员额中的占比看，承担委局两级责任主体领导之责的新区副局级以上领导的占比依次为7个百分点和5个百分点，人员仍存在从压缩到膨胀的"逆循环"，导致处于执行落实层面的处级及以下层级权责不对等，虽处级以下领导干部的占比相对较高，但主体责任的落点相对少，导致与责任主体匹配的执行主体少，内生动力相对不够，干部队伍活力相对缺乏权责对等的激励约束配比，形成主体有限、责任混淆的倾向（有关比重参见图7-2，7-3）。

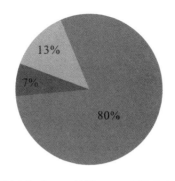

图 7-2 某区域处级及副局级以上在编干部占比

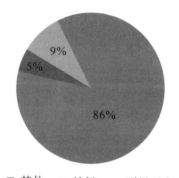

图 7-3 某区域处级及副局级以上总员额占比

另外，因前期编制核定精准量化因素少以及责任边界不清晰导致的"窝工"，形成员额制名义下的存量编外工作人员队伍，编制内外比约为四六开，同时编制内外同工不同酬"落差"相对大，导致责任主体的进一步缺失（图7-4）。

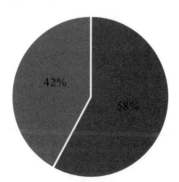

图 7-4 某区域在编干部与编外人员对比

　　干部能力检验区分度是否明晰。某区域 2017 年 9 月大部制改革后，管委会直属部门与街道比约为 1.2∶1.0；相对的，两江新区管委会直属单位与街道比则约为 6.8∶1.0。作为最检验干部综合服务能力和复杂问题处理能力的服务基层主体，镇街可向上对接联系的责任主体有限，直接为基层服务的处室（大队）等处于责任隐性站位。因此检验干部的战场不多、战线有限、战略腹地纵深感不明显，使得干部能力检验的区分度不够强，进而导致干部担当作为显示度不够明显，一定程度上形成作为上的"逆淘汰"。另外，又因为社区在某区域细分过多，导致在社区（村）一级的战场过小，对干部驻一线的全局思维、战略思维以及综合能力、整合能力检验的对比度也不明显，一定程度上形成"赛场"难以"赛马"（图 7-5）。

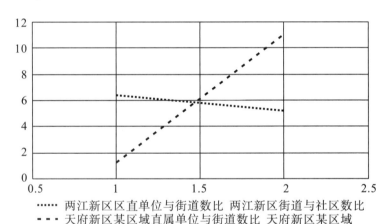

图 7-5　某区域与两江新区区直部门、街道、社区对比图

　　干部选人渠道是否通畅。某区域管委会机关干部与乡镇干部的比重约为 1∶2（图 7-6），下辖镇街 13 个（截至 2019 年 11月）。同时，机关及直属单位设置 115 个处级单位，这使得注重从基层和复杂环境锻炼和选拔干部的导向相对不够清晰，且导致机关干部立足于自己的职级晋升不愿下基层或缺乏匹配性一线岗位。自某区域成立以来，在公开选调和公开选拔中，基本是内设处室负责人、在编干部和非在编工作人员岗位的选聘，对于事关该区域发展的"中层"主要负责岗位和责任岗位，基本是干部调任，导致选人用人的示范性和成效性相对有限，宽视野选人用人仍需进一步提升。

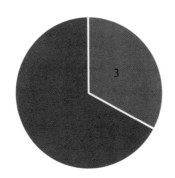

■ 天府新区某区域管委会机关干部
■ 镇街机关在编干部

图7-6　某区域管委会机关干部与镇街机关在编干部比

（四）剖析队伍建设制约因素的根源

管理体制和运行机制有待进一步清晰。四川天府新区管委会统筹协调职能下沉后，在统筹职能上，如何构建与国家战略、城市目标、资源禀赋、环境条件、人口规模、产业结构相适应的空间布局和制度体系，这对干部队伍的全局驾驭能力、综合协调能力、要素破解能力提出了更高的要求。如何着力于凸显"综合功能区"特质，彰显天府新区全域各组成区域的相互依存性、目标协同性和要素共享性，构建顺畅的运行机制，更要求干部要有从事经济社会发展主战场实务工作的经历和能力。从现状看，因管理体制和运行机制在领导力量整合、运行机制构建和共赢氛围营造上的明晰度有限，导致干部队伍能力需求的结构模型不稳定，进而使得干部队伍攻坚能力建设的需求导向不清晰。

干部考核评价的辨识度仍需进一步抬升。因体现干部担当作为的社会治理"主战场"所设置的行政级别相对低，某区域管委会机关直属局级别高于主政一方、发展一方、稳定一方的镇街级别，导致部门服务一线、前线、火线的深入度不够或"姿态"相对过高，进而导致部门公共管理与服务能力难以"以服务发展论英雄"。更因为部门级别高于一线镇街，镇街干部向上衔接主动性和实效性相对传统区县的显示度有限，进而影响对一线干部的辨识度。同时，因体现干部综合能力和专业素养的功能区管委会实行"委局一体"有待加强，有可能导致干部没有完全"坐上去、沉下来"，以推动产业功能区发展实效的"亩均论英雄"对干部的全员覆盖存在未能完全落实的可能，使得对主抓经济考核的委局有可能"两边都沾边、两边都悬空"，进而可能影响到干部积极性的充分发挥以及对攻坚克难能力的全面检验。

干部权责对等体系的构建仍需进一步完善。大部制虽设置部门少，但内设处室相对多，并没有从根本上体现扁平化管理的效果，反之，让承担主体责任的干部"人头"相对少，权责看似集中实则可能"分散"，责任看似明确实则可能"悬空"。同时，由于"编内不够编外凑"，工作性质相同但待遇差距较大，最终导致在一线抓落实层面，担责者没有担责的"身份"，权力行使者缺乏一线抓落实的现场体验感，直接履责担责上有"隔离带"，最终可能导致权力责任不匹配，无法形成"设岗定责、权责对等"的决策、执行、监督、考核闭环。

（五）加强和优化队伍建设的举措

"选"重在履历的结构分析。基于天府新区的国家使命和历史担当，如何在承载区域协调发展的国家战略中快速形成极核，有力集聚辐射，需要高度重视干部善于驾驭全局、敢于处理复杂问题、勇于上"主战场"的政治素质和业务素质。对干部综合素质的考量应当有系统集成、履历映衬的结构分析体系，更应建立"主战场"工作经历的"准入制"。"一点一园一极一地"的战略定位，"一心三城"的战略布局，天府总部商务区总部基地建设启动[①]的战略推进，多种功能于一体的城市综合体打造和"特色突出、创新活跃、

---

① 该总部基地于 2019 年 6 月 18 日启动建设。

要素完整、功能完善"的产业生态圈构建，对干部队伍的综合素质和一线抓落实能力提出了新的更高的要求。在履历分析中，查找其抓经济工作的综合岗位经历和抓营商环境的一线工作经历，看其是否具有重大项目建设的实战能力；在把握政策争项目、"市场跟随"优服务的"主战场"工作中，看能否融会贯通地运用政策、市场、服务"三大杠杆"抓项目促建，通过对干部人岗相适的全面分析和研判，使得国家级新区管理机构有限编制实现集约化、精准化使用，切实形成"精英化"干事创业团队的崭新风貌。

"育"重在"主战场"平台的构建。从天府新区"主战场"的构建看，围绕主体功能区战略，如何在"东进""南拓"中有作为，是"主战场"构建的战略方向。应开辟"前沿飞地"，天府新区作为"南拓"主力军，要在"远管控近利用"上快出招，就亟待在成眉协同示范性产业功能区建设上破局。因此，选拔在成眉协同区域进行开拓性工作的开创型团队尤为重要。只有将充满活力的干部力量布局在前瞻性战略要地，并能克服地域间"分治"带来的开局困境，既能检验干部的开拓创新能力，又能检验干部的克难攻坚能力，更能为天府新区发展赢得前瞻性的长远发展空间。应夯实"后发洼地"，在"南拓"中，节点性、链接性、示范性项目和区域发展是确保发展整体协调、全域联动的关键。因天府文创城起势相对晚，在土地利用规划、投融资政策体系等要素配置和政策处理上，对干事创业团队的长远谋划能力、专业应对能力和长远把控能力提出了较高的要求，这对干部的专业素养和"功成不必在我"的工作情怀是一次考验和精神洗礼。应创新"科技高地"，成都科学城起步早，在基础配套设施上先行一步，虽有要素集聚优势，但在产业生态圈和创新生态链的构建等方面，团队实战操盘上仍需加强。能否提高管理运营团队在"产学研"结合和转化上的实操能力，是选拔和检验干部队伍的主要"标尺"。应突破"关键阵地"，天府总部商务区如何打造公园城市的典范，争当高端要素资源全国全球配置的先锋，形成城市空间综合利用的标杆、"东进""南拓"尤其是双机场战略链接的关键节点纽带，都需要干部队伍的全局洞察力和深度执行力。应重视"乡村振兴带",在东山片区,围绕龙泉山城市森林公园建设、水生态保护与利用、城乡统筹和乡村治理现代化等方面,注重党政"主干线"后备干部的锻炼和培养,切实培育党政干部队伍的"有生力量"。

"用"重在一线抓落实的检验。通过干部管理制度创新增强干部一线抓落实能力的区分度和显示度。通过定目标、明责任、严考核来检验干部抓落实的能力。应细化制定工作目标,围绕年度重大工作项目进行责任分解,设置工作推进的节点进度表,划定时间节点进行进度量化,进而进行大比拼,并推行重大项目责任团队推进工作的实绩登记。应压实和细分工作责任,压实工作责任,就需要将人员归项目(功能区)、保障到项目(功能区)、部门职能属项目(功能区)、内外衔接对项目(功能区)、考核指标挂钩项目(功能区),这样才能形成对干部一线抓落实能力检验的平台统一、标准统一;细分工作责任,也应通过人员置放到一线、责任明确到一线、督办深入到一线、奖惩挂钩到一线,明确机关干部在一线项目(功能区)的相关职责,建立机关与项目一线的快速联动模式,促进各项工作的对接在前沿、落实在前沿。

"管"重在"双轨制"的并行。天府新区某区域实行全员聘用制和"员额制",但在具体实施中,编制内人员与编制外人员没有实行统一实绩考核,原编制内人员也没有办理出编手续,更没有实行全员"滚动式"劳动合同管理。非在编工作人员职级设置和考核晋级在具体操作中区分度不高,导致适岗身份转化无法形成筛选通道。基于以上情况,建立全员实绩登记及考核体系,实现工作实绩评估的"上下结合"(上级主管评价与服务对象评价结合),"条块结合"(职能部门内评价与下沉到项目或功能区的团队评价),"质与量结合",以及"考核与使用结合"。通过系统性重置干部管理制度创新,探索实行干部工作记分制和积分晋级制度,形成"横向到边、纵向到底"的看板化管理。

二、机制建设是战略推进的内生动能

（一）形成推进战略实施的机制闭环

战略实施的可持续性需要完备的机制作为保障。根据戴明环"PDCA"机制体系，依据决策——执行——监督——保障流程，按照决策科学化民主化规范化，执行目标化项目化标准化，监督前置化公开化立体化，保障系统化精准化集约化，形成体制机制建设的制度供给闭环。通过对战略思想的深入理解，通过社会各界的有序参与，以规范化的决策程序形成科学决策，减少计划的短期行为，增强探索性失误的可修复性，通过科学谋划实现战略的稳定性；通过战略实施步骤目标化、目标责任化，夯实战略承载的路径，实现战略的可及可行；通过战略方向的常态化公开化立体化监督，实现战略的可视可控；通过要素保障的系统、精准和集约，实现战略推动的可持续。

（二）决策的科学化民主化规范化

决策的科学化首要是形成确保决策科学的制度，确保决策科学的制度建设可本着"简约、易懂、便操作"的推进原则，采取"以点带面、突出重点、调研先行"的创制路径，经过实践梳理、提炼文本、征询意见、专家评审、反复论证、试行检验等创设节点，形成具有新区特色、符合全局系统规律、便于一线抓落实的审慎规范高效的决策制度体系。具体来讲，该制度体系应体现"防盲点"，即通过建立涉及规划管控、产业准入的负面清单制筑牢底线，尽可能增强探索性失误的可修复性；该制度体系应体现"站高点"，决策必经全国全球比对性程序，体现高位谋划和错位运行；该制度体系应体现"抢奇点"，决策中不应认为非专业性的不重要，从而忽略"非意见领袖"相对"微弱"的发声，必须扩大社会面的有序决策参与，让立体化、多层次的公建配套更加能体现亲民性和以人为本。

（三）执行的目标化项目化责任化

执行的目标化，即是注重将执行中的力量集中到前沿一线，聚焦重点项目以及重点项目聚集的功能区。在聚焦前沿一线的前提下，应注重项目涉及类别如产业项目、公建配套项目、软环境营造项目等，也应注重项目涉及时序的近期、中长期和远期，通过项目类别与时序的合力搭配，形成细分的作战区域和作战团队。在此基础上，形成目标分解制、量化制和动态倒逼制，有力提高工作落实的执行力和"以实绩论英雄"的凝聚力。目标进行项目化分解后，在各作战区域应夯实责任主体，将功能区管委会工作力量与直管区管委会直属各职能局的工作力量进行有机融合，形成包括第一责任人、直接责任人、具体事项职能责任人为一体的责任团队，形成设计岗位职责、履职评价、失职追责的各项子制度，使责任分解科学合理、划分清晰、权责对应、切合实际。

（四）监督的常态化公开化立体化

监督的常态化要求重督办、严考核。首先，督办必须分层，对日常性工作和重点项目以及重点民生工程，应根据层次来确定督办频次，把控好时间节点。因此，应建立分工作事项类别的督办制度，如常规性工作督办节点安排侧重到周、月，重点性工作督办节点侧重到月、季、年。其次，督办必须有反馈机制不能只"督"不"办"，应建立督办进度公示制和整改销号制。再次，应形成立体化督办模式，在督办主体上，既要有政务督办，也要有人大代表视察、政协委员提案、第三方评议；在督办形式上，既要有通报等"以文督办"、看现场"拉练督办"，还要有月评、季评"影像督办"等。

（五）保障的系统化精准化集约化

保障涉及的要素配置应打好"组合拳"，整合配置中应突出关键点、把握着力点、形成引爆点，进而形成要素配置的整合机制。

在人才支持机制上，既瞄准实体经济引进高端人才，又加大对创新人才的政策支持力度，还应形成人才中介机构扶持机制，更需打造智库支撑高地。在金融支持机制上，积极促进科技和金融的有效结合，搭建产融对接平台，提升资产证券化水平。要素配置应体现"引爆效应"，通过差异化实现精准配置。差异化的政府资源配置就是推进以产出为导向的土地资源配置制度改革和以成长为导向的企业扶持激励制度改革，形成以绩效为导向的考核评价机制。要素配置实现"放大效应"，实现集约化，既要有准入，更要有退出，及时实现"新陈代谢"。在新经济应用场景打造上，应建立生态、生产、生活"三生融合"达标制。

三、文化建设是战略推进的动能之魂

（一）社会各界有序参与战略决策和校准的文化氛围是战略推进的"定盘星"

社会各界是否有序参与战略决策，是战略目标能否实现的落脚点，也是实现战略高效推进的出发点，是战略承载实效不可或缺的检验标准。国家级新区"白纸画图"，形成社会各界有序参与的共建共享氛围，其更具有现实意义和长远意义。因此，深入分析各种参与方式的表象和实质，从参与主体、参与方式、参与环境、机制保障等方面进行系统搜索，进而从主体吸纳、组织化程度、制度创设等方面做到有的放矢、有章可循。

针对国家级新区的管理体制特点，在面对行政区划调整、管理机构权限来源、资政议政机构设置等方面的现实情况，应深入分析从"当前"走向"新形势"社会参与战略决策的特点，在如何引导、激励、提升参与的组织化程度上强化举措。同时，应创设社会各界参与战略决策和校准的平台，形成战略举措科学制定、实施、评价的治理目标、治理方法、治理氛围。

通过建立重大民生项目设计公众参与、民生项目实效民主评议、重大产业项目和公建配套社会风险评估、政务营商环境民意评价、非普遍性个案对话协商等，切实提高战略决策的科学性和探索性失误的可修复性，实现战略实施的永续性，形成战略实施的更广泛认同和强大合力。

（二）执行主体对战略的价值认同感、历史敬畏感和责任使命感是战略推进的"加速器"

加大对干部队伍的战略思维培训，充分认识到国家级新区作为国家战略承载综合功能区的时代意义，关键是对国家战略的承载。通过切实增强干部队伍的"节点"意识，以"一带一路""长江经济带""成渝地区双城经济圈"的全局考虑来思考工作站位，以"公园城市"的开创来提高精神区位，以"增长极"来落实项目策划和推进，以"开放高地"来抓好产业引育。

增强干部的历史敬畏感。在规划管控和产业准入中务求"刚性"，在政务营商环境服务中体现人文"柔性"，在具体项目攻坚和城市建设管理中体现"韧性"，在"三生融合"应用场景达标中始终保持"理性"，充分展现干部敬畏历史、敬畏人民、敬畏人生的强大气场。

强化干部的责任使命感。国家级新区体现的是国家使命，在推进西部大开发、形成新格局的责任担当中，应以只争朝夕的工作态度和实实在在的工作业绩建好"新的增长极"，为国土空间战略和主体功能区战略夯实根基，为建立横向生态补偿机制的长远大计增添保障，为体现差异化发展腾出空间。

（三）执行成效上坚守"功成不必在我、功成必定有我"的政绩观是战略实施的"稳压器"

建立以绩效为导向的考核评价机制。针对当前直管区企业孵化载体空间使用率还有待提高的实际，建立孵化平台承租租金先统一标准征收再分级按比例返还的制度。以商贸服务业为例，可试点与应税销售收入、实际入库税收、单位电耗实缴税收、全员劳动生产率等指标挂钩，确定租金返还比例。针对当前直管区土地产出导向还不够聚焦的实际，对工业企业、规模以上企业推广要素差异化配置，规模以上企业设置亩均税收、亩均销售收入、单位能耗工业增加值、单位 COD 排放工业增加值、单位用水量工业增加值等指标作为综合评价排序分类依据，在用地、用水、用电、用能、排污、信贷等环境资源要素上实施差别化措施。通过以上举措，在制度设计上减少短视行为。

建立重潜绩、看潜力的干部评价机制。多重产业生态圈理念高位谋划的重大项目（产业功能区）建设，应着眼于建设全方位全领域全天候的公园城市典范，"毕其功于一役"的想法必然影响新发展理念的贯穿始终。因此，应建立"三生融合"的新经济应用场景和构建以"高颜值、国际范、生活味、归属感"为要义的消费场景达标为检验标准，形成可视化、数字化、精细化干部实绩管理与评价，让干部"聚精会神谋长远、凝神静气抓发展"。

切实提升"以实绩论英雄"的干部精神区位。有长远奋斗目标，更要干在当前。天府新区面临着全域发展要统筹、起步区发展要深化、核心区发展要高起点、拓展区发展要联动等一系列工作的新要求新任务。同时，干部队伍在聚合过程中，面临着实践经历、知识结构、能力素养、工作方法等方面有机融合进而形成强大合力的实战检验，因此对干部埋头苦干、真抓实干、敢于担当的工作状态提出了新的更高的要求。应通过树立"有为有位、争先晋位"的用人导向和干事氛围，切实提升干部精神区位，激发创新创造活力，推动新区跨越式发展。

策略七　关于加强"五种思维"培养切实提升干部队伍应急管理能力的思考与建议

应急管理能力是着眼全局的考量、着力关键的实招、紧盯节点的闭环、聚焦秩序的疏导、立足安全的底盘。应通过培养战略思维，在干部选育中，严把标准和标尺；通过培养创新思维，在干部日常管理中，提升干部发动和服务群众的能力；通过培养辩证思维，在干部教育培训中，实践和实战是有效路径；通过培养法治思维，在干部常态监督中，将引导社会参与和严守法律程序、严格依法办事作为必备素养；通过培养底线思维，在干部考核评价中，将一线处置、系统施治的化危为机能力作为基本要件。要全面增强执政本领，切实增强政治领导能力，就必须坚持战略思维、创新思维、辩证思维、法治思维、底线思维，科学制定和坚决执行党的路线方针政策，把党总揽全局、协调各方落到实处。应急管理中，一个较为突出的问题就是干部应急管理能力不足，诸如实情掌握上存在"心无底数"、组织群众上存在"沟通鸿沟"、服务群众上存在"担当障碍"、引导群众上存在"缺乏实招"、维护群众权益上存在"坐等观望"等不良倾向，其根本原因是干部想问题、办事情的思维方式出现偏差。基于以上分析，建议将提升国家级新区干部队伍应急管理能力摆在突出位置，作为疫情防控常态化条件下提升战略发展动力的重要抓手。

一、应急管理能力是着眼全局的考量，这就需要战略思维的牵引

在突发公共事件中，构建指挥统一、洞察敏锐、反应迅速、指令清晰的指挥中枢，形成精干集约、运行畅达、执行高效、直击要害的调度系统，是确保指挥全局性、系统性、前瞻性的前提。"中军大帐"中需要"一专多能"的灵魂人物，"前方阵营"中需要"专业能力"的精气神，这些要件均需要干部队伍的战略思维培养。在建立高素质专业化干部队伍的要求中，提出应注重在"基层一线和困难艰苦的地方"培养锻炼干部。究其根源，战略思维是一种全局性、根本性和长远性思维，若干部不经历"前线""火线"的锻炼和淬火，则无法对指令的落点落位形成有现场感的切身体验，这就导致处于"帅位"难出实招、身在"兵位"照搬照套。基于此，在专业化干部选育中，应有"严把准入"的标准，将"第一责任"履历尤其是"一线抓全局"工作经历作为"一专多能"干部选拔的

"门槛";应有"动态倒逼"的标尺,加大机关与基层任职交流锻炼培养的比重,对兼挂、专挂也应形成日常操行等级和阶段性工作实绩的量化考评硬指标,不能让"专、兼、挂"流于形式,让重点培养对象切实补上"基层一课",进而形成感性向理性升华、理论源自实践的战略思维。

二、应急管理能力是着力关键的实招,这就需要创新思维的驱动

创新思维若没有克服官僚主义和形式主义,就会导致在诸多方面的创新存在"花样翻新"。如理论创新上"热衷于词汇的新潮"、实践创新上"沉迷于盆景的雕琢"、制度创新上"停滞于理念的叠加"。真正在公共卫生应急管理时,如何拉网式排查、如何周密性管控,仅仅停留在"看表管理"层面,缺乏层层压实责任、卡口严密把守、封控堵疏有序等方面的理性思考和务实创新。甚至在利用信息化、智能化手段进行社区治理、小区管理中仍然缺乏如何落地的创新举措,导致创新成为好看不管用的"水中捞月"。基于此,在干部日常管理中,切实培养干部的群众发动能力,让干部能够"沉下去",在群众中"立得住",才能组织有力量、引导有响应、治理有效应、管理有威信。切实提升干部的服务群众能力,让干部懂群众心声、说群众语言、会为群众办好事办实事。只有善于组织、引导、服务群众,才能让创新思维化为创新举措,创新的"实招"接地气、能落地、会生根、能生效。

三、应急管理能力是紧盯节点的闭环,这就需要辩证思维的把控

对干部的考核评价注重平常,更应注重"非常","沧海横流方显英雄本色"。在应对突发公共事件的非常时期,虽对干部的能力水平可"显而易见",但仍应坚持全方位、全过程的全面系统体系化考核。如在应急管理体系建设中,涉及监测预警预报、基层先期处理、指挥机构搭建、新闻舆论引导、相关人员安抚、处置经费保

障等六大环节，任何一个环节的处置，均应考虑"主体"与"客体"的认知度、"内"与"外"的张弛度、"上"与"下"的配合度、"急"与"缓"的区分度、"重"与"轻"的拿捏度等。因此，在干部教育培训中，辩证思维能力的提升，唯一途径是实践，唯一捷径是实战，在确保应急处置力量精干的前提下，应注重有向、有序、有效动员组织干部参与各个环节的演习演练，增加处突经历、增强处突本领，让干部在参与中感悟，在实战中提高。通过参与六大环节的实践实战锻炼，形成全流程闭环管理理念，进而切实培养干部用辩证思维科学谋划、有力执行、推动落实的能力。

四、应急管理能力是聚焦秩序的疏导，这就需要法治思维的规范

应急管理的工作内容涉及面广、内涵深刻。以公共卫生事件的应急管理为例，其工作项目涉及医疗卫生应急、信息发布、宣传教育、科研攻关、国际交流与合作、应急物资与设备的调集、后勤保障及督导检查等内容。在公共卫生防控中，"精准防控"必须是"科学防控"前提下的"法治防控"，避免少数部门和单位，因为怕担责，不结合部门主职主责、属地统揽之责而实施过头的"一刀切""顾头不顾腚"，导致"埋了钉子、留了尾巴"。党的执政方式是科学执政、民主执政、依法执政，培养干部法治思维就是在干部常态监督上，注重提升干部引导群众有序政治参与的能力，充分发挥政治监督、法律监督、社会监督并举的作用；注重提升干部严守法律程序和严格依法办事的能力，在应急措施的制定、发布、实施、督办等各个环节，均应综合考虑程序和实体上的法制化和规范化。

五、应急管理能力是立足安全的底盘，这就需要底线思维的夯实

以人民安全为宗旨是总体安全观的重要内容。应急管理能力水平的体现，就是要坚持以民为本、以人为本。此次公共卫生应急管

理中，强调要打好人民战争、总体战、阻击战，处于首位的人民战争，其最大特点就是坚持一切为了人民、一切依靠人民。在干部考核评价中，将底线思维能力作为基本要件，应充分认识到"群众利益无小事"，善于把握事物的本质规律，善于"一线处置、现场控制"不利影响的扩散；应充分认识到"坚持两点论和重点论的统一"，遵循质量互变规律，善于通过"抓苗头、抓重头、抓人头"抑制不良趋势的蔓延。危机处理中，如何兴利除弊、化危为机、系统施治、安全第一，切实破除"当太平官"观念，将底线管理作为关乎安危的准绳，练就能掐灭"苗头"的敏锐洞察力、能抓住"重头"的复杂局面驾驭力、能盘好"人头"的组织协调执行力，切实发挥底线思维的"压舱石"作用。

（本文于 2020 年 2 月 25 日在人民网刊发）

第八章　战略导向

一、明确考核"指挥棒"的导向

（一）全面分析目标绩效考核的新体类

"考核目标化、目标项目化、项目指标化、指标数量化"，目标绩效考核这个"指挥棒"的方向和走势是城市目标绩效考核中所要关注的主题、主体和主线，全面分析目标绩效考核体系如何围绕主旨、主责和主业，有利于更好地回归发展以人民为中心这个出发点和落脚点。

基于对西、中、东部三个城市的比较，选取副省级城市中的西部成都、中部武汉、东部宁波进行比较分析（以 2017 年度为例），目标绩效考核的新体系类型如下：（1）成都的考核体系类型是以"主体功能区"区域发展战略为先导，以产业发展为主导，以五大发展理念为主题。突出区县、新区主责，涉及对区县考核打分的市直部门 47 家。（2）武汉的考核体系类型是以"四个全面"分项为导向，突出重点经济指标和重点工作项目为主线，综合评价和加减分项为有效补充，按照比例分类排序确定专项考评优秀单位、良好单位、合格单位和不合格单位。（3）宁波的考核指标类型是以五大建设为统筹，目标细分为核心，赋分与扣分为特性，涉及对区县考核打分的市直部门（临时机构）65 家。

在体系类型分析的基础上，三个城市目标绩效考核的项目类别细分如下：（1）成都考核项目分为区域差异指标、个性指标和共性指标：区域差异指标围绕"东进、南拓、西控、北改、中优"，个性指标突出主导产业、园区建设和产业支撑，共性指标体现"创新、协调、绿色、开放、共享"理念。（2）武汉考核项目分类在第一个层面体现推动发展、深化改革、维护稳定和从严治党等四个专项；第二个层面体现分区管理，分为中心城区组、新城区组、开发区（功能区）组三个区域组别；第三个层面将市直部门分为经济发展类、社会事业类、城市管理和执法监督类等类别。（3）宁波考核项目一级分类为经济建设、政治建设、文化建设、社会建设、生态文明建设五大类别；二级分类以主要经济指标、"中国制造 2025"试点示范城市创建、法治政府、文教体卫等社会事业、平安创建、美丽宁波、环境质量改善、节能减排等为主，共涉及 50 项指标。

（二）深刻把握目标绩效考核的新方向

将处于西部的成都与处于中部、东部的各一个城市进行体类的对比分析，结合有关区域对考核导向需求的内生动力，主要考虑以下五个方向：一是凸显后劲指标。在注重总量指标、人均指标、结构指标、速度指标、民生指标的同时，应凸显固定资产投资（不含农户）、招商引资（含实际利用外资）、科技创新综合指数、新增规模以上工业企业数占年末规模以上工业企业总数的比例等具体支撑永续发展的指标。二是突出有感指标。生活城市建设让老百姓有更多的幸福感、获得感和荣誉感，在有感指标上，虽有关于信用体系的工作任务，但应加入信用环境评价指数，以及就业综合指数和社保综合指数等。三是兼顾差异指标。在增速和单项指标上，建立公式测算得分制，量化增速和总量两个因素。四是区分体量指标。可创建国家级新区横向比较指标，对标各项指标总量平均数，以高于和低于总量均值确定两类权重配比。五是体现特色指标。将新经济作为考核目标项目和一级指标，根据现状测算新经济比例，加大新经济的权重；将科技创新能力评估体系五个方面的指标内容加大权重。

（三）创新设置目标绩效考核的新架构

结合新的考核体系、项目分类、指标设置尤其是新的导向需求，从总体布局和区域特质两个角度，就考核架构提出如下"支架"补充：

第一，区域分组。一是结合市域历史沿革，比对中部某市将所辖区（无所辖或代管县市）分为中心城区组、新城区组、开发区（功能区）组的分区域考核办法，将成都市所辖区（市）县分为三个考核比对组，分别为中心城区（老五区）；新城区（开发区）：包括龙泉驿、青白江、新都、温江、双流、郫都、高新区、天府新区直管区、东部新区（暂未纳入统计）9个新城区；其他区（市）县：包括金堂县、大邑县、蒲江县、新津区、都江堰市、彭州市、邛崃市、崇州市、简阳市9个区（市）县。经区域分组后，天府新区直管区一般公共预算收入排在同组别第六位；地区生产总值排在同组别末位（表8-1）。基于以上两项具有标识度的指标，天府新区上升空间大；同时，分组后指标排位偏后，与国家级新区地位匹配度不够。二是在新城区（开发区）组别乃至远郊县市组别，可在"协调发展"目标项目分类栏目中，加入后劲指标作为一级指标，它包括固定资产投资（不含农户）、招商引资（含实际利用外资）、科技创新综合指数、新增规模以上工业企业数占年末规模以上工业企业总数的比例等具体支撑指标内容，且建议权重在10%左右（经济工作考核通用指标权重在36%左右）。三是在"绿色发展"和"共享发展"目标项目中，加入"有感指标"，例如，单位GDP地耗下降率、就业综合指数、社保综合指数等指标内容；在"基础保障类"，社会信用体系建设中可加入信用环境评价指标。

表 8-1 各区（市）县 2018 年主要经济指标分组排位表

组别	区（市）县	地区生产总值		一般公共预算收入	
		累计（亿元）	位次	累计（亿元）	位次
中心城区组	锦江区	1034.77	A4	90.13	A3
	青羊区	1190.09	A2	92.53	A2
	金牛区	1196.94	A1	87.19	A4
	武侯区	1091.37	A3	103.60	A1
	成华区	948.92	A5	82.55	A5
新城区（开发区）组	天府新区直管区	429.11	B8	63.30	B3
	成都高新区	1877.75	B1	187.30	B1
	龙泉驿区	1302.78	B2	85.80	B2
	青白江区	475.05	B7	28.80	B8
	新都区	799.28	B4	61.00	B4
	温江区	545.00	B6	40.62	B7
	双流区	829.44	B3	59.30	B5
	郫都区	580.22	B5	46.00	B6
其他区（市）县	简阳市	453.83	C1	23.74	C5
	都江堰市	384.80	C4	28.80	C3
	彭州市	411.63	C3	35.60	C1
	邛崃市	298.68	C7	21.43	C7
	崇州市	339.99	C5	23.70	C6
	金堂县	424.07	C2	34.30	C2
	新津县	337.41	C6	24.50	C4
	大邑县	260.12	C8	14.30	C8
	蒲江县	151.85	C9	8.75	C9

　　第二，权重分层。一方面，在发展导向一级指标下的协调发展类中，主要经济指标（含地区生产总值、固定资产投资、社会消费品零售总额、规上企业增加值等）必须兼顾考虑增速和总量的差异化，运用组别总量均值参照体系，在分组考核的前提下，确定均值上下两层的不同权重配比考核核算公式（表 8-2）。统筹差异指标和体量指标，兼顾总量和增量，天府新区直管区地区生产总值和一般公共预算收入同比增长率在组别排位中均处在第一位（表 8-3），这就使得赶超有动力、拼搏有目标。另一方面，加大主要经济指标在目标责任考核中的权重。参照如中部某地级市主要经济指标在基础指标体系中一般占比 19%；东部某市主要经济指标在基础

指标体系中占比 13％。以 2017 年度成都区（市）县目标绩效考评体系的发展导向协调发展类别为例，主要经济指标在基础指标体系中占比 6.5％。由上，主要经济指标的权重从横向比较看有提升空间。

表 8-2　增速（总量）及单向指标分层权重配比得分核算公式

测算公式类型赋予权重层级	高于总量平均数权重配比	低于总量平均数权重配比
增速（或总量）得分公式：增速（或总量）＝完成值/预期目标值＊80分＋（完成值－本组最低完成值）/（本组最高完成值－本组最低完成值）＊20分	权重配比不变	权重配比不变
单项指标得分公式：单项指标得分＝（增速得分＊80％〈或60％〉＋总量得分＊20％〈或40％〉）＊该项指标权重	高于总量平均值：指标增速和总量的得分权重配比为60％和40％	低于总量平均值：指标增速和总量的得分权重配比为80％和20％

表 8-3　新城区（开发区）组 2018 年主要经济指标增长率排位表

新城区（开发区）经济指标增幅和排位	地区生产总值		一般公共预算收入	
	同比增长（％）	位次	同比增长（％）	位次
天府新区直管区	66.06	1	90.66	1
成都高新区	62.14	3	28.29	3
龙泉驿区	63.30	2	17.09	7
青白江区	53.94	5	39.66	2
新都区	52.71	7	22.49	5
温江区	52.99	6	26.15	4
双流区	61.06	4	11.07	8
郫都区	50.36	8	20.42	6

　　第三，联动分类。一是将市直部门划分为经济发展类、社会事业类、城市管理和执法监督类、党群院所类、垂直管理类五个大类进行项目化、指标化和数字化的刚性考核，同时要确定基础指标体系和重点工作项目的协同考核。二是在区域差异化指标体系中，五大主体功能区域除"总体规划"和"产业园区'五位一体'"两个一级指标外，都有特色工作项目，共涉及 8 家市级牵头单位，特色

工作项目应纳入刚性考核中，就推进的高度、准度、力度和效度进行加减分评价。三是在个性指标考评体系中，围绕产业重心，市直8个牵头单位应就完成进度进行加减分考核。

二、凸显考核"指挥棒"的聚焦

考核"指挥棒"导向明确所蕴含的新体例、新方向、新架构等三个要素，其表征体现为深度契合发展理念、全面对接发展布局、精准聚焦发展路径。以成都、武汉、宁波三个城市2017年度考核为例，其"指挥棒"在发展理念、发展布局、发展路径等方面凸显出高度聚焦的特点。

（一）分功能考核

以成都为例：一是以"十字方针"为导向的主体功能区战略布局体现了科学的方法和导向，有利于发展的整体性、协调性和永续性。二是个性指标有利于产业布局和错位发展。三是共性指标突出了五大发展理念。基于以上特点，应发掘潜质，更加体现"显绩"和"潜绩"的结合；应体现部门和区域的联动，压实部门责任，使其在支持差异化指标尤其是个性指标实现上能全局性发力，破解个性指标可能出现的条块分割、上级整合力量缺失等短板。

（二）分区域考核

以武汉为例：一是区域分组。将各区县分为中心城区、新城区和开发区（功能区），参照系相对精准。二是增速（或总量）以及单项指标得分公式。增速（或总量）＝完成值/预期目标值＊80分＋（完成值－本组最低完成值）/（本组最高完成值－本组最低完成值）＊20分，突出了比学赶超；单项指标得分＝（增速得分＊80%〈或60%〉＋总量得分＊20%〈或40%〉）＊该项指标权重。三是对标总量平均值，总量高于平均数的，指标增速和总量的得分权重分别为60%和40%；总量低于平均数的，指标增速和总量的得分权重分别为 80% 和 20%，且单项指标都有预期目标和拼搏目标值并按比例加分、每月一次的拼搏赶超交流会正面典型发言每次累计加分。

基于以上特点，对其综合评价和加减分操作，想要更有频次地体现考核"指挥棒"作用，需程序、过程更简明；另外，其对市直部门所负责重点经济指标在副省级城市排位升降进行加减分挂钩的做法，对天府新区建立主要经济指标排位加减分制有参考价值，可以倒逼由功能区组成的新区经济指标统计工作。

（三）分类型考核

以宁波为例：一是以"五大建设"一级分大类、以 50 个指标进行二级分类的方法，指标清晰易明确。二是 50 项二级指标通用性强，权重安排易操作。三是以激励为主较简明。

基于以上特点，其考核指标对应的考核责任部门和数据单位相对多（多于成都 18 家），多头考核可能难以形成合力；其五大建设的权重包括二级指标的权重分布具有借鉴意义。

三、突出考核"指挥棒"的要义

（一）考评方向突出内涵

2018 年 2 月 11 日，习近平总书记视察天府新区提出了"73 字"重要指示，该要求的要义即是突出"一点一园一极一地"，着眼于改革创新、彰显后劲、聚焦重点、培育特色，提升目标绩效考核的实效，围绕考评方向、考评内容和组织实施，全方位推进天府新区"一点一园一极一地"发展目标绩效考评办法创新。

考核应激发内生动力，全面增强发展实力。在天府新区直管区内的考核中，全力围绕"四个一"（"一点一园一极一地"）发展目标，依据凸显后劲指标、突出绿色指标、着力极核指标、夯实民生指标、体现开放指标的重要导向，严格按照"四个一"框架，对考核指标进行分类设置。

通过目标绩效"指挥棒",激发干部队伍和各个发展参与主体的主动性,围绕积极融入长江经济带和"一带一路",增强"节点"意识;围绕打造公园城市典范,全面考量生态价值转化;围绕打造新的增长极,全面营造经济高质量发展新态势;围绕建设内陆开放高地,推进"四向拓展,全域开放"。

(二)考核内容突出重点

关于高标准增强"节点"意识的考评。重点考评政治觉悟、责任担当和"节点"意识,着力提高政治站位,主要包括年度重点工作、宣传工作、统战工作、基础保障和绩效评价5个方面的内容。相关参与全面深化改革工作的成员单位应提出具体指标项目,并由党群工作部门将相关指标体系化。

关于高品质建设"公园城市"的考评。重点考评公园城市建设情况,主要包括生态环境、城乡融合、品质生活、文化保护和专项工作5个方面的内容。规划建设国土部门(公园城市建设主管部门)、生态环境部门提出具体指标项目,并由规划建设国土部门将相关指标体系化。

关于高质量打造"新的增长极"的考评。重点考评现代化产业发展和主体功能区建设的情况,主要包括创新驱动、现代化经济体系构建和专项工作3个方面的内容。经济运行部门提出一级指标架构,并将涉及科技创新、新经济、总部经济、文创与会展经济的相关二级指标进行填充。

关于高水平建设"内陆开放经济高地"的考评。重点考评对外交往的能力和开放格局构建的情况,主要包括国际门户枢纽建设、招商引资、国际化营商环境、国际交流合作和自贸试验区5个方面的内容。

关于特色指标的创新研发与考评适用。着眼于国家级新区的历史使命和责任担当,参照科技部火炬高技术产业开发中心、中国高新区研究中心发布的《国家高新区创新能力评估报告(2017)》所提出的指标体系进行考评。其中，具体指标内容由创新资源集聚、创新创业环境、创新活动绩效、创新国际化以及创新驱动发展5个方面构成。依托四川天府新区发展统筹职能由成都管委会承接的职能优势，引入新经济指数（NEI）的指标体系。确立天府新区直管区以及各功能区域所在的6个区（市）县为对照组，基于对照组各区（市）县上年度的NEI排名，对实行每进、退一个位次分别加减分的方式进行考核。增加此考核内容，既要从考核方式多元化，有利于向上争取资金项目的整合资源角度考虑，更要着眼于以此机制为切口，履行对全域天府新区建设发展统筹的职能。

（三）考评实施突出创新

关于考核主体的创新。天府新区直管区关于"一点一园一极一地"的相关指标，应充分体现习近平总书记对天府新区的"73字"要求。指挥体系设计在具体推进中应发挥直管区作为战略承载主战场的主体作用，加大自主性考核的探索力度，留出一线的自主创新考核空间。

关于考核内容的创新。增加关于确保增长率的预期目标值和增幅考核的内容，既是加快做实极核的需要，也是理顺管理体制机制的需要。以天府新区直管区年度经济工作会所确定的地区生产总值、规模以上工业增加值、服务业增加值、产业投资占固定资产投资比重、战略性新兴产业产值占规模以上工业总产值比重、财政收入增长率等六个重大方面，以"现值"为基础，咬定预期目标值，科学赋予权重，推动发展向实。

关于量化奖惩的创新。对责任单位实行双比照考核办法，将指标完成率和分值贡献率结合进行责任量化。其中，指标完成率由各责任单位的达标指标个数占其承担任务指标个数的比重构成，分值贡献率由各责任单位的达标指标分值数占新区年度考评总得分的比重构成，按照责任单位考核参数计算公式实施量化考核。对各责任单位的指标完成率和分值贡献率进行排位。对完成指标任务比重大和贡献多的单位予以表彰，对完成指标任务滞后的相关责任单位予以通报。通过绩效考评组织实施的创新，实现牵引、驱动的同频，导向、动力的同向，共建共享的"主人"和责任共担的"主体"同心。

专栏　责任单位考核参数计算公式

指标完成率	含义	指标完成率由各责任单位的达标指标个数占其承担任务指标个数的比重构成。
	公式	$R_{完成} = \dfrac{\sum N_{达标指标}}{\sum N_{承担指标}}$
	解析	$R_{完成}$ 为责任单位指标完成率，$N_{达标指标}$ 为责任单位达标指标个数、$N_{承担指标}$ 为承担任务指标个数。
分值贡献率	含义	分值贡献率由各责任单位的达标指标分值数占新区年度考评总得分的比重构成。
	公式	$R_{贡献} = \dfrac{\sum W_{达标指标}}{Y}$
	解析	$R_{贡献}$ 为责任单位分值贡献率，$W_{达标指标}$ 为责任单位达标指标分值，Y 为新区年度考评总得分。

四、复合考核"指挥棒"的功能

着眼于国家级新区横向比较，从考核的体系、方向和架构三个方面，着眼于考核"指挥棒"的功能复合，全面重构省市对天府新区的考核体系。

（一）创新考核体类"坐标系"

国家级新区作为战略综合功能区，应与19个国家级新区中的先进对标；也应充分认识到与城市各区域的发展对表。新区的比学、拼搏和赶超，既要"同行"，也要"入列"。因此，新体系的构建可从精准坐标原点、横向与国家级新区比、纵向与成都市其他区县比，进而从设定"度量衡"和划定"刻度计"的方向考虑。

一是找准考核坐标的"原点"。按照涉及国家级新区评估体系指标内容、主要经济指标的预期目标值（确保计划增长率）指标内容、创新能力评价体系指标内容以及新经济指数（体现新经济比重和权重）指标内容等，由"原点"横向延伸出的"度量衡"即指标体系建议两套方案：A方案按照"高速度向高质量"发展转变的要求，突出质量型指标，避免考核中的总量、体量"独大"难以超越的定式，以量化比率为主要衡量方式，借鉴天津等地绩效考核指标体系，设定16个具体指标内容，并明确指标含义、计算方法（表8-4）。

表8-4 国家级新区发展评估指标体系

序号	指标名称	指标定义	计算方法	所占比重
1	地区生产总值及增长率	地区生产总值指按市场价格计算的各新区在地口径单位在一年内生产活动的最终成果。地区生产总值增长率指年度各新区生产总值按可比价格计算比上年增长百分比。生产总值分值权重60%，增长率分值权重40%。用绿色系数综合衡量计算地区生产总值成绩	地区生产总值增长率＝（本年可比价的生产总值/上年可比价的生产总值－1）×100%	45%（涵盖总量、结构、速度等指标类型）
2	服务业增加值增长率及比重	服务业增加值增长率指年度各新区第三产业增加值按可比价格计算比上年增长百分比。服务业增加值比重指各新区第三产业增加值占各新区生产总值的比重。增加值和增长率分值权重比例各占50%	服务业增加值增长率＝（本年可比价的服务业增加值/上年可比价的服务业增加值－1）×100% 服务业增加值比重＝第三产业增加值/生产总值×100%	
3	一般公共预算收入及增长率	一般公共预算收入增长率指年度各新区一般公共预算收入比上年收入的增长百分比。收入和增长率分值权重比例各占50%	一般公共预算收入增长率＝（本年一般公共预算收入/上年一般公共预算收入－1）×100%	
4	税收收入占比及增长率	通过"税收占比"和"税收增幅"两项明细指标予以评价。税收收入增长率指年度各新区区级税收收入比上年区级税收收入的增长百分比。占比和增长率分值权重比例各占50%	某新区税收占比＝当年该区区级税收收入/当年该区一般公共预算收入×100% 某新区税收增长率＝（当年该区区级税收收入/上年该区区级税收收入－1）×100%	

序号	指标名称	指标定义	计算方法	所占比重
5	万元GDP能耗指数	指反映各新区节能措施落实、节能工作成效和各新区能源利用水平的指标，主要从万元GDP能耗绝对值、万元GDP能耗降低率、超额完成万元GDP能耗降低率目标、年度节能目标责任评价考核结果等方面进行考核	万元GDP耗能指数＝万元GDP能耗绝对值无量纲化结果×20％＋万元GDP能耗降低率无量纲化结果×20％＋超额完成进度目标幅度无量纲化结果×20％＋年度节能目标责任评价考核结果无量纲化结果×40％	
6	土地节约集约利用水平指数	是对单位GDP建设用地占用、单位GDP建设用地占用降低率等因素的综合考评值，是土地节约集约利用水平的综合考评结果	单位GDP建设用地占用＝建设用地面积/GDP 单位GDP建设用地占用降低率＝（考评年单位GDP建设用地占用/上一年单位GDP建设用地占用－1）×100％ 单位GDP建设用地占用得分：$100-(x-min)/(max-min)×20$ 单位GDP建设用地占用降低率得分：$100-(max-x)/(max-min)×20$	18％ （绿色指标类型）
7	环境质量指数	包括环境空气质量综合指数和水环境质量两部分内容。环境空气质量综合指数依据可吸入颗粒物（PM10）、细颗粒物（PM2.5）、二氧化硫（SO_2）、二氧化氮（NO_2）、臭氧（O_3）和一氧化碳（CO）六项污染物浓度确定，用来综合评价各新区环境空气质量状况；水环境质量考核各新区地表水体环境质量达标情况	环境质量指数＝环境空气质量得分＋水环境质量考评得分	

序号	指标名称	指标定义	计算方法	所占比重
8	科技进步水平指数	反映地区科技进步实际水平和进步程度的指标，含创新资源集聚、创新创业环境、创新活动绩效、创新国际化以及创新驱动发展等具体指标内容	依托科技火炬高技术产业开发中心、中国高新区研究中心发布的创新能力排行评估指标体系	
9	国内招商引资综合评价值	是对国内招商引资到位额、引进国内 500 强企业情况、引进国内企业总部情况、引进外地民营企业情况、引进服务业情况、国内招商引资综合发展情况 7 项内容的综合考评值，是国内招商引资水平的综合考评结果	（1）分项指标评价值的计算＝汇总各个评价指标的完成数据，计算该评价指标指数（或数量），各新区以其对应评价指标指数（或数量）占国家级新区该评价指标最高区域指数（或数量）的比重来分别计算评价值，公式为：分项指标评价值＝区域某项评价指标指数（或数量）/国家级新区该评价指标最高区域指数（或数量） （2）国内招商引资综合评价值＝对国内招商引资到位额评价值×60％＋引进国内 500 强企业情况评价值×8％＋引进国内企业总部情况评价值×4％＋引进外地民营企业情况×4％＋引进服务业情况×4％＋国内招商引资综合发展情况评价值×20％	15％ （后劲指标类型）
10	对外开放指数	是对利用外资目标完成率、外贸进出口额及增长率的综合考评值，是反映对外开放程度的综合性指标。其中利用外资指国外及港澳台地区的法人和自然人在各新区以现金、实物、无形资产等方式的实际投资。外贸进出口额是指海关统计的以人民币计价的年度各新区进出口金额	利用外资目标完成率＝利用外资实际完成额/利用外资任务×100％ 进出口额增长率＝（当年海关统计的以人民币计价的年度各新区进出口金额/上年海关统计的以人民币计价的年度各新区进出口金额－1）×100％ 对外开放指数得分＝利用外资目标完成率得分＋外贸进出口额得分＋外贸进出口额增长率得分	
11	民营经济发展综合指数	是对民营经济发展的基本状况和民营经济工作开展主要成效的综合考评值，是反映各新区民营经济发展速度、规模和质量的综合性指标	民营经济发展情况得分＋开展民营经济工作情况得分。其中，民营经济发展情况占80分，开展民营经济工作情况占20分	

序号	指标名称	指标定义	计算方法	所占比重
12	城镇居民人均可支配收入及增长率	城镇居民人均可支配收入指将家庭总收入扣除交纳的个人所得税和个人缴纳各项社会保障支出之后，按照居民家庭人口平均的收入水平。其中，家庭总收入是指该家庭中生活在一起的所有家庭人员从各种渠道得到的所有收入之和，包括工资性收入、经营净收入、财产性收入、转移性收入。城镇居民人均可支配收入增长率指年度城镇居民人均可支配收入比上年增长百分比。收入和增长率分值权重比例各占50％	城镇居民可支配收入＝家庭总收入－缴纳个人所得税－个人缴纳的社会保障支出 城镇居民人均可支配收入增长率＝（本年城镇居民人均可支配收入/上年城镇居民人均可支配收入－1）×100％	10％（人均指标类型）
13	农村居民人均可支配收入及增长率	农村居民人均可支配收入指农村住户获得的经过初次分配与再分配后的收入。可支配收入可用于住户的最终消费、非义务性支出以及储蓄。农村居民人均可支配收入增长率指年度农村居民人均可支配收入比上年增长百分比。收入和增长率分值权重比例各占50％	农村居民可支配收入＝总收入－家庭经营费用支出－税费支出－生产性固定资产折旧－财产性支出－转移性支出 农村居民人均可支配收入增长率＝（本年农村居民人均可支配收入/上年农村居民人均可支配收入－1）×100％	
14	社会保险扩面综合考评值	是对城镇企业职工基本养老保险、城镇职工基本医疗保险、工伤保险缴费工作完成情况的综合考评	城镇企业职工基本养老保险综合评价值×40％＋城镇职工基本医疗保险综合评价值×40％＋工伤保险综合评价值×20％。其中，工伤保险综合评价值＝工伤保险按用人单位参保评价值×40％＋按建设项目参保评价值×60％	12％（民生指标类型）
15	新增就业人数目标完成率	指各新区新增和安置的就业人员与年初制定的目标任务的比例	新增就业人数目标完成率＝新增就业人数/新增就业目标人数×100％	
16	和谐劳动关系指数	和谐劳动关系指数是以年度内各新区开展劳动关系各项工作完成情况为基础，经综合评价计算得出的数据，具体内容包括推进企业建立工会组织、工资集体协商、和谐劳动关系创建、劳动争议仲裁、劳动保障监察执法等	和谐劳动关系指数＝建会入会率×20＋集体协议签订率×20＋和谐创建达标率×20＋仲裁结案完成率×20＋监察达标率×20	

B方案按照突出主要经济指标的综合型评估方向，突出数字化、精细化和可视化，目标项目包括总量指标、人均指标、结构指标、绿色发展指标、速度指标、后劲指标、社会民生指标等，具体一级指标涉及 29 个（表 8－5）。由"原点"纵向延伸出的"刻度计"，具体包括中共成都市委《关于学习新思想贯彻新理念实施主体功能区战略全面建设现代化新天府的决定》《2017 年区（市）县目标绩效考核实施办法》以及目标考核体系中的"区域差异性指标""党建工作类""基础保障类"和"绩效考核类"等类别。

表 8－5　国家级新区综合发展评估指标体系

指　标	单位	指标说明	参照权重	变更权重
1. 总量指标			17%	15%
地方一般公共预算收入	万元			
税收总量（含上交中央税收）	万元			
社会消费品零售总额	亿元			
外贸出口	万美元			
2. 人均指标			11%	
人均生产总值	元			
人均地方一般公共预算收入	元			
农村常住居民人均可支配收入	元			
城镇常住居民人均可支配收入	元			
3. 结构指标			17%	15%
地方财政收入占 GDP 比重及升降幅度	%			
地方税收占一般公共预算收入比重及升降幅度	%			
工业增加值占 GDP 比重	%			
4. 绿色发展指标			12%	17%
环境质量改善综合指数		主要是空气和地表水质量改善情况		
万元 GDP 能耗降低率	%			

续表

指　　标	单位	指标说明	参照权重	变更权重
森林覆盖率和森林蓄积量				
GDP 密度（由单位 GDP 地耗下降率演进）	亿元/平方公里			
5. 速度指标			16％	15％
生产总值增长速度	％			
地方一般公共预算增长速度	％			
固定资产投资增长速度	％			
农村常住居民人均可支配收入增长速度	％			
城镇常住居民人均可支配收入增长速度	％			
社会消费品零售额增长速度	％			
地方税收收入增长速度	％			
6. 后劲指标			12％	15％
固定资产投资	亿元			
招商引资（含实际利用外商投资）	万元			
科技创新综合指数		含创新资源集聚、创新创业环境、创新活动绩效、创新国际化以及创新驱动发展		
新增规模以上工业企业数占年末规上工业企业总数的比例	％			
7. 社会民生指标			15％	12％
信用环境评价指数				
就业综合指数				
社保综合指数				

　　二是找准考核坐标的"横轴"。建立 19 个国家级新区主要经济指标"排行榜"，找到天府新区的现座次，以座次的变化作为考核坐标系的"横轴"。借助中介机构、权威媒体或专业智库，制定国家级新区评估体系，对国家级新区进行排位，考核进位通过权重与

得分挂钩。对接由科技部火炬高技术产业开发中心、中国高新区研究中心联合制定的《国家高新区创新能力评价报告 2017》评估办法，参照建立由创新资源集聚、创新创业环境、创新活动绩效、创新国际化以及创新驱动发展 5 个方面构成的创新指标体系。同时，引进横向比较公式：增速（或总量）＝完成值/预期目标值 ＊ 80 分 ＋（完成值－国家级新区组最低完成值）/（国家级新区组最高完成值－国家级新区组最低完成值）＊ 20 分，突出比学赶超；单项指标得分＝（增速得分 ＊ 80％〈或 60％〉＋总量得分 ＊ 20％〈或 40％〉）＊该项指标权重，对标国家新区组总量均值，总量高于均值的，指标增速和总量的得分权重分别为 60％和 40％；总量低于均值的，指标增速和总量的得分权重分别为 80％和 20％。

三是找准考核坐标的"纵轴"。按照主体功能区战略所确定的区域差异性指标以及市目标考核督查关于党建工作类、基础保障类、绩效评价类等共性指标，建立与成都市其他区（市）县同台竞技场。根据"四川大事、百年大计"的建设发展统筹思路，将直管区的现行主要经济指标值作为基础，设置保证增长率的预期目标值，与自身横向比考核增量。通过建立增量考核公式：单项指标得分＝完成值/预期目标值 ＊ 100 分 ＊该项指标权重。对于重点工作项目，根据上级有关工作要求，由市目标考核督查部门实施专项考核，对项目指标的完成进度、实施难度和实际成效等方面进行集中评价，提出加减分建议。

（二）聚集考核导向"剪力墙"

结合区域对考核导向需求的内生动力，从考核动态活动的立体性着眼，需要应对考核价值指向明确的、横向平行性的"剪力墙"。具体可以将上级对天府新区的考核体系划分为三大考核主体，涉及三个考核类别。

第一个考核主体，由市目标督查办公室组织牵头单位考核，涉及的第一个考核类别是遵循市委关于打破圈层考核模式的统一部署，涵盖主体功能区战略的区域差异指标得分以及党建工作类、基础保障类、绩效评价类的得分、扣分。第二个考核主体，即上报或报备上级发改部门的国家级新区综合考核指标体系，以及依托由科技部火炬高技术产业开发中心、中国高新区研究中心发布的国家高新区创新能力排行评估指标体系。第三个考核主体，即省天府新区领导小组及其办公室对天府新区确保奋斗目标增长率的预期目标值和增幅的考核。增加此考核主体并不单是从考核主体多元化有利于向上争取资金项目等资源整合的考虑，更是着眼于下一步以此考核机制为切口，从直管区向"一城六区"（截至2015年12月公开解读的空间布局规划）等功能区拓展，做实天府新区成都党工委、管委会的建设发展统筹协调职能，形成整个天府新区的统一规划、统一建设和统一开发保护。

上述三大考核主体涉及以下三个考核类别：一是关于主体功能区战略的区域差异指标得分（权重为10%）以及党建工作类、基础保障类、绩效评价类的得分、扣分（权重为18%），由市目标督察办公室组织牵头单位考核。二是关于国家级新区综合发展评估指标体系、发展新经济权重共占比52%，其中新经济指数权重建议初步拟定为5%（根据成都市有关文件"最高加分原则中不超过指标基本分值"等规定，新经济最高得分可控比在10%左右）。三是关于省天府新区领导小组及其办公室对直管区确保增长率的预期目标值和增幅考核（表8-6），占比20%（比照市对天府新区直管区考核类别"个性指标"权重）。

表8-6 确保奋斗目标增长率的预期目标值

目标项目	现值 （截至2017年12月）	预期目标值	备注
地区生产总值	371.9亿元	420.2亿元	按增长13%计算，权重20%
规上工业增加值	增长13.6%	增长13.5%以上	权重5%
服务业增加值	增长11.9%	增长12.5%以上	权重5%

续表

目标项目	现值 （截至 2017 年 12 月）	预期目标值	备注
产业投资占固定资产投资比重	占比 58.7％	占比 63.7（比重提高 5 个百分点）	三次产业投资 370.0 亿元；固定资产投资 630.2 亿元，权重 5％
战略性新兴产业占规模以上工业总产值比重		不低于 20％	权重 5％
财政收入增长率	34.9 亿元	39.4 亿元	按增长 13％计算，权重 30％
城乡居民人均可支配收入		高于全省全市平均水平	权重 5％
新增城镇就业		1.5 万人	权重 5％
引进科技类项目		增长 100％以上	权重 5％
总部企业数		增长 50％以上	权重 5％
新开发产业功能区		15 平方公里	权重 5％
新建各类功能载体		300 万平方米以上	权重 5％

注：以天府新区直管区 2017 年现值及 2018 年预期目标值为例。

（三）充实考核架构"高支模"

考核架构需要考核项目、一级指标和指标内容作为"支架"，对于新考核坐标系的大跨度特点，更需要布局合理的"高支模"。围绕"考核目标化、目标项目化、项目指标化、指标数量化"的主题、主体和主线，具体创新举措分述如下：

一是关于国家级新区评估体系的目标项目和一级指标：国家级新区评估体系中，应是以可量化经济工作指标和科技创新指标为主题，充分凸显国家级新区是"担负重大使命、重大改革创新任务"的国家重大发展和改革开放战略任务的综合功能区特质。A 方案指标体系只涉及发展一级指标 16 个，且明确了指标内涵和计算方法，便于数据采集、测算，作为现阶段国家级新区发展综合评估指数，阶段性、易操作性明显。B 方案目标项目包括总量指标、人均指标、结构指标、绿色发展指标、速度指标、后劲指标、社会民生指标等，具体一级指标涉及 29 个。在普适性通用配比的基础上，以上 29 个指标中，体现天府新区发展潜质和体现"潜绩"的指标，可依据优化考核导向加大权重。在指标内容中，加大了科技创新能力评估体系的权重，细化了具体指标内容，参照、对接、依托由科技部火炬高技术产业开发中心、中国高新区研究中心发布的国家高新区创新能力排行评估指标体系，创立权重突出、体系精细的 19 个国家级新区统一排位的"科技创新综合指数"，进而凸显国家级新区的发展后劲。

二是关于天府新区直管区确保奋斗目标增长率的预期目标值和增幅：关于承接省天府新区领导小组办公室的考核，参照可量化的经济工作指标，涉及主要奋斗目标的预期指标内容为：地区生产总值、规模以上工业增加值、服务业增加值、产业投资占固定投资比重、战略性新兴产业产值占规模以上工业总产值比重、一般公共预算收入、城乡居民人均可支配收入、新增城镇就业人数、科技类项目数、总部经济数、产业功能区和各类功能载体面积等指标内容，根据奋斗目标增长率、增幅设定预期目标值（表 8-6）。

三是关于将新经济作为考核目标项目和一级指标：围绕新经济范畴界定标准中，涉及高人力资本投入、高科技投入、轻资产，且涉及可持续的较快增长符合产业发展方向，以及涉及六大经济形态、七大应用场景等，故着眼于新经济的总量指数、发展指数和竞争力，依托新经济指数（NEI）的指标体系（表 8-7），设计两个考核比较组范围的方案。关于 A 方案：构建市内包括天府新区直管区、东部新区、成都高新技术产业开发区 3 个区域的新区（开发区）类比组别体系。关于 B 方案：依托省天府新区建设领导小组办公室，以对天府新区直管区确保奋斗目标增长率的预期目标值和增幅的考核试点示范工作向天府新区全域拓展为基础，以省天府新区建设领导小组办公室统领各功能区域在地统计工作运行机制的建立健全为前置，确定天府新区直管区以及各功能区域所在区（市）为比照组。通过省天府新区建设领导小组办公室测算出同一比照组的新经济在 GDP 占比以及高端劳动力投入、优质资本投入、科技和创新三类一级指标的比值和排位，着眼于优化经济结构，在基准权重为 5％（基本分值为 5 分）的前提下，将发展新经济列入"对经济社会发展做出较大贡献"进行比照，实行保超位加分、退位扣分制。

表 8－7 NEI 指标评价体系

一级指标	二级指标	指标说明
高端劳动力投入（40％）	新经济行业人员薪酬	期内新经济行业企业招聘职位薪酬占所有企业招聘职位薪酬比重
	新经济行业岗位占比	期内新经济行业企业岗位招聘需求数量与当地各行业招聘需求总和的比值
	铁路人口流入速度	期内各城市通过铁路的流入人口占该城市存量人口的比例
	航班人口流入速度	期内各城市通过飞机的流入人口占该城市存量人口的比例
资本投入（35％）	新经济行业风险投资比例	已公开新经济行业企业获风险投资总额占所有企业获风险投资总额的比例
	新经济领域招标比例	主要招标网站新经济行业项目招标个数占所有行业项目招标个数比例
	申请新三板新经济企业注册资本比例	期内申请新三板新经济企业注册资本总额占所有企业注册资本比例
	新经济行业新增公司注册资本比例	期内新经济行业新增公司注册资本总额占所有新增公司注册资本总额的比例
科技创新（25％）	科学家与工程师	期内科研人员招聘比例
	专利数	期内新经济行业新增发明与实用新型专利比例
	专利转化率	期内新经济行业发明专利流转频次比例

注：NEI 由财新智库和成都数联铭品公司（BBD）联合推出，北京大学国家发展研究院担任顾问单位。

依托考核新体系的重构，进一步凸显国家级新区的国家战略定位，充分发挥实绩考核的"风向标"和"指挥棒"作用，牵引和激发各区域领导班子和领导干部干事创业的精气神，进而加快"全面践行新发展理念公园城市示范区"建设。

策略八 关于天府新区直管区"一点一园一极一地"发展目标绩效考评办法的建议

为深入贯彻习近平总书记视察天府新区重要指示精神，全面落实省委十一届三次全会和市委十三届三次全会精神，发挥目标绩效综合考评"指挥棒"作用，围绕"一点一园一极一地"（以下简称"四个一"）发展目标，特提出以下目标绩效考评办法建议。

一、目标原则

（一）上下衔接、全面对标

考评办法对标区（市）县目标绩效考评体系，将 63 项指标按照"四个一"进行分类归并，做到指标不漏、内容不缺、责任不失。

（二）增减相济、凸显实效

将高质量发展显示度不够、不能体现新区优势的指标权重进行削减，为体现高质量发展实效重要指标提高权重和加大赋分提供空间。

（三）突出特色、彰显内涵

将突出国家级新区使命担当和国家战略承载职能的特色指标权重加大，对体现重大发展和改革开放战略的重要指标进行权重倾斜，将体现天府新区发展特色和发展后劲的指标予以凸显。

（四）聚焦重点、精准发力

以"四个一"为指标分类标准，参照每个类别中权重最大指标，对体现高质量发展实际成效、改革创新特色和发展后劲潜力的指标进行分值调整，加大权重。

二、考评内容

紧紧围绕习近平总书记视察天府新区"73 字"重要指示精神，遵循"以质为帅、速效兼取"原则，基于区（市）县目标绩效考评体系，围绕"四个一"对各项指标进行分类考评。

（一）高水平建设"重要节点"

重点考评政治站位、政治觉悟、责任担当和"节点"意识，包括年度重点工作、宣传工作、统战工作、基础保障和绩效评价5类一级指标、15个二级指标。年度重点工作指标包括中央及上级重要指示精神和要求的落实情况、中央及上级巡视组反馈问题整改落实情况等；宣传工作指标包括社会主义核心价值观建设和宣传宣讲等；统战工作指标包括党外代表队伍建设；基础保障指标包括社会和谐、依法治市、安全生产和政务管理等；绩效评价指标包括上级评价、党建廉政、文明环境、公共服务和市场评价。

（二）高品质建设"公园城市"

重点考评公园城市建设情况，主要包括生态环境、城乡融合、品质生活、文化保护和专项工作5类一级指标、28个二级指标。生态环境指标包括龙泉山森林公园建设、空气质量优化、新增绿化、绿道建设、城乡环境治理、土壤污染防治、地表水治理、环保督查和节能减排；城乡融合指标包括特色小镇建设、城乡社区发展治理和扶贫开发；品质生活指标包括便民商业服务、特色街区建设、"两拆一增"整治工作、医疗设施完善、民生健康建设、城乡居民可支配收入、教育现代化发展、住房租赁工作、交通服务设施建设、交通拥堵治理、年度十大民生实事工作和城市综合管理；文化保护指标包括文创项目建设、文化作品创作和文化主题活动开展；专项工作指标包括公园城市建设年度工作。

（三）高质量建设"新的增长极"

重点考评现代化产业发展和主体功能区建设的情况，主要包括创新驱动、现代化经济体系构建和专项工作3个一级指标、9个二级指标。创新驱动指标包括创新创业、创新人才和新经济发展；现代化经济体系构建指标包括地区生产总值、公共财政收入、固定资产投资、社会消费和工业暨民营经济发展；专项工作指标包括产业功能区及园区建设年度工作。

（四）高标准建设"内陆开放经济高地"

重点考评对外交往的能力和开放格局构建的情况，主要包括国际门户枢纽建设、招商引资、国际化营商环境、国际交流合作和自贸试验区 5 类一级指标、11 个二级指标。国际门户枢纽建设指标包括重大交通枢纽建设、基础交通设施完善和物流枢纽建设；招商引资指标包括引进项目、外贸投资和招商活动；国际化营商环境指标包括政务服务水平提升和社会信用体系建设；国际交流合作指标包括国际交流活动和国别园区合作；自贸试验区建设指标为自贸试验区建设。

三、考评方法

遵循考评原则，采用目标考评方法，依据每项指标的现值和目标方向，确定对应的预期目标值；在考评过程中，基于当前工作是否达到预期目标进行计分。各项指标的预期目标值和达标分值参照《2018 年区（市）县目标绩效考评体系》进行确定和调整。各责任单位达到预期目标情况的赋分，按照附表中变更后的分值计算。

（一）总分计算方法

实行百分制计分，考评综合得分是增强"重要节点"意识（总分值 18.3）、建设"公园城市"（总分值 23.6）、打造"新的增长极"（总分值 38.3）和构建"内陆开放经济高地"（总分值 19.8）四类指标得分总和，计算公式如下：

$$Y = \sum_1^m X_{\text{重要"节点"}} + \sum_1^n X_{\text{公园城市}} + \sum_1^a X_{\text{新的增长极}} + \sum_1^b X_{\text{内陆开放经济高地}}$$

其中，Y 为新区年度考评综合得分，$\sum X_{\text{"四个一"}}$ 为"四个一"分类指标的累计得分，m、n、a、b 分别为"四个一"分类指标的指标个数。（注：$\sum$ 是求和符号，某一类指标 X 中共有 m 个子指标，则 X 类指标的累计指标值之和表示为 $\sum_1^m X$，其中 1 为下界，m 为上界，X 从第 1 个子指标值开始取值，一直取到第 m 个子指标值，全部相加；若 X 类指标的子指标数待定，则 X 类指标值之和

计算符号可简化为 $\sum X$ 。)

（二）责任量化考核办法

采取指标完成率和分值贡献率结合的双轨制量化责任考核办法。

对每个责任单位承担的指标个数进行累加，计算出达标指标个数占承担任务指标个数的比重，作为指标完成率考核参数。计算公式如下：

$$R_{完成} = \frac{\sum N_{达标指标}}{\sum N_{承担指标}}$$

其中，$R_{完成}$ 为责任单位指标完成率，$N_{达标指标}$、$N_{承担指标}$ 分别为责任单位达标指标个数、承担任务指标个数。

对每个责任单位承担的指标分值进行累加，计算出达标指标分值占承担任务指标分值的比重，作为分值贡献率考核参数。计算公式如下：

$$R_{贡献} = \frac{\sum W_{达标指标}}{Y}$$

其中，$R_{贡献}$ 为责任单位分值贡献率，$W_{达标指标}$ 为责任单位达标指标分值，Y 为新区年度考评总得分。

同时，对各责任单位的指标完成率和分值贡献率进行排位。

四、组织实施

（一）明确任务

围绕"四个一"，全方位无缝对接上级文件所明确的各项指标，将各项指标任务进行全面梳理，精准化分解，为新区各地各级各单位明确工作目标和努力方向。

（二）压实责任

每项指标明确对接任务的牵头部门和责任单位，根据各责任单位的对接指标数量和权重，计算出指标完成率和分值贡献率，并进行责任单位排位考核。

（三）严格奖惩

各对接单位要积极对接市牵头部门工作，明确和落实所负责指标的硬软件要求，对照上级标准，查缺补漏，力争上游。对完成指标任务比重大和贡献多的单位予以表彰，对完成指标任务滞后的相关责任单位予以通报。

附件：天府新区直管区"一点一园一极一地"发展目标绩效考评指标体系

天府新区直管区"一点一园一极一地"发展目标绩效考评指标体系

类别	一级指标	二级指标	具体内容（预期目标）	参照分值	变更分值	市牵头单位	新区对接单位
增强"重要节点"意识	年度重点	中央及上级年度指示精神和要求的落实情况	略	实行倒扣分	5	市委督查室市政府督查室	办公室（督查处）
		略	略		3	市整改办	纪工委
	宣传工作	略	略	0.5	0.4	市委宣传部	党群工作部（宣传处）
		社会主义核心价值观建设	深化社会主义核心价值观建设，开展主题宣传教育活动，完成全国文明城市年度测评迎检任务	0.4	0.2		党群工作部（宣传处）
		宣传宣讲	略	0.4	0.2		
	统战工作	党外代表队伍建设	贯彻落实市委关于统战工作的实施意见；加强党外代表人士队伍建设	0.5	0.35	市委统战部	党群工作部（统战处）

类别	一级指标	二级指标	具体内容（预期目标）	参照分值	变更分值	市牵头单位	新区对接单位
增强"重要节点"意识	基础保障	略	略	实行倒扣分	0.5	市委政法委、市政府办公厅、市公安局、市文广新局、市金融局、市信访局、市人口办	办公室（政法委）公安分局等
		依法治市	完成依法治市年度工作任务		0.5	市依法治市办	办公室
		安全生产	开展区域安全风险评估，重点行业领域安全风险分级管控机制，完成挂牌督办重大安全风险隐患治理，强化安全生产专项整治，开展严管执法行动	实行倒扣分	0.5	市安监局市质监局	经济运行与安监局
		政务管理	按照党委政务信息、公文处理、会议管理、应急值守和依法统计、政务公开要求开展相关工作		0.4	市委办公厅市政府办公厅市统计局市大数据和电子政务办	办公室政务中心
	绩效评价	上级评价	市领导对区（市）县年度工作情况综合评价	8	4	市委督查室市政府督查室	办公室（督查处）
		党建廉政	党风廉政建设社会评价	3	1.5	市纪委监委机关	纪工委
		文明环境	综合文明指数暨城乡环境治理测评	1	0.5	市文明办	城管与市场监管局
		公共服务	基本公共服务满意度测评	1.5	0.75	市发改委市委督查室市政府督查室	党群工作部办公室（督查处）
		市场评价	市场主体评价	1	0.5	市委督查室市政府督查室	经济运行和安监局

续表

类别	一级指标	二级指标	具体内容（预期目标）	参照分值	变更分值	市牵头单位	新区对接单位
建设"公园城市"	生态环境	龙泉山森林公园建设	龙泉山森林公园建设情况	0.6	0.42	龙泉山城市森林公园管委会	环保和统筹城乡局
		空气质量优化	PM2.5浓度不超过57$\mu g/m^2$，年度空气优良天数达234天	3	2.1	市环保局	
		新增绿化	新增绿地面积40公顷，完成营造林面积0.15万亩，新增立体绿化面积2万平方米，建成"花重锦官"点位数2个	2	1.5	市林业园林院	环保和统筹城乡局
		绿道建设	建成城区级绿道56.5公里、社区级绿道32公里，打造绿道品牌，实现文体旅商农科多产业融合、多功能叠加	2	1.5	市建委	
		城乡环境治理	完成城乡环境治理、扬尘治理年度工作任务	1	0.7	市城管委	城管与市场监管局
		土壤污染防治	完成土壤污染防治年度工作任务	2	1.4	市环保局	
		地表水治理	完成地表水考核断面年度水质目标任务	2	1.4	市环保局市水务局	
		环保督查	完成环境保护督查年度工作任务	5	3.5	市环督办	
		节能减排	完成能源消耗总量和强度"双控"目标、单位GDP二氧化碳排放量降低目标和主要污染物排放量削减目标	2	1.4	市发改委市经信委市环保局	环保和统筹城乡局
			公共机构人均综合能耗同比下降2.5%、单位建筑面积能耗同比下降2%、人均水耗同比下降3%	1	0.7	市机关事务管理局	
	城乡融合	特色小镇建设	启动建设特色小镇1个、特色小城镇1个，完成规划建设总体方案编制，建成特色镇起步区或示范段1处；打造特色精品街区5条；启动川西林盘保护修复2个，创建A级林盘景区1个	0.5	0.35	市建委市旅游局	规划建设国土局环保和统筹城乡局
		城乡社区发展治理	实施城乡社区发展治理"五大行动"，开展高品质和谐宜居生活社区达标创建，社区达标率不低于40%，接入市民云服务平台社区数不低于2个；社区平均拥有社会组织数不低于6个	1	0.7	市委社治委	基层治理和社事局
		扶贫开发	完成高起点农村扶贫开发年度目标任务	0.2	0.14	市农委	环保和统筹城乡局

225

类别	一级指标	二级指标	具体内容（预期目标）	参照分值	变更分值	市牵头单位	新区对接单位
建设"公园城市"	品质生活	便民商业服务	建设社区便民服务示范点5个；商圈服务业固定资产投资额达20亿元	0.4	0.28	市商务委	总部经济局基层治理和社事局
		特色街区建设	建设特色街区2条、小街区2条	0.2	0.14	市建委	规划建设国土局
		"两拆一增"整治工作	"两拆一增"点位整治工作完成55个；新建及改扩建小游园、微绿地5处	0.4	0.28	市城管委市规划局市建委	城管和市场监管局规划建设国土局
		医疗设施提升	完成1家亿元医院	0.2	0.14	市卫计委	
		民生健康建设	创建健康单位5个、健康社区（村）2个、健康街道（乡镇）1个；孕产妇、婴儿死亡率控制在9/10万、3‰以内	0.5	0.35		基层治理和社事局
		城乡居民可支配收入	城乡居民人均可支配收入分别增长7.5%、8.5%	0.5	0.35	市人社局市农委	
		教育现代化发展	教育现代化发展水平达成度≥78%，消除公共场所非法办学的文化教育培训机构情况	0.4	0.28	市教育局	
		住房租赁工作	构建住房租赁四级管理体系，开展住房租赁市场专项整治；完成房屋租赁登记备案5000件	0.3	0.3	市房管局	
		交通服务设施建设	新开工建设各类公共服务设施80处，实施街巷建设45公里，打通断头路1条；完成公交场站规划统筹修编和"四好农村路"年度建设工作任务；完成人防基本指挥所施工图设计	0.6	0.42	市建委市交委市人防办	规划建设国土局
		交通拥堵治理	年均高峰拥堵指数同比下降1%	2	1.4	市公安局	公安分局
		年度十大民生实事工作	完成省市年度十大民生实事工作目标	3	2.1	市督查室	办公室（督察处）
		城市综合管理	完成城市综合管理年度工作任务	1	0.7	市城管委	城管和市场监管局

续表

类别	一级指标	二级指标	具体内容（预期目标）	参照分值	变更分值	市牵头单位	新区对接单位
建设"公园城市"	文化保护	文创项目建设	新开工文创项目3个，新增文创园区面积5万平方米、文创街区1条、文创小镇1个、文创空间30个，建设文化地标10处、打造基层综合性文化服务中心示范点2个	0.5	0.42	市宣传部市文广新局	党群工作部文创和会展局
		文化作品创作	完成作品登记数量1200件	0.3	0.07	市文广新局	
		文化主题活动开展	开展"天府文化"主题活动不少于10场	0.2	0.14	市宣传部	
	专项工作	公园城市建设年度工作	完成公园城市建设年度工作任务（包括组建公园城市研究院、制定公园城市规划框架、举办公园城市论坛等）	0.6	0.42	市发改委市规划局	办公室、规划建设国土局
打造"新的增长极"	创新驱动	创新创业	规上企业研发投入0.3亿元，技术合同交易额13.07亿元，新增市级以上可以企业孵化器及众创空间1家，高新技术产业总产值21亿元，有效国家高新技术企业35家，国家科技型中小企业信息库入库企业146家，万人有效发明专利拥有量5.3件/万人	1	1.7	市科技局	科创和新经济局
		创新人才	引进"高精尖缺"人才，新增市级以上专家人才20人，青年人才落户5万人，引进各类人力资源项目、机构20个	0.5	2	市委组织部	党群工作部人才服务中心
		新经济发展	新经济产业产值和营收增速均达12%以上，新经济企业数增速达20%，新经济企业获得风险投资总金额和风险投资件数增长20%，完成"独角兽岛"设计方案	1	1.7	市新经济委	科创和新经济局

续表

类别	一级指标	二级指标	具体内容（预期目标）	参照分值	变更分值	市牵头单位	新区对接单位
打造"新的增长极"	现代化经济体系构建	地区生产总值	地区生产总值同比增长11%	1	1.7	市发改委	经济运行和安监局
		公共财政收入	一般公共预算收入、地方税收收入（不含耕占税）同比增长率分别达9%、9.5%；政府债务率低于风险警戒线、债务余额低于上年同期水平	2	3.4	市财政局	财政金融局
		固定资产投资	固定资产投资总额469亿元，重点项目投资181.25亿元	1	1.7	市发改委	总部经济局
		社会消费	社会消费品零售总额增长10%，服务业增加值增长11%	0.5	0.85	市商务委	
		工业暨民营经济发展	规上工业增加值增长10%，工业投资4亿元，新增规上工业企业5家	1	1.7	市经信委	经济运行和安监局
			民营经济增加值增长11.9%，民营经济增加值占GDP的比重达55%	1	1.7		
			亿元以上工业和信息化项目投资额28亿元，竣工及开工亿元以上工业和信息化项目数分别为5个、3个	0.4	0.68		
		文创产业发展	文创产业增加值11.7亿元	0.5	2	市委宣传部市文广新局	文创和会展局
		旅游业发展	旅游接待过夜人次增长10%，完成旅游投资10亿元	0.5	0.85	市旅游局	
		企业入驻	新登记企业1.1万户，新增企业注册资本2400亿元	0.4	0.68	市工商局	政务中心
		国家西部金融中心建设	新增报会企业1家、新三板企业2家、四板企业10家	0.4	0.68	市金融局	财政金融局
	专项工作	产业功能区及园区建设年度工作	完成产业功能区及园区建设年度目标任务	20	17	市发改委	经济运行和安监局总部经济局文创和会展局科创和新经济局

类别	一级指标	二级指标	具体内容（预期目标）	参照分值	变更分值	市牵头单位	新区对接单位
构建"内陆开放经济高地"	国际门户枢纽建设	重大交通枢纽建设	天府国际机场高速建设用地交付95%以上，完成成都至自贡铁路项目、成绵乐客专、成渝客专项目以及成自铁路配合项目，完成市域快速路年度建设任务	0.5	1.2	市交委	规划建设国土局
		基础交通设施完善	完成3个重大城建攻坚项目的拆迁交地、管线迁改等保障工作任务	0.5	1.2	市建委	
		物流枢纽建设	编制完成四川天府新区（成都直管区）物流规划（2011—2018），建成天府新区保税物流中心（B型）主体工程，新建成投运物流项目2个、新开工物流项目2个，完成物流业固定资产投资1亿元	0.5	1.2	市口岸物流办	规划建设国土局国际合作和投资服务局
	招商引资	引进项目	新签约引进重大项目28个以上，其中"153"项目2个，主导产业占比80%以上，新签约引进重大项目注册率达70%以上；省级平台签约项目履行率、开工率、投产率和资金到位率分别达90%、80%、40%、35%	0.7	2.4	市投促委市商务委	国际合作和投资服务局
		外贸投资	利用外资实际到位3.27亿美元、实际到位内资142亿元；外贸进出口总额36亿元	0.7	1.25		
		招商活动	区（市）县领导班子全年率队赴外开展投资促进活动不低于60批次，其中党政主要责任同志每月平均不低于2批次，签约率达20%以上	0.6	1.24		
	国际化营商环境	政务服务水平提升	深入推进网络理政工作，全面推广使用市政统一综合行政执法智慧服务平台，入驻政务中心的行政审批和服务事项80%以上"仅跑一次"；完成本级非涉密应用迁移尚云及本级智慧治理中心建设；完成年度质量（品质）提升暨质量强市工作任务；创建国家食品安全示范城市	3.6	6.35	市大数据和电子政务办	政务中心
		社会信用体系建设	完成年度社会信用体系建设工作年度计划，投资项目从立项至竣工验收全过程涉及的行政审批事项在线办理率达100%	0.3	0.72	市发改委	经济运行和安监局

续表

类别	一级指标	二级指标	具体内容（预期目标）	参照分值	变更分值	市牵头单位	新区对接单位
构建"内陆开放经济高地"	国际交流合作	国际交流活动	开展国际合作项目与对外交流活动 25 项，开展领事保护和侨法宣传 3 次以上，开展外籍人士"家在成都"工程主题活动 2 次	0.6	1.5	市外事侨务办	国际合作和投资服务局
		国别园区合作	完成中意文化创新园区年度目标任务	0.5	1.2	市发改委	
	自贸试验区	自贸试验区建设	完成成都自贸试验区建设的相关改革试验任务、出台政策和措施、形成经验成果、开展课题研究、宣传动员、组织培训等工作	0.5	1.5	市自贸办	

注：各责任单位完成指标赋分、指标完成率以及分值贡献率的计算按照表中的变更分值确定，"新区对接单位"的名称参照 2019 年 10 月天府新区直管区行政区划调整之前的机构设置方案。

第九章　战略协同

一、实现战略全局性协同

（一）关于国家全局性战略承载

国家级新区作为国家重大战略的综合承载功能区，其使命担当就是要通过战略承载实现其巨大效能。中国共产党第十九次全国代表大会报告中指出，统筹推进经济建设、政治建设、文化建设、社会建设、生态文明建设，坚定实施科教兴国战略、人才强国战略、创新驱动发展战略、乡村振兴战略、区域协调发展战略、可持续发展战略、军民融合发展战略，以上七大战略均是国家级新区实施战略承载的目标任务。

在战略承载的具体践行中，应紧紧把握"可持续发展"这个"灵魂"，起搏"创新驱动发展"这个"心脏"。一方面，可持续发展应坚持生态优先。建立引导天使投资、风险投资和私募资金等支持区域生态经济发展的鼓励机制。对符合土地利用总体规划和集约节约用地原则的项目，将其纳入省重点项目土地支持年度计划的新型生态工业、生态基础设施、新建生态产业功能区项目，视同省级层面统筹推进重大项目优先保障用地。另一方面，跨越发展要依靠创新驱动。围绕经济社会发展重大战略需求和政府购买实际需求，以创新产品试行和远期服务定期定规购买原则，在第三方平台上发布面向全社会的需求清单，由此激励企业加强对自身产品的创新，以匹配政府需求；建立对重大技术装备引进补贴和研制奖励，并实施对重大技术装备的补偿试点推行；在招投标过程中应以技术创新为主要评价因子，刺激更多创新成果在天府新区率先完成转化应用；向上积极争取财政补助，支持落户入驻新区的企业建立专项研发基金，为研发持续性投入提供保障；逐步将新区科创项目上升为国家级省级重大工程，将有关人员收入、分红、绩效等分配制度健全完善；对引进的高端人才，其薪酬经批准不受当年本单位工资总额限制，亦不纳入该单位工资总额基数。

在战略承载的具体践行中，应壮大"区域协调发展"这个"躯干"，整合"科教人才""乡村振兴""军民融合"等内生动力，实现发展的持续转型升级。应以产业布局协同推进区域发展协调。一方面，通过能力能级提升，加快服务业高端聚集。优先发展生产性服务业，逐步形成面向三次产业融合发展、服务辐射"一带一路"的文化创意和设计服务中心。应以体现当地特色优势为目标，在凝聚城市功能高端要素来凸显城市活力的过程中把发展跨境金融、总部商务、国际商贸等作为重点产业，重点打造具有较大品牌影响力和市场辐射力的中央商务区、总部基地、会展中心和城市综合体。综合性服务集聚区面向周边区域生产生活的需求，主要提供科研、金融、物流、贸易、培训、商务、信息、展示、设计、商业、地产、中介、咨询、法律等配套服务。积极发展生活性服务业，将建设高品质生活圈的要求全域全程融入产业功能区和特色镇建设之中。另一方面，营造服务业发展的良好环境。加快构建区域性国际招商网络平台、区域性国际投融资平台、区域性国际开放开发与交流合作平台，进一步优化以技术、管理、人才等国内外先进要素为重心的引进吸收流程。建设好、运用好智库，健全自贸区知识产权研发应用规则并完善相应机制建设。引导创新资源向企业倾斜，鼓励各地构建专门专项的知识产权、技术研发等公共技术平台，更好地为企业提供多层次多形式的创新服务。

（二）关于国家跨区域战略承载

第一，要深刻把握住"重点节点"之于"一带一路"和长江经济带战略承载的意义。"一带一路"凭借着中国与相关参与国已有的双多边机制和区域合作，在古丝绸之路符号的象征引领下，呼吁和平与发展，同沿线国家保持并发展良好的经济合作伙伴关系，合力共造"政治互信、经济融合、文化包容"的利益与责任共同体、人类命运共同体。长江经济带战略是中国新一轮改革开放转型实施的区域开放开发战略。长江经济带是具有全球影响力的内河经济带、东中西互动合作的协调发展带、沿海沿江沿边全面推进的对外开放带，也是生态文明建设的先行示范带。

第二，着眼于"双城记""大西部"，对成渝地区双城经济圈（图9-1）、西部大开发（图9-2）的承载。成渝地区双城经济圈建设是国家重大区域发展战略，是着眼中华民族伟大复兴的战略全局和世界百年未有之大变局，推动形成高质量发展区域经济的战略决策，是深化成渝合作、促进区域优势互补协同共兴的战略举措，是成都加快建设高质量发展增长极和动力源的战略引领。新时代推进西部大开发形成新格局有利于促进区域协调发展，有利于巩固国家生态安全屏障，有利于促进陆海内外联动和东西双向互济，有利于增强内生增长动力，有利于升降和改善民生，进而破解西部地区发展不平衡不充分的问题，促进西部地区可持续发展，提升西部地区开放水平，推动西部地区高质量发展，实现西部地区民族团结和边疆稳定。

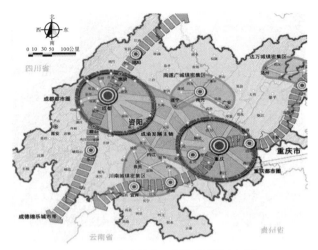

图 9-1 成渝地区双城经济圈示意图

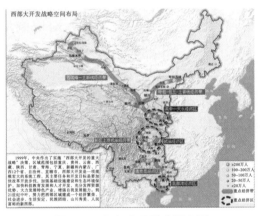

图 9-2 西部大开发空间布局

第三，着眼于"增长极"，对西部大开发的承载。实施西部大开发，主要就是充分发挥亚欧大陆桥、长江水道、西南出海通道等交通干线对涉及城市的串联作用，形成我国西部得天独厚的西陇海兰新线、长江上游等经济带，牵引跨行政区域循序渐进、层次分明地进行"西部大开发"。

第四，着眼于"内陆开放"，对"四向拓展"相关战略的承载。一是粤港澳大湾区。该区域是由香港、澳门两个特别行政区和广东省的广州、深圳、珠海、佛山、惠州、东莞、中山、江门、肇庆九市组成的城市群，是国家建设世界级城市群和参与全球竞争的重要空间载体，是继美国纽约湾区、旧金山湾区、日本东京湾区之后的世界第四大湾区。其具有全球影响力的国际科技创新中心、"一带一路"建设的重要支撑、内地与港澳深度合作示范区、宜居宜业宜游的优质生活圈，有利于深化川港澳交流合作，吸引港澳参与国家发展战略、构建西部大开发新格局。二是北部湾。按照其建设成为国际区域经济合作区的战略定位，服务"三南"（西南、华南和中南）、沟通东中西、面向东南亚的战略布局，努力建成"中国－东盟"开放合作的物流基地、商贸基地、加工制造基地和信息交流中心的战略目标，积极实施与天府新区的战略整合联动，有利于建设开放新高地。

（三）关于全方位开放战略承载

构建开放型经济。充分发挥面向"一带一路"的国际大通道优势，重点发展冷链物流、电子商务物流、金融物流、智慧物流，大力发展第三方物流，培育第四方物流，打造"一带一路"有机衔接的区域性国际物流中心。主动服务"一带一路"建设和自由贸易区战略，以建设中国（四川）自由贸易试验区为契机，坚持"请进来"和"走出去"相结合，突出开放合作通道、平台建设和企业发展的优势，加快推动面向"一带一路"的服务业开放合作和先行先试，逐步实现区域服务业的融合发展及服务市场一体化，加快服务贸易自由化进程。提高国际会展知识产权保护水平，加强"一带一路"国际博览会等大型展会的知识产权保护工作，建立国际性会展知识产权保护机制，不断完善会展知识产权保护措施，提高现场处理知识产权纠纷的能力。

在与"一带一路"沿线国家进行产学研合作时，要积极推动科研项目联合、专项人才联结、技术推广联动。精准对接全球创新资源，把天府新区同海外目标园区建立战略合作伙伴关系作为重点任务，通过创新人才、企业、机构等要素集聚，加强与先进发达国家的创新产业合作，深度融合引资引技引智，"引进来"与"走出去"并重，对世界500强及跨国企业落实相关配套保障。同时，支持在海外设立创新研发中心，利用海外优质资源提升创新能力。

拓展外向通道。一是中新互联互通南向通道。在中国－新加坡战略性互联互通示范项目框架下，川渝联动，以广西、贵州、甘肃为关键节点，有机衔接"一带一路"国际陆海贸易新通道。"南向通道"利用铁路、海运、公路等运输方式，向南经广西北部湾通达新加坡等东盟国家，比经东部地区出海节约 15 天左右。通过"南向通道"，有利于推进"一带一路"建设，有助于深化西部大开发，有利于建设中国－东盟命运共同体。二是中国－东盟战略合作和孟中印缅经济走廊。通过加强与东盟国家的战略合作，是维护国家安全的重大战略选择。孟中印缅经济走廊的辐射作用，将带动南亚、东南亚、东亚三大经济板块的联合发展，将打造"经济走廊"上升到国家级新区的战略层面，能带动中国西南、印度东部、缅甸、孟加拉国等区域的发展，实现国家级新区"西进南下"的策略顺利推进。

二、实现战略全面性协同

（一）经济极核的战略协同引领

加大体制机制创新力度，尤其是适应天府新区产业功能区和特色小镇建设要求的行政管理体制。根据国家发改委体制机制创新工作要点的要求，加大产学研协调创新和成眉协调管理体制改革试点工作力度。

加强要素配置支撑，在省级财政税收返还、优质项目建设用地、金融改革试点、产业基金支持等方面加大支持力度。建立"一带一路"国际人才市场，共享就业信息和人才信息，推行各类职业资格、专业标准在国别间统一认证认可。申请开展中国－中亚人力资源合作与开发试验区试点，加快国际人力资源服务产业园建设。

优化功能布局，对天府总部商务区、科学城和文创城等功能区管委会建设进行全面支持。加大机构设置和人员编制的制度创新力度。新区的财税收入、土地出让收益、行政事业收费等上缴所在市部分，均按一定比例返还新区，用于产业功能区基础设施建设和产业生态圈构建。

（二）功能分区的战略协同叠加

加快水环境治理及防洪工程体系建设。重点解决好直管区锦江流域水环境治理问题和华阳洪水防治等级问题。加快区域综合交通运输体系建设，加快双机场之间的快速连接畅通工程建设，加快标志性重大公共服务项目建设，尤其是呼应天府文创城建设、布局公共文化设施和文化交流平台。

加快公园城市示范性功能区建设。支持天府总部商务区、科学城、文创城的生产、生活、生态融合，突出"总部经济＋多元业态""新经济＋高科技""新文创＋新农旅"三大板块的融合，构筑体现"时尚、活力、未来、文创、田园"等要素的天府大道中部组团生态轴、景观轴，形成"人城境业"融合的大美公园。

优先发展各类社会事业。建立健全科技成果转移转化收益分配机制，制定科研人员股权激励制度。全面推行民办公益的新机制学校建设和推进省级重点中小学对口支持天府新区中小学工作。加快发展医疗卫生事业，全面建立环天府新区重大疫情信息通报与联防联控工作机制、突发公共卫生事件应急合作机制和卫生事件互通协查机制。大力发展文化体育事业。科学规划和全面发挥中西部文化联盟与跨区域公共图书馆文献、地方文献网络平台的共享作用。通过国际重大体育赛事的申办，扩大"朋友圈"。

（三）生态补偿的战略协同保障

探索建立横向生态补偿机制，上下游区域以河流跨界断面水质是否达标为主要标准，下游按年度给予上游区域一定的生态补偿，实现省级专项生态补偿资金倾斜。实行污染物、碳排放总量控制，加快建立环成都平原经济圈排污权交易和碳交易中心。

允许地方和企业通过购买节能量、排污量、碳排放量的方式完成节能减排任务。把森林碳汇作为可交易的商品权益，列入碳交易中心，尽快制定实施细则和办法，探索生态资源无形资产的评估机制。工业企业主动对环境治理和能耗设施实施第三方合同改造建设和运营管理，对其给予最高一次性补贴，争取该领域的省级补助专项资金安排。

推广"亩均论英雄"。在实际占用土地的工业企业、规模以上企业中，设置亩均税收、亩均销售收入、单位能耗工业增加值、单位 COD（化学需氧量）排放工业增加值、单位用水量工业增加值、全员劳动生产率六项指标，规模下企业设置亩均税收、亩均销售收入、单位电耗税收三个指标，以指标权重和指标基准值为基础，对企业进行综合评价排序。根据企业的评价类别，在用地、用水、用电、用能、排污、信贷等环境资源要素配置上实施差别化措施，倒逼企业转型升级，提高工业企业资源环境产出效益。应将孵化器等创业空间载体作为试点，依据单位面积的应税销售收入、实际入库税收、从业人数等评价指标，实施创业资金支持和租金返还的梯度差异化配置。

三、实现战略全域性协同

（一）国家级新区间的战略承载协同

国家级新区是承担着国家重大发展和改革开放战略任务的大尺度、综合型城市功能区，对于优化结构、理顺区域竞争关系，进行要素重组，强化协同发展效应具有重要意义。两江新区、天府新区、西咸新区、贵安新区作为西部国家级新区，是承接"一带一路"、长江经济带、西部大开发的重要战略支撑区域，对带动区域经济发展，形成更大的区域合力具有重要作用（图9-3）。

图 9-3 四大国家级新区位置及辐射范围图

1. 重庆两江新区

2010 年 5 月 5 日，国务院下发《关于同意设立重庆两江新区的批复》，两江新区成为国务院批复成立的第三个国家级开发开放新区，也是中国内陆第一个国家级开发开放新区。两江新区因位于长江以北、嘉陵江以东而得名，规划总面积 1200 平方公里，下辖江北区、渝北区、北碚区 3 个行政区部分区域，包括 23 个建制镇和街道。其发展定位、目标和路径的特点是：

（1）突出开发开放导向的发展定位

统筹城乡综合配套改革试验的先行区，内陆重要的先进制造业和现代服务业基地，长江上游地区的经济中心、金融中心和创新中心，内陆地区对外开放的重要门户，科学发展的示范窗口。在兼顾以上"五大功能"的基础上，探索内陆区域的开发开放新模式，推动西部大开发，促进区域协调发展。

（2）力争开放引领经济增长的发展目标

围绕实现国家战略定位，积极对接长江经济带"一带一路"国家战略，全面提高开发开放水平，努力实现全域经济增长高于全市30％、直管区经济增长高于全市 50％的目标，力争 2020 年地区生产总值比 2010 年翻两番，成为全市经济社会发展的"领头羊"和内陆开放的"排头兵"。

（3）实行整体推进突出开放的发展路径

重庆市先后将北部新区和四个市属开放投资平台公司并入两江新区，其目的在于调优两江新区体制。重庆市委、市政府确立"1＋3"（即两江新区＋重庆江北、北碚、渝北3个行政区）开发模式，成立由市政府主要领导任组长的两江新区开发建设领导小组，按照统一协调、统一政策、统一规划、统一宣传、统一统计的"五个统一"，统一领导各板块开展工作，与重庆江北区、北碚区、渝北区3个行政区协同推进开发开放。二是坚持产城融合，创新城建方式。以"资源从人口，人口从产业，产业从规划"的理念进行资源合理配置，科学布局功能分区，营建"两江四山多廊道"的生态格局，推进"三生融合"。三是坚持资源集聚，创新开放模式。在"一带一路"和长江经济带战略的部署下，实施大平台、大通道、大通关建设，建设工业园区、江北嘴金融中心、悦来会展中心等开放基础平台，依托果园港、寸滩保税港、江北国际机场等物流中心，构建东西并进、铁水空立体化的国际通道。实施通关便利化试点和贸易便利化改革，探索内陆通关和口岸监管的新模式。

2. 陕西西咸新区

2014年1月6日，国务院发布国函〔2014〕2号文件，正式批复陕西成立西咸新区，至此，西咸新区成为国务院成立的第七个国家级新区，也是国务院批准设立的首个以创新城市发展方式为主题的国家级新区。西咸新区属于关中城市群，是关中－天水经济区的核心区域，位于西安、咸阳两市之间，涉及2市7个县区、23个乡镇街道办，总面积882平方公里。其发展定位、目标和路径的特点是：

（1）突出向西开放纵深发展的战略定位

建设成为我国向西开放的重要枢纽、西部大开发的新引擎和中国特色新型城镇化的范例。立足区域发展本底，着重探索和实践中国特色新型城镇化道路，推进西安、咸阳一体化进程，拓展我国向西开放和发展的深度和广度。

（2）以"三新两护"实现西咸一体化发展目标

聚焦新区核心，遵循大开大合的模式，全域整合资源，创新发展模式，按照"建设新城市、发展新产业、形成新业态、保护历史文化、保护耕地"的要求，探索新型城市发展道路，实现西安、咸阳的一体化建设发展。

（3）以立足本底发挥优势的发展路径

一是探索开放合作的适宜路径。依托西咸新区 8 条高速公路、3 条高铁、2 条城际铁路等交通走廊以及空港和阿房宫 2 个交通枢纽的交通基础设施优势，积极寻求对外合作，提升西部开放水平。采取"一园多地"方式建设中俄丝路创新园，与广州南沙新区携手，洽商依托中俄丝路创新园，按照"一园三地"的模式建设国际创新合作科技园区，通过建立联席会议制度，充分发挥两地龙头企业及行业商（协）会的作用，加强两地干部队伍的交流合作。二是建设综合集约全域统筹的新城市。保留原有城市格局，以大都市核心区为中心，将空港、沣东、秦汉、沣西、泾河五大新城布局于新区大面积的绿地和生态廊道之间，形成一区五城和廊道贯穿、组团布局的现代田园城市格局。在大面积绿地和现代农业的总体布局基调中，以人为中心，建设土地利用集约化、城市功能综合化、生产生活循环便捷化、物质和精神要素密集、集成融合、和谐有序的现代立体城市。三是探索放大文化资源优势的新途径。统筹西安、咸阳两大古都文化遗产保护工作，挖掘历史文化的潜在价值，同时创新结合"互联网＋"文化，打造"数字西咸"，与中国惠普共同打造新丝路数字文化创意产业基地项目，建设产、学、研、投一体化的沣西新城微软创新中心孵化平台。

3．贵州贵安新区

2014 年 1 月 6 日，国务院正式下发《国务院关于同意设立贵州贵安新区的批复》，贵安新区成为第 8 个国家级新区。贵安新区位于贵州省贵阳市和安顺市的结合部，是黔中经济区核心地带，区域范围涉及贵阳、安顺两市所辖 4 县（市、区）共 20 个乡镇，规划控制面积 1795 平方公里。其发展定位、目标和路径的特点是：

（1）突出绿色发展后发赶超的发展定位

西部重要的经济增长极，内陆开放型经济新高地和生态文明示范区。在利用好、保护好贵安新区生态环境优势的前提下，积极探索欠发达地区绿色跨越发展的新路径，发展内陆开放型经济。

（2）坚持以科技创新推动绿色发展的目标

以生态文明理念为指引，围绕高端化、绿色化、集约化的发展定位，以绿色科技创新凸显贵安新区绿色发展的引领地位，为全国后发地区提供可参照、可复制的经验。

（3）坚持"先环境、后开发"的绿色发展路径

一是注重规划的区域衔接。贵安新区与贵阳地域相连，处于贵阳的西南向。当前，贵阳市在尊重自然、顺应自然，探索山地新型城镇化发展的过程中，以"规划树"为理念，构建层次分明、有机衔接、系统严密的"树型层级结构"（图9-4）城乡规划体系，推动建设发展。作为处于贵阳与安顺之间承载国家战略的大尺度、综合性功能区，贵安新区在规划引领上注重从层次和系统上与贵阳"规划树"理念城市规划的区域衔接，形成区域统筹的规划体系。二是以绿色产业引领发展。贵安新区在产业选择上，重点培育战略性新兴产业，以绿色大数据引领的电子信息产业、高端装备制造、大健康新医药、绿色旅游、现代服务业、绿色金融港等六大绿色新兴产业崛起作为战略重点和核心竞争力重点培育，在坚决保护"绿水青山"的同时，积极主动将生态环境比较优势转化为竞争优势。三是以生态理念建设城市。一方面立足本底，以"海绵城市"的理念进行城市建设。以"生态为本、自然循环、规划引领、统筹推进、政府引导、社会参与"的海绵城市建设原则，建立海绵城市建设管理联席会议制度，将海绵城市低影响开发按照"先地下，后地上"的要求，贯穿于项目规划设计建设管理的各个阶段，并做好后期竣工验收和维护管理工作。另一方面，为传播生态文明理念，展示生态文明建设成果，推动生态文明建设，以会议、论坛为载体积极对外宣传，连续举办生态文明国际会议（中国目前唯一以生态文明为主题的国家级国际性论坛），宣传推介生态建设贵阳模式。

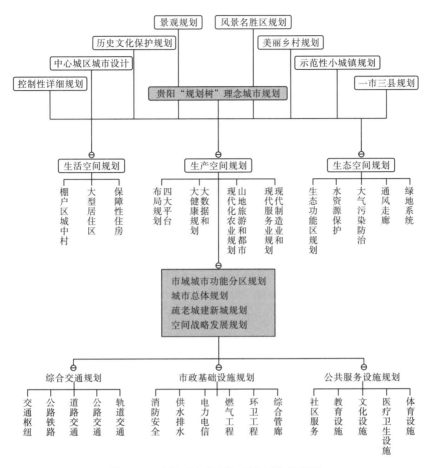

图 9-4 贵阳"规划树"理念城市规划图

4. 四川天府新区

2014 年 10 月 2 日，国务院批复《四川省人民政府关于将四川省成都天府新区批准为国家级新区的请示》，天府新区成为第 11 个国家级新区，天府新区总规划面积为 1578 平方公里。其发展定位、目标和路径的特点是：

（1）以高质量发展为导向的发展定位

四川省委、省政府于 2019 年 5 月 29 日出台《关于加快天府新区高质量发展的意见》，根据该意见的总体要求，天府新区的发展定位为：一是充分发挥天府新区在"一带一路"建设和长江经济带发展中的重要节点作用，突出公园城市特点，充分考虑生态价值；

二是努力将天府新区打造成为宜业宜商宜居宜游的公园城市、西部地区最具活力的新兴增长极、面向全球资源配置的内陆开放经济高地;三是为做强成都"主干"、引领带动全省区域协同发展提供有力支撑,为推动治蜀兴川再上新台阶作出更大贡献。

(2)发挥引擎作用实现辐射带动的发展目标

通过城乡统筹、产业集聚创新、充分开放合作,增强成都作为成渝城市群发展核心的引擎作用,扩展成都及周边地区的发展空间。在凸显四川在西部地区的优势地位、加快建设西部经济发展高地的同时,推动成渝地区建设成为西部重要经济中心,辐射带动西南、西部加快发展。

(3)突出时代特点和创新发展的路径选择

一是以产业功能区战略举措推动产业发展。天府新区依托成都市统筹布局建设66个产业功能区,将产业功能区作为推动经济高质量发展的重要载体,通过对产业生态链、产业生态圈的创新构筑,汇集配置人流、物流、资金流等要素,打出"产业空间聚合、服务设施集中"的优质品牌。在加强聚集高端产业和整合高端要素功能上,切实改善整个区域的产业发展和民生。二是以新发展理念建设公园城市示范区。作为公园城市的首提地,天府新区坚持"绿水青山就是金山银山"的理念,在发展逻辑、建城模式、营城方式上进行积极探索,由公园城市建设局牵头拟定《公园城市规划和标准》,构建公园城市城乡规划体系,提出从"产城人"转变为"人城产",从"空间营造"转变为"场景营造",高起点、高标准建设美丽宜居公园城市,提升城市品质。三是以营商环境优化提升开放水平。作为"一带一路"建设和长江经济带发展的重要节点,天府新区实施对外开放重点工程,大力发展开放型经济,打造具有新区特色的营商环境。坚持法治化方向,大刀阔斧简政放权,完善界定政府权力边界的清单制度,构建全方位立体化的服务保障体系;坚持国际化方向,对照世界营商环境监督测评标准,完善营商环境指标体系;坚持便利化方向,以"放管服"为突破,进一步简化审批手续,推进"智慧政务"建设。

5. 国家级新区的战略协同

截至 2018 年 6 月，中国国家级新区总共有 19 个，其中东部地区 8 个、中部地区 2 个、西部地区 6 个、东北地区 3 个，分布广泛。国家级新区作为深化改革开放的试验田，对引领经济发展、优化区域开发格局发挥着重要作用。

一是形成示范带动作用。国家级新区作为区域增长极在依托国家政策、资金倾斜壮大极核自身的同时，通过产业管理、地区联系向外扩散，带动周边区域的发展。二是形成区域协调作用。国家级新区是国土空间开发格局优化的重要实践形式，在科学规划的前提下，立足区域地域特色，根据区域发展需要，考虑空间的功能配置，优化空间布局，明确战略目标、重点任务，推动区域加快协同发展。三是形成网络联动作用。国家级新区分布广泛而均衡，其位于区域经济网络体系中的关键节点，通过增强自身以及整个区域的发展活力，带动更大空间范围的经济发展，以点促省，以省带域，形成网络联动。

与东部地区相比，无论是投资需求还是消费需求，中西部的比较优势不明显，而国家级新区是中西部的重点区域，处于率先起步的地位，在区域协调发展战略中起着关键的作用。随着经济的开放发展，我国西部与西部周边国家签订了多个双边和多边经贸合作协议，因此，打开向西、向南开放的通道尤为重要。天府新区、两江新区、西咸新区、贵安新区作为西部发展引擎，必须紧密结合区域发展的比较优势进行错位发展。

相较而言，天府新区和两江新区的联动更应具体化，由于成都、重庆经济、人口基础相对优越，基础设施建设相对完善，因此，应着重进行产业发展，形成强大的区域辐射力带动成渝地区发展壮大。其中，位于长江黄金水道的重庆可重点探索内陆地区联动开发开放的模式，打造内陆对外开放的重要门户。

天府新区地处成都平原，应发挥在空间集聚中的区位优势，在西部各新区中形成"一马当先"之势。西咸新区位于关中—天水经济区的西安、咸阳两市的核心位置，主要在于探索和实践特色新型城镇化道路，推进西咸一体化，拓展我国向西开放的广度和深度。贵安新区 90% 以上的面积位于重要水源汇水区范围，资源环境约束较大，且地区基础设施相对落后，因此需要坚持"绿色发展"理念，建设高端化、绿色化、集约化的生态文明示范区，探索欠发达地区后发赶超的发展路径。故此，天府新区在产业功能区布局中，应着眼于新型基础设施技术研发、大西部高端技术总部经济的新经济路径、形态、应用场景创新等方面，形成内陆开放高地。

（二）省内跨地区的战略承载协同

习近平总书记到四川视察时，要求四川"推动城乡区域协调发展，健全城乡统筹、区域协作的体制机制和政策体系，打造各具特色的区域经济板块，推动各区域共同繁荣发展、同步全面小康"，这为四川解决发展不平衡不充分问题、推动区域协调发展指明了前进方向。"一干多支、五区协同"的发展新格局是深入贯彻习近平总书记推动区域协调发展重要要求的重大部署，是破解四川发展不平衡不充分问题的重大决策。

1. "一干多支"的内涵分析以及"五区协同"的经济发展现状

"一干多支"中的"一干"指的是将成都市作为四川省协调发展的主干，"多支"指的是环成都经济圈、川南经济区、川东北经济区、攀西经济区和川西北生态示范区。可从两个方面理解这一顶层设计的内涵，一方面是做强成都"主干"，把成都作为西部中心省会城市的核心引领作用发挥出来；另一方面是发展"多支"，在四川省内成都以外地区构建多个支点，实现区域协调发展。这一战略关键在于破解发展不平衡这一难题，以区域优势互补，促进全省齐头并进的高质量发展。四川五大经济区之间的经济差距依然巨大。2003 年，成都平原经济区 GDP 总量占全省 GDP 的 57.76%，排名最末的川西北生态示范区 GDP 总量占全省 GDP 的 1.52%，成都平原经济区的 GDP 总量是川西北生态示范区的 38 倍；到 2018 年，成都平原经济区 GDP 总量占全省 GDP 的 61.24%，排名最末的川西北生态示范区 GDP 总量占全省 GDP 的 1.42%，成都平原经济区是川西北生态示范区的 42.9 倍。从中可以看出，四川五大经济区 GDP 的极值差与 2003 年相比 GDP 差距还呈现进一步拉大的趋势。

2. "一干多支"格局下天府新区发展内外动力机制分析

在区域空间一体化和区域经济一体化的背景下，形成了区域经济联动，区域经济联动是指相邻区域通过"联动发展"，实现功能和资源上的有机融合，形成市场同体、信息共享、环境同治、产业同步一体化格局的多层次组织，进而建立起开放的协作机制和统一的网络市场。区域经济联动的动力机制包括外动力系统和内动力系统两部分。

一方面，区域之间联动发展的外部因子构成了区域经济联动的外动力系统，包括制度、市场等宏观环境因素。在推进"一干多支"发展战略的进程中，这种外部动力与四川省区域经济的发展现状、政策走向、供需关系及社会文化密切相关。特定区域内各地方政府之间建立伙伴关系，特定区域的外部快速迭代以及特定区域内外发生的里程碑事件均是外部动力的表现形式。省内其他区域应结合自身经济的实际发展情况，与天府新区建立各领域协作关系，实现双赢或多赢。另一方面，区域经济联动的内动力系统是在一定程度上满足区域内部各地方发展的需要，影响联动发展关键要素之间的互补性而存在的一种动力系统。主要包括区域分工、产业跨区域转移、资源要素跨区域流动等。这种驱动力取决于天府新区在省内对各区域的资金、物质资源、各领域人才和相关技术水平的整合力和辐射力，主要表现在为获取区域规模经济效益和共同经济利益的需求拉动力以及各区域建设不断完善的供给带动力两大方面。从根本上讲，外部动力和内部动力需要对接与耦合才能最大限度地驱动区域联动发展，才能使区域获得更多的经济效益，才能够进一步凸显国家级新区在区域辐射和经济联动上的战略整合优势。

3. 天府新区在牵引"五区协同"共同体中的担当作为

从区域经济发展一般规律看，当一个地区城镇化率达到 50%以后，区域经济的空间形态将逐步迎来由"虹吸集聚"向"辐射扩散"发展的拐点。"虹吸集聚"是被动的，不管愿意与否，力量弱小区域的要素资源总在被动地被强势区域吸走；而"辐射扩散"则是主动的，只有愿意接受"辐射扩散"的区域去积极主动地创造通道条件，主动承接"辐射扩散"，才能更早、更快、更优地受到辐射。

天府新区作为新的增长极核，重要任务是在提升一体化发展水平中当好"先锋官"、统筹作为、有向辐射，实现对资阳、德阳、乐山、眉山、遂宁、雅安6市的有效辐射。通过统筹产业和服务功能布局，实现错位互补、有机融合、一体发展，建立"研发设计在成都、转化生产在其他市（州）"的产业互动模式，协同推动产业成链、开展集群招商，让内圈城市与天府新区同城发展，打造西部地区最具活力、最具优势的现代化城市群。

天府新区应成为南向开放"先行者"，增强"天府新区是'一带一路'和长江经济带的重要节点"的"节点意识"，联动川南，包括宜宾、泸州、内江、自贡4市，迅速有效融入"一带一路"建设和长江经济带发展，依托陆上通道和长江黄金水道，建设全国性综合交通枢纽，加快发展自贸区"无水港"经济和通道经济，培育优势产业集群，带动南向开放重要门户和川渝滇黔结合部区域成为新兴增长极的副中心支撑。

关于川东北经济区，包括南充、达州、广安、广元、巴中5市，以及攀西经济区，包括攀枝花市和凉山州，天府新区应通过充分发展其在临空经济、新经济、总部经济中的区域极核效应，为上述两区域在发展清洁能源化工、特色农产品精深加工、生态康养、红色文化旅游、阳光康养旅游等产业转型升级中，提供上规模的技术支撑和效益支撑。

关于川西北生态示范区，包括甘孜州和阿坝州，着眼于把保护修复生态环境摆在优先位置，天府新区应积极履行国家区域协同发展战略承载的重要使命，探索产业联动的生态横向补偿机制，为该区域建成国家生态建设示范区、国际生态文化旅游目的地、国家全域旅游示范区、国家级清洁能源基地和现代高原特色农牧业基地以及争创全国民族团结进步示范州，提供全方位转移性补偿性要素保障。

（三）区域内的各片区战略承载协同

四川天府新区分为天府新区成都片区和天府新区眉山片区，天府新区成都片区包括成都天府新区（即天府新区成都直管区）以及成都高新区、双流区、龙泉驿区、新津区、简阳市的部分地区；天府新区眉山片区包括彭山区、仁寿县部分地区。各片区在利用天府新区政策、资金、土地等优惠的同时，积极以片区协同促进新区建设。促进天府新区成都与眉山片区协同共融发展，是增强天府新区发展活力、打造国家一流新区的有效举措。促进成眉协同共融发展，只有谋划在前、引导在先、主动在急，才能避免可能出现的盲目、无序、重复、短期的开发行为。

1. 空间布局协同——实现成眉共融的基本遵循

按照习近平总书记视察天府新区时的重要指示，成眉协同发展应突出"公园城市的特点、把生态价值考虑进去"的特质，以绿色发展为全域遵循，推动全局性区划调整和实质性建设统筹、根本性管理同标，塑造"推窗见田、开门见绿"直至出门入"园"的城市形态，重现"窗含西岭千秋雪"的旷世胜景。一是以集约开发为战略导向。瞄准提升发展能级、推进均衡发展和创新激励约束机制等问题靶向，遵循土地梯次性开发原则，有效防止土地开发时空次序的盲目性、低端化。应通盘考虑并加快推进天府新区全域以及环天府新区的眉山片区直管乡镇区域和协同发展乡镇区域的规划编制工作，为集约开发留足空间。二是以规划管控为重要抓手。要实现"规划同城、基础同网、功能同质、品质同档、管理同标"的目标，落点所在就是"规划严控、土地严控"。越是梯次发展的缓冲地带、边缘区块，越是要依托优越的生态本底，保护好原生态肌理的田园村落。通过"公园城市林"和城际绿色屏障的打造，主动实施土地利用管控政策。三是以保护性利用为基本路径。目前，视高、青龙等地均存在生态用地和农用地占比偏低的情况。如视高 50.4 平方公里规划区域，生态和农用地占比 60.3％；青龙 42.8 平方公里规划区域，生态和农用地占比 52.8％，均低于天府新区全域生态和农用地占比（63.2％，截至 2017 年底），更与上海市 2020 年主要生态指标预期中土地子系统绿色覆盖率（72.9％）差距甚大。基于此，应集中成眉用地指标资源、统一土地赔付标准、规范征迁程序，以核心区、起步区为"圆心"，以"环天府新区经济带"外缘为"环"，由内向外，近"合理用"，远"严格控"，通过探索建立对外缘区域的重点生态功能区奖补性管控制度，完善生态保护成效与资金分配挂钩的激励约束机制，健全开发核心区、缓冲区、外缘区自内向外递增的横向生态保护补偿机制。

2. 干部队伍协同——实现成眉共融的核心引擎

领导干部是干事创业的核心和关键力量。在两地干部队伍建设上，按照设定的总体目标、具体目标和阶段性行动计划，统一思想、统一步调、统一行动，以干部队伍对协同发展的主动有序导入和积极有效作为形成成眉共融的核心引擎和持续动力。一是坚持改革创新的合作共融理念。突破行政区域限制，在成眉两地政府之间形成互惠互利、协同共融的思想氛围。二是加强干部人才队伍的交流。建立成眉两地政府、园区、企业互动学习机制和交流任（挂）职机制，定期开展专题讲座，组织两地干部学习探讨和践行融合发展理论与实务；组织两个片区的规划、建设、城市管理等领域专家或专业干部相互学习交流，互通信息有无。三是拓宽干部专业化培训的渠道。加快成立天府智库研究院或适时成立覆盖全域的天府新区干部战略研究院，着力加强干部的全局思维、精神区位、执行能力的培训，让协同战略思维、战略导向和战略布局在两地干部队伍中入脑入心、外化于行。

3. 产业项目协同——实现成眉共融的关键支撑

在产业发展上，注重产业规划协同和错位发展。一是建立招商项目错位布局和共享联审机制。依托天府新区成都片区总部、科创企业资源，将核心产业链条的延伸作为成眉片区协同共融发展的"动力源""传导器"和"硬支撑"。准确分析两地交通区位、土地资源和产业基础，对视高、青龙片区产业再定位、再明晰，与成都差异化发展，避免产业同质竞争。由省天府新区领导小组及其办公室统一出台指导性文件，构建"天府新区产业链全景图"，促进两地产业优势互补、资源共享、平台共建。建立两地企业创新服务机构，做实交流服务平台，实现创新同推，互联互通。二是在项目落地上精准施策定项目。通过建立区域协调机构，组织协调实施跨区域重大工程项目的建设，在充分发挥各片区主观能动性的基础上，科学、合理设计、遴选项目。争取省级设立成眉协同发展基础设施建设奖励资金，对成眉衔接区域重大基础设施建设项目给予财政奖补，通过对区域的政策倾斜或市场化手段，对项目进行集约化运作。三是建立天府新区重点产业项目库。优先在眉山片区布局一批绿色环保、成长性好的特色产业项目，实现错位发展的项目合理布局，切实提升眉山片区的经济能级，缩短成眉经济极差。以成眉铁路公交化和毗邻区域公交一体化为切入点，全力推进交通等各基础设施领域的一体化。四是探索项目化协同推进机制。通过组建跨区域协同管理运营项目部（公司），依据项目库的近、中、远期时序安排，破解重复建设、滞后建设问题，优化区域资源要素配置，选取民意关切度高、成本控制成效显、地域关联度强的切口，强力推进产业支撑项目和公服配套项目。

4. 金融支持协同——实现成眉共融的主要牵引

以市场化运作作为主推力量，有效动员各片区优势资源，合理分担风险、共享利益，促进天府新区更高水平的资本利用、投融资机制优化。一是在合作机制上，以法制化、市场化手段弥补区域合作中的机制体制障碍，确定一定规模的法定资本金，破除固有的基于政府协商的投资争端解决方式存在的弊端，旨在以市场化规则为基础、公平共赢为前提解决区域基础设施、产业项目投资建设中的各项分歧，以多边区域金融公共产品供给突破区域合作障碍。二是在治理结构上，建立公平公正的决策和分配权。制度创新上主要体现在组织机构的设置、投票权与分配权规则上。在分配权上，基于各片区GDP分配股本，通过股权来行使否决权，确保核心区在全域开发建设中的科学统筹与引领的作用。同时，通过推进基本股权的分配来有效地维护各片区的发言权。三是在借势借力上，省级金融投资机构加大对各片区共同出资建立的基础设施、产业项目发展基金的支持力度，以市场化的外力解决区域基础设施、产业项目共建中的成本分摊、利益分成等争端。推动国际、国内、省、市重要金融平台设立分中心，建成位于天府大道视高段旁的天府金融港。

5. 运行体系协同——实现成眉共融的根本保障

加强实质性联动，构建常态化的运行体系。一是通过大力推行区域的直管托管和对经济社会事务的综合管理，将清水区块纳入眉山视高片区，并通过对这个区块的经济社会事务统一管理，实现向东向南的均衡区划拓展，实现高效顺畅的运行体系协同。二是通过建立充分体现统筹功能的分层式、促落地的多重领导圈层，由低到高依次是各功能区所在行政区域建设发展统筹相关部门联席会议，各功能区所在行政区域政府（管委会）常务副职和有关市直部门协商会议，各功能区所在行政区域党政主要领导、相关省（市）直部门以及省（市）分管领导组成协调委员会圆桌会议。三是通过建立健全议事协调机制，按照平等协商、权责一致的原则，对基础设施建设、运营和社会治理中产生的收益和成本，进行合理分配与分担，在现行政策的衔接上，注重更加公平、更有效率的政策倾斜，确定合理比例向各区域提供发展统筹资金，扩大资金注入渠道和力度，提升发展资金和民生政策的统筹层次，拓展公共服务均衡化覆盖范围。四是通过建立通畅快捷的信息沟通机制，有效破解两片区在城市规划、基础设施建设、经济信息统计等重大事项上缺乏有效对接、沟通和信息共享而造成的成眉衔接区域"信息孤岛"问题，全面建立健全区域建设发展统筹协调机制。五是通过从深层次强化区域统一考核的导向，着眼建立对各片区开展目标考核的统筹全域发展指标体系，适时成立考核工作委员会，其办公室可设在天府新区成都管委会建设发展统筹协调办公室，完善对各片区（功能区）的考核，建立健全激励约束机制，提振推动全域协同共融的精气神。

策略九　关于加强成眉金融协同的思考与建议

区域金融协同发展是区域经济协同发展的重要内容和支撑途径，健全的金融协同发展体系为区域经济协同发展提供有力保障和重要支持。面对经济进入新常态、发展步入新阶段的大背景，天府新区眉山片区的发展态势是高质量建设天府新区的必要表现形式。为深入贯彻习近平总书记来川视察时重要指示精神，规划好、建设好天府新区、打造新的经济增长极，认真落实成都市全面建成具有国际影响力的西部金融中心的工作要求，天府新区成眉片区应以开放思维，创新金融合作形式、拓展金融合作内容、加强区域间金融机构的协作发展，优势互补、互利共赢，加快构建责任共同体、利益共同体、命运共同体，以金融协同牵引经济社会发展，实现成眉金融同城化。

一、成眉金融支持协同的制约因素

天府新区成都片区和眉山片区统筹规划相对缺乏，片区之间经济联系相对薄弱，眉山片区面临着资金需求巨大，融资渠道单一等资金难题，这不仅影响了天府新区的整体竞争力，也使得两区难以形成解决难题的合力。

（一）统筹规划、协作机制待加强

一是金融机构的设置缺乏科学统一的规划。金融机构在两区域的空间布局、市场分类、机构定位等方面仍以行政区划分，缺乏促成成眉两地金融协同发展的统一规划和差异化布局，两区域机构设置功能配合度不高，发展不平衡。二是金融部门的行政协作机制有待加强。成眉金融行政机制长期存在分散经营、各谋其职、独立考核的状况，缺乏有效对话学习机制，不利于眉山片区的后发之势，造成两地金融机构经营成本增加、金融资源浪费、融资效益低下，制约金融的杠杆作用和规模效应的发挥。三是平台公司的协同运作具有较大挑战。眉山天府新区投资集团成立时间短、起步相对晚，规模尚需成势成型，缺乏多元的投融资手段和成熟的资金运作能力。相较于成都天府新区投资集团丰富的市场经验和完善的管理运作体系，眉山天投集团需要从公司运营、金融资源管理、金融手段创新等方面加强与成都天投集团的联系交流，进一步促进两区平台公司的合作协同。

（二）金融创新、融资渠道待拓展

一方面，融资渠道较单一，社会资本参与程度较弱。目前，天府新区眉山片区建设资金基本来自有限的专项债券、商业银行贷款和 PPP 项目进行的融资，资金额度受多方限制，贷款沉淀率较高，融资渠道不够多元，未能充分发挥融资活力。同时，相关部门机构对信托计划、票据融资，以及城建领域已实践的海外融资、融资租赁等渠道有待挖掘。另一方面，缺乏金融创新动力牵引和新金融领域专业支撑。眉山片区主要以传统融资模式为主，在制度创新、市场创新、产品创新、机构创新和管理创新方面缺乏全面专业支撑和综合实践经验。特别是对综合性、混合业态的金融创新模式的研发利用力度还不够，难以满足新时代、新发展、新金融对产品创新和服务创新的需求。

（三）政策倾斜、投资环境待提升

一是政策严控融资渠道，投融资政策倾斜不足。2019 年 3 月 18 日财政部发布《财政部关于推进政府和社会资本合作规范发展的实施意见（财金〔2019〕10 号）》，《意见》指出财政支出责任占比超过 5％的地区，不得新上政府付费项目；每一年度本级全部 PPP 项目从一般公共预算列支的财政支出责任，不超过当年本级一般公共预算支出的 10％，新签约项目不得从政府性基金预算、国有资本经营预算安排 PPP 项目运营补贴支出；新上政府付费项目打捆、包装为少量使用者付费项目、项目内容无实质关联、使用者付费比例低于 10％的，不予入库。文件的出台在进一步规范政府融资渠道的同时，使新区融资发展的政策支持受限，在一定程度上收紧了融资渠道，减少了融资手段，压缩了融资额度，使新区面临巨大的投融资挑战。二是政策限制政府举债，直接融资渠道收紧。2019 年 7 月 1 日开始施行的《政府投资条例》指出，政府及有关部门不得违法违规举借债务筹措政府投资基金，政府投资资金按项目安排，以直接投资方式为主，对确需支持的经营性项目主要采取资本金注入方式，也可以适当采取投资补助、贷款贴息等方式，并且条例还明确规定了政府投资建设禁止以举债方式进行。虽眉山片区管委会偿债能力相对强，新区投资热度高，但由于片区基础建设资金需求量大和直接融资渠道的淤塞，发展建设的投融资缺口较大。三是政策扶持力度弱，投资环境有待优化。眉山片区对金融机构在资金、税收、土地等方面优惠政策扶持力度受限，尚待形成市场化的成熟服务支撑体系；投资软硬件不匹配、较为薄弱，难以引入国际化金融机构入驻；尚未出台特色人才招引政策，就业环境吸引力急需加强，对专业化、创新型金融人才缺乏吸引力度。

（四）系统监管、金融风险待防控

一是金融机构同质竞争明显。眉山片区金融载体主要为大型银行分支机构，目前服务对象主要为基建项目和公共服务项目，金融机构之间存在同质化竞争等问题，金融机构缺乏多元化，如保险、担保、基金、信托、证券等还未入驻片区。二是金融约束机制未健全。眉山片区针对金融企业缺乏完善的准入、退出机制，考核评价机制还缺乏有效引导，激励机制尚未体现市场化、差异化，便利高效的金融服务支撑还有待加强。三是金融风险预警系统不全面。尚未成立专业、高效的金融监管部门，对维护金融市场稳定方面缺乏明晰的监管目标和监管流程，对片区内金融运行情况缺乏准确评估，对金融信息共享、利用的准确性和及时性还有待提升。

（五）科学配置、运行机制待优化

一是事权财权有待进一步匹配。天府新区眉山片区作为派出机构，行政区划的分割导致事权财权不够明晰，决策过程相对复杂，片区管理运作效率还有待提升。二是分享机制有待进一步调整。合理的利益分享机制是调动各方积极性的关键因素，也是增强新区稳健发展的内生动力，以土地出让金为例，眉山片区土地出让金以2∶8 比例分配给彭山区、仁寿县，但这部分土地出让金如何以合理的比例分配返还到新区，专款专用于其基础建设是亟须破解的难题。三是金融管理人员队伍有待进一步壮大。相比于成都天府新区管委会财金局拥有大量相关专业人才，眉山片区管委会财金局人力相对不足，支撑能力相对有限，加紧壮大专业化工作人员队伍，完善人才招引机制是实现金融协同的重要支撑。

二、加强成眉金融支持协同的对策建议

血脉通畅增长才有力。金融作为现代经济血脉，是撬动成眉协同发展不可或缺的重要力量。高效的金融体系和有序的金融市场是推动成眉协同发展的必然要求。要提升眉山片区建设质效，加快推进成眉共融，金融协同机制起到了至关重要的作用。对此提出以下几点建议。

（一）加强顶层设计

实现成眉共融，需要两个片区进一步提高认识，完善机制，深化合作，务实推进同城化发展，积极构建互促统一的规划协作机制、公平合理的利益协调机制、高效有力的监督执行机制，解决合作过程中的矛盾冲突，为区域金融合作带来持续动力。一是建立金融协同共商机制。由两区财金局领导牵头，成立金融协同领导工作组，并结合财金局职能，下设投融资促进、国企协作等专项职能小组，以联席会议方式对成眉金融合作路径和实施情况定期作出反馈和调整，加强两区管委会间的信息互通和相互合作。领导工作组整体统筹金融协同的整体规划设计，并对金融合作的运行反馈、监督管理、风险防控等方面进行跟踪指导；专项职能小组深耕各自领域，采用平台共建、项目合作等形式推动金融协同实质进程。二是建立政金合作对话机制。构建政府与金融机构间、金融行业内部之间的信息发布和业务交流平台，定期发布中央、省、市各级发展政策和成眉金融协同项目进展等信息，便于金融机构及时深入了解政府最新的投融资政策和项目信息，并通过完善区域内股权交易市场、产权交易中心等金融交易市场，为各类主体参与金融合作创造条件，保障金融资源要素的顺畅流动。三是建立多元协同发展机

制。立足建设成都市金融副中心的目标，重点统筹发展银行、证券、保险、信托等传统金融行业的头部企业，鼓励在新区开展产品研发和人员培训的传统金融机构在眉山片区设置研发分支机构和培训分中心，吸引金融数据中心以及资产管理、投资咨询、信用评估等金融中介机构入驻，健全金融产业链，着力打造总部集聚、配套完善、市场活跃、运行高效的金融产业集聚区，逐步形成产业链齐全、竞争互补的金融市场格局。四是建立利益分享协调机制。根据均等公平、利益兼顾的合作原则，成立成眉金融协同统筹协调委员会来协调处理可能出现的分歧，避免由于同质化竞争而导致的地区间利益冲突，增强金融协同的系统性和可操作性，确保区域成眉金融支持协同的顺利进行。

（二）拓宽融资渠道

天府新区眉山片区正处于起步阶段，资金需求量大但财政力量相对薄弱，如何分阶段分时序满足短、中、长期资金需求是关键。一是多途径解决短期资金压力。充分利用社会资本，鼓励眉山天府新区投资集团与社会资本开展广范围、深层次的合作，以政社合作（PPP）模式缓解适宜市场化运作的公共服务、基础设施、新型基础设施等民生项目建设的前期投资压力，采用政府采购、回购、BOT 等模式，解决非经营性基建项目的短期资金压力。二是多渠道激活资金创新供给。在项目建设、投资运营过程中，应考虑充分运用各类金融工具并灵活组合，拉长支付期限，减缓短期资金压力。例如，采用融资租赁解决涉及大量设备采购的项目资金难题，以资产证券化形式盘活大规模财政性投资形成的存量资产，引进产业投资基金助力轨道交通建设，招引风投机构满足高科技产业融资需求。三是多形式强化资金精准使用。可设立创业投资补助基金，以阶段参股、跟进投资、投资保障等多种形式，支持区域内高成长型的创业投资企业或初创科技企业发展壮大；打造中小微企业专项扶持、融资担保的综合平台，建立担保资金补充制度并形成完善的信用担保体系，有序引导社会资本成立小额贷款公司联盟，服务企业融资。

（三）创新金融手段

一是共建新区金融"智库"。为更好地服务成眉金融协同，汇集专家学者、投资顾问、智库型人才组建"天府新区金融协同发展研讨会"，立足于两区金融发展的相关研究、创新金融工具实验、政策咨询等工作，着力打造高水平金融专业智库。二是大力发展互联网金融。立足"眉山创新谷"的科技创新环境基础，有序准入互联网金融企业，依托互联网技术带动金融行业的创新发展，实现传统金融业务与服务转型升级，积极开发基于互联网技术的新产品和新服务，为金融发展提供更广阔的空间。三是打造协同创新平台。依托"产业联盟＋研究院＋技术交易平台＋基金"形成的科技服务链，创新科技信贷、知识产权抵质押融资等金融产品或服务，积极开发针对高新技术产业的信贷工具，完善产业新生态。

（四）强化运行保障

实现金融资源在两区的自由流动和高效配置，需建立一套高效、公平、合理的运行体系，才能保障合作各方的积极性，实现金融同城化。一是创新设立成眉协同金融服务机构。统筹成立服务于天府新区建设的商业银行或者专业投融资促进平台，广泛吸收两区的社会闲散资金，并以此加强形成两区金融企业对话机制，相互弥补建设资金缺口。二是增强投融资促进服务功能。可采用政府引导、市场运作模式，放宽对金融行业的准入限制，简化行政审批流程，给予金融机构政策优惠，积极吸引国内外更多金融机构进驻；抢抓中国（四川）自贸区眉山协同改革先行区建设机遇，放宽投资管理限制，为出口资金、海外投资、海外汇款创造便利，促进跨国企业全球范围的资金调拨和金融创新。三是引导区内区外资金良性循环。首先建设完善一批示范性项目，并配套出台各类财税优惠政策和产业支持政策，引导和带动国内外投资者到区域内进行投资；其次通过打造良好的投资环境和高效的融资机制，逐步形成区内区外资金良性循环。

（五）提升监管水平

完善的金融监管体系是构建种类齐全、业务多元的金融服务体系的重要保障，对于特殊的风险经营行业，政府部门应强化金融环境健康有序发展。一是成立成眉金融协同监管部门。健全信息报告和管理制度，梳理完善成眉金融协同监管部门对区域内金融行业的管理权限，并结合金融风险的不同种类和不同程度，制定不同应对预案，健康稳定推进成眉金融协同发展。二是完善金融风险预警系统。通过建立高效的区域金融稳定评价指标，充实金融风险管理信息系统，建立区域内统一的信息平台以提高信息的共享率和利用率，监测评估新区金融运行情况。三是加快共建共享区域内征信系统。通过整合区域内政府部门、金融机构、企业等数据，完善信用评价体系，逐步形成统一的跨区域征信评价和认定。

第十章　战略评估

一、战略评估的主体

（一）战略由"谁"评估

战略评估是检验战略构想、凸显战略显示度的必备之器。为避免战略走向盲区，甚至形成误区，切实增强战略设计与实践中有可能出现失误的可修复性，只有突出以人民群众为主人、由人民群众来评判战略才有效度，才能让战略驶入引领各项事业跨越发展的"蓝海"。权力主体的权力实施并不是抽象的概念，更多地体现在操作层面，人民民主在实现的过程中，不仅要反映在学理上，更要体现在广大人民的有序政治参与中，让人民看得见。履行天府新区公共管理职能的机构为四川天府新区管理委员会办公室、天府新区成都管委会，在省、市两个层面的统筹机构或政府派出机构的治理模式下，因区域治理体系中没有直接设置通过选举产生区域公共管理机构的实践方式，导致公民参与本地区重大决策和公共事务监督缺乏传统主渠道。

为避免可能出现的为追求政绩最大化、搞"政绩工程"的倾向，人民群众应通过恰当形式与采取合理措施来影响决策的制定和实施过程。政府的重大工程建设、公共投资项目，甚至公务员的晋升等一系列关系"花费纳税人钱款"的行为，都应让公民参与其中。

国家级新区在战略定位、布局、方向上，应通过引导人民群众有序政治参与，把民主决策、民主管理、民主监督等多种民主形式涵盖其中，使"人民评判"能够在更大范围、更广领域中得到体现。打造对外开放高地，应将开放共治作为推进区域治理的有效途径，更加注重向社会和市场主体放权、赋能，充分发挥人民群众对战略效度进行评估的主动性和积极性。考虑天府新区管理架构的实际情况，应通过人民群众的积极有序参与，做实综合智库、专业智库乃至社会和企业智库的统筹建议权和参与表达权，形成人民群众全程见证的智库合议制，使该参与渠道真正成为继立法、司法、行政、媒体之外的"第五种力量"。

（二）战略为"谁"评估

通过战略评估，确保战略承载能力全面有效提升，是推进社会治理现代化的根本立场，始终做到战略牵引的发展成果惠及人民、坚持以人民为中心的发展思想，始终做到战略的人本出发、战略的生态遵循、战略的路径优化都是为了群众、相信群众、依靠群众、引领群众，形成共建共治共享格局。

区域战略的形成是明确治理目标、压实治理责任、提升治理能力、营造治理氛围的客观需要，区域战略的践行需要组织群众、引领群众、服务群众和维护群众权益。但是，战略之所以要进行包含高度、准度、力度和效度四个维度的评估，就是因为战略的根本属性是全局性、根本性和永续性。如何在战略实施中实现"一张蓝图绘到底"，破解"前人栽树后人挖"的困局，就是要坚守根本属性的价值取向，从人民群众整体利益的大处着眼，从人民群众根本利益的切口入手，从人民群众长远利益的关键落脚。

战略评估需符合战略表征的具体要求。战略的表征，是人民群众对战略公信度、公认度和满意度的客观反映。可视性体现的是人民群众这个"主人"，应通过一系列可预见、可看见的战略实施成效，获得形成战略实施的良好治理环境。可行性体现的是战略实施的"主体"，战略依托是主人，但战略的力量在于干部队伍的执行力度。在战略具体推进措施的项目化过程中，应高度重视规划的延续性和部门（行业）割裂性的冲突，通过有效的人民群众参与所产生的治理能力，推动现代区域治理科学化，形成战略实施的强大治理合力。可及性体现的是战略作为一种规划"主线"，让"愿景""远景"和"实景"可进入、可参与、可触摸、可感知，让战略实施的治理目标表现出强大的吸引力和凝聚力。

（三）战略对"谁"评估

战略评估对"谁"，即是通过对战略实施执行主体的历史方位感知能力、客观现实条件判断能力进行总体评价；对执行主体在坚持遵循规律与实事求是的工作方法、排除或减小不确定因素等负面影响的抗压能力以及抵御重大风险、处理复杂形势能力的具体评估，使其作为执行主体尤其是执行主体的决策团队能够实现设置远景目标客观、资源匹配得当、战略形态选择科学的战略管理，进而不出现战略的管理误导，实现战略全局性、根本性和永续性等根本属性的价值坚守，夯实可依托的战略根基。

"一切以用户价值为依归"可借喻为战略的根基所在，必须"以人民群众对美好生活的向往为奋斗目标"作为战略价值追求的根本遵循。充分发挥人民群众在国家级新区创新发展中的有序参与战略决策、支持和监督战略推进、评判和宣传战略成效中的"主人翁"地位，全面夯实和精准化落实战略执行主体的"主人担当"，将战略从切入点的高度转化为着力点的准度，细化为具体执行落实的力度。

战略必须要体现方向性目标和路径子目标的环环相扣及整体联动。战略评估的对象确定之后，更应注重确保战略在实施过程中各部门、各环节的相互匹配，让战略得到统一解读、统一传播、全员践行、全体联动，真正按照目标考核指挥棒的导向，将战略落到实处，通过目标引领、项目考核、量化评价，真正让战略引领"人民群众对美好生活的向往"实现，让执行主体用实实在在的成效诠释战略的力量。

二、战略评估的客体

（一）战略的"高度"

战略高度来源于权威。习近平总书记对天府新区提出"73字"要求，"天府新区是'一带一路'和长江经济带的重要节点"，在国家级新区有关"节点"定位中，极具战略高度和辨识度，为天府新区成为抢占国家未来发展制高点的战略区域注入了强大动力。"一带一路"重要节点体现的是全球视野，长江经济带重要节点体现的是全域视角，节点既是高点也是支撑，既可"摸高"也代表"起跳"。因此，天府新区的战略定位、功能定位、产业定位以及路径选择、项目选择、产业选择均应按照"重要节点"要求，与全方位引领"一带一路"沿线国家、聚方向带动跨喜马拉雅区域国家对标，向长江经济带尤其是《长三角一体化发展规划纲要》覆盖城市对标，使战略谋划在高位、逻辑起点在高点。

战略高度取决于格局。"一定要规划好建设好，特别是要突出公园城市特点，把生态价值考虑进去"，体现新发展理念的公园城市形态塑造，是探索生态价值转化的新机制和新路径。公园城市的布局既是生态的布局，也是生态经济的布局。因此，天府新区在全域生态控制区比例、生态节点功能把控、生态格局构建、新型绿色生态公园城市 CBP（Central Business Park）规划、产业功能区的公园城市形态塑造领域覆盖、"三生融合"新经济应用场景示范、文创生态带的高颜值呈现等七个方面，应立足"公园城市首提地"战略基点，全面创造性地探索公园城市全新城市发展范式。

战略高度发轫于气度。"努力打造新的增长极，建设内陆开放经济高地"，以产业功能区建设承载国家使命，实现增长极的全面提能、经济高地的全面提质，是国家级新区的使命担当。因此，天府新区围绕产业功能区的主导产业、产业细分领域，着眼于战略性新兴产业、未来产业，打造产业极核，通过"总部＋基地""总部＋研发"以及区域产业协同等新模式，培育"一干多支、五区协同"产业社区，形成"四向拓展、全域开放"国际化社区，形成区域率先发展的示范效应、全国科技创新极核支撑、"文创之都"的新标杆。

（二）战略的"准度"

把握战略的准度在于认清本质。国家级新区应融入国家战略。"两个节点"的本质就是要积极融入"一带一路"，承担国家外交战略和民族复兴伟业的强国使命；要引领区域协同发展，承载区域协同战略等国家战略和强国目标的历史作为。因此，新区战略谋划如何积极融入"一带一路"的需要，如何推动形成全面开放新格局的迫切需要，如何形成新兴增长极的示范引领，如何构建区域协同发展的辐射联动等，都是突出战略准度的重要导向。

把握战略的准度在于顺应趋势。从战略准度顺应发展趋势、勇立时代潮头来看，必须要充分发挥天府新区的政治优势、区位优势和经济优势。天府新区是承载国家战略的重大平台，是推动治蜀兴川再上新台阶的百年大计，是成都实现大城崛起的重要支撑。天府新区地处西南地区中心，东通长江流域，南进东南亚、南亚，连接海上丝绸之路，北接丝绸之路经济带，西望青藏高原，是东向连接长江中上游的战略枢纽，是向西向南开放的战略通道，是构建西部大开发新格局的战略支点。天府新区所承载的国家使命、所彰显的城市发展特质，要求天府新区产业体系应面向未来和面向世界。

把握战略的准度在于遵循规律。按照"人城产"逻辑，实现公园城市、"未来城市"的营城新模式，坚持"保护为先、绿色为要"，坚持"功能复合、产城一体"，坚持"人本逻辑、职住平衡"。按照"核心驱动"要义，适应新时代是新经济的规律，实现科技作为核心驱动力。聚焦科教兴国战略和创新驱动发展战略，推动科技的自主创新和"硬核技术"攻关。按照"三要素"为关键，狠抓队伍、机制和文化，完善决策、执行、监督、保障的 PDCA 戴明环管理流程，形成要素差别化配置体系。

把握战略的准度在于把控节奏。把控节奏就是明确层次和步骤。从大的层次来说，以天府新区某区域为例，功能上应把握好三级组团的层级，一级组团总部商务区、科学城、文创城实现整体融合，二级组团实现三大产业功能区板块下的产业次级功能，三级组团主要是关注"15 分钟生活圈"；功能上还应把握三个步骤，形成集聚辐射的极核效应，应注重高能级的开放平台建设，注重富集科研机构和密集高能级人才，注重人城产融合和产业链延伸。

（三）战略的"力度"

战略实施的力度在于回应需求。战略具有穿透力，应有力回应人民群众对战略实施的愿景。按照"高速度向高质量"发展转变的要求，突出高品质需求，避免单纯强调"总量、体量"的"独大"，具体涵盖人均指标类型和民生指标类型的 5 个指标：城镇居民人均可支配收入及增长率、农村居民人均可支配收入及增长率、社会保险扩面综合考评值、新增就业人数目标完成率、和谐劳动关系指数。

战略实施的力度在于创新模式。天府新区直管区的规划体系中，生态控制区占比 70.1%，通过生态控制区，实现自然与建筑融合、产业和生活空间混合复合的"组团式"发展。着眼于新发展理念，推进新发展模式，主要包括绿色指标类型的 3 个指标：GDP耗能指数、土地节约集约利用指数、环境质量指数。

战略实施的力度在于规模效应。从空间经济学维度来看，经济发展的关键在于规模。在推进产业功能区建设过程中，构建产业生态圈、创新生态链，吸引聚集诸多资源配置要素，形成集多种功能于一体的新型城市空间单位，进而明晰产业类型，形成主导产业上规模。形成经济规模效应，涵盖总量、结构、速度指标类型的 4 个指标：地区生产总值及增长率、服务业增加值增长率及比重、一般公共预算收入及增长率、税收收入占比和增长率。

战略实施的力度在于稳定预期。战略的本质特征包括全局性、根本性和永续性。全局性、根本性的把控均是朝着可持续发展的方向，国家级新区的高质量跨越发展更需要以可持续为保障。应破解难点，实现发展，增强后劲，高度重视涵盖后劲指标类型的 4 个指标：科技进步水平指数、国内招商引资综合评价值、对外开放指数、民营经济发展综合指数。

（四）战略的"效度"

公共管理与服务的公信度是战略成效的前提要素。政府有公信力，才能取信于民。民众注重战略的"可视"，既能够"可感知"，也能够"可进入"，还能够"可参与"。由此可见，战略的可感知度、可进入度、可参与度均是战略成效的"度量衡"。通过重大战略项目的公示，按照群众对项目战略意义的重要程度，以网络投票、意见征集等形式，遴选出一定数量限定的产业功能区以及各镇街的重点项目，着眼于项目的示范性、惠民性、长效性，对"可感知度""可进入度""可参与度"进行民主评议，实行量化评估。

公共管理与服务的公认度是战略成效的核心要素。公认度的核心本质就是要"可及"，即目标可实现。实施战略，应标明战略目标的"刻度"，以量化标准作为战略目标能否实现的参照。以"跳起来摘桃子"的精神合理确定基本目标、奋斗目标和争创目标。要让群众公认，多一些"定量"比"定性"更为关键。按照突出重点、凸显成效、更为直观、纵向对比的总体要求，应确定好包括地区生产总值、规模以上工业增加值、服务业增加值、产业投资占固定投资比重、战略性新兴产业占规模以上工业总产值比重、财政收入增长率、城乡居民人均可支配收入、新增城镇就业、新经济指数 9 个类别的预期值，并提前公布现值，用实实在在的数据让老百姓对发展变化心服口服，形成可精准量化、可正向传播的社会公认。

公共管理与服务的满意度是战略成效的保障要素。"可操作"是战略满意度的最直接感受。再宏大的"愿景"，必须要形成"实景"，要把体现高质量发展的人本化、国际化、便利化经济应用场景、消费场景、生活场景作为提高人民群众满意度的努力方向。具体来讲要从便民服务环境、营商服务环境、消费服务环境、文化服务环境四个类别，引入第三方评价的科学评估办法，真正让居民满意区域战略成效。

三、战略评估的载体

（一）坚守"精神区位"

战略评估应体现全域视野，凸显政治性和全局性。首先，应发挥极核作用的全域视野。牢记习近平总书记殷殷嘱托，按照"一点一园一极一地"的要求，坚持"四向拓展、全域开放"，积极融入"一带一路"和长江经济带，用经济增长极和开放高地的硬核实力全面打通南向开放的战略通道。积极发挥在成渝地区中的主干主轴作用，做好与关中城市群的对接联动，争当西部国家级新区的"标兵"。认真落实省委"一干多支、五区协同"的战略部署，争当做强成都主干的生力军。全面领会成都市"主体功能区战略"、深入推进产业功能区战略举措，在成都平原经济区建设尤其是"东进""南拓"中争当先锋，形成具有成效的区域协同和示范带动效应。

其次，当好改革的示范先锋。按照"宏观政策要稳、微观政策要活、社会政策要托底"的要求，广泛收集民愿民盼，梳理整理老百姓反映的最急需解决的问题、解决后惠及面广的问题、解决后产生深远影响的问题等三大类型问题，按照问题导向、目标导向和结果导向，进行系统性、针对性和可操作性的改革项目设计，并以"钉钉子"的精神一抓到底，抓出成效，抓出"可复制、可推广"的样品。

再次，突出规划的全域视野。以智库、平台、战略的全领域、全方位、全生命周期支撑来拓展视角，完善规划编制体系、加强规划编制研究、注重执行规划的刚性和"弹性"、推进城市规划和经营城市的深度融合，通过多维度扫描，实现全域视野抢占奇点、直击盲点、把控节点。应紧紧围绕"城市的核心是人，关键是 12 个字：衣食住行、生老病死、安居乐业"[①]，切实强化智库支撑的实效、找准平台支撑的实体、夯实战略支撑的实力，做到精准发力、聚焦合力和体现定力。注重人才的全域视野，围绕全球选才、柔性引才、爱才惜才，充分赋能人才发展，尤其在敬才爱才上，应体现人本化和精细化，切实将服务链条延伸到人才居住、子女入学、就医娱乐的尾端，做好托底工作，切实赋能创新主体。

（二）追求"精准站位"

战略评估应体现地域气概，凸显权威性和根本性。首先，"突出公园城市特点"。在评估中注重引导人民群众、市场主体有序参与"四问"：各类型办公空间为人才提供的办公环境是否具有"生产、生活、生态"融合的优质？是否有周边适游舒适感？基础设施设计和建设中是否蕴含生态美学？生态区项目是否蕴含"天然去雕饰"、最大限度依托自然地貌？

其次，突出新经济的示范。围绕数字经济、智能经济、绿色经济、创意经济、流量经济、共享经济在评估中注重引导人民群众、市场主体有序参与评估"是否七个推进"，即蕴含新经济特色的产业功能区（园区）是否推进实体经济提升、推进智慧城市建设、推进科技创新创业、推进人力资本协同、推进消费提档升级、推进绿色低碳发展、推进现代供应链应用？

再次，突出总部经济的示范。21 世纪城市经济的三大支柱为总部经济、临空经济和智慧经济。如何构建能级强、效益高的总部经济产业生态圈，应以"新总部"为主线，聚焦新业态、探索新模式，全面推动总部经济产业生态圈建设。在评估中应注重引导人民群众、市场主体有序参与"总部＋临空发展指数"评估。向入驻的新型总部企业提供产业发展、科技创新、经营管理、人才培育以及金融等服务是否体现专业化？以"临空经济"为切入，提升流量运

① 2015 年 12 月习近平总书记在中央城市工作会议上的讲话。

作力，引导双机场航空经济功能向天府总部商务区集聚，进而实现国际国内航空公司区域总部及其关联的旅游、广告、会展、租赁、商务服务等企业总部集聚，形成的"新总部"是否呈现规模化？

（三）遵循"历史方位"

战略评估应体现长远定力，凸显科学性和永续性。首先，产业功能区的主导产业必须站稳历史方位、看清历史走向、锚定主导方向。从天府新区全域辐射看，按产业生态圈维度，包括成都新经济活力区、成都高新航空经济区、成都天府国际生物城、天府智能制造产业园、成都天府国际空港新城、天府总部商务区、成都科学城、天府文创城等，涵盖电子信息产业生态圈、医药健康产业生态圈、航空航天产业生态圈、智能制造产业生态圈、会展经济产业生态圈和文旅（运动）产业生态圈，涉及国家科技创新中心和新经济发展支撑功能、国际门户枢纽和开放平台、国际消费中心支撑功能、战略产业支撑功能、"总部成都"和国际交往中心支撑功能等。可引导专业领域有序参与对以上产业功能区在产业生态圈构建集聚度、主导产业明晰度和重要功能显示度"三个维度"的评估。

其次，凸显"新的增长极、内陆开放高地"对就业优先战略的贡献。中国共产党第十九次全国代表大会报告中提出就业优先战略，深入实施就业优先，就是要把就业创业摆在经济社会发展更加优先、更加突出的位置，实现经济增长和扩大就业的良性互动。通过形成辐射带动极核和开放引领高地，着重于评估在税费上为企业"减负"（减税降费），在融资上为企业"加力"（融资增幅），在扶持上为重点人群"补贴"（补贴额度），在招引上为高质量发展"储才"（人才规模），在治理上服务"扩面"（社会保险覆盖率）。

再次，彰显产业能级对生态价值横向补偿贡献。"经济发展条件好的地区要承载更多产业和人口，发挥价值创造作用。生态功能强的地区要得到有效保护，创造更多生态产品"[①]。通过提升产业

---

① 习近平总书记 2019 年 8 月 26 日在中央财经委员会第五次会议上的讲话。

能级，构筑新时代国家级新区城市经济新支柱；通过增强经济实力，示范性创设生态补偿区利益保障发展基金；通过提高基金规模增长率和覆盖区域面积增长率，"形成受益者付费、保护者得到补偿的良性局面"①。同时，在锦江流域、鹿溪河流域、柴桑河流域，可借鉴新安江水环境补偿试点经验，形成全流域之间涉及资金、产业、人才的多维度补偿办法，建立健全市场参与度高的生态补偿机制，推进天府新区所涉及流域的生态产品价值实现新模式。

（四）实现"有为有位"

战略评估应体现民生情怀，凸显激励性和导向性。让干部在构建全方位的社会保障机制中的业绩，成为在一线使用干部的依据。按照"兜底线、织密网、建机制"方向，围绕"上学难、看病难、就业难、养老难、住房难"，从五个方面入手：包括学位增幅（含学前教育学位增幅），区、产业功能区（镇街）、社区三级医疗体系覆盖率，新增就业人数，社区福利综合服务中心覆盖率，人才房规模和保障率，切实体现社会保障的系统性、整体性和协同性。

其次，让干部队伍在国际化社区的包容性提升中的业绩，成为在一线使用干部的依据。国际化社区是当前最具前沿性和挑战性和最具国际意义的基层治理空间。要以国际化社区的包容，体现社区居委会的"减负增效"、中外居民的社区治理参与率、社会力量参与社区服务和建设的参与度等方面为重要参数，引入对社区居委会的满意度、中外居民参与度、社会参与度的第三方测评，高效运用评估结论，进而真正实现广泛的社会协同治理和专业化治理。

再次，让干部队伍在产业社区的便捷性构建中的业绩，成为在一线使用干部的依据。产业社区是产业功能区战略举措下的人本化概念，是以产业为基础，融入城市生活功能，产业要素与城市协同发展的新载体。产业社区的便捷性体现在地理边界与空间的开放化、企业生态的多元化、社群交流的无缝化。通过以上"三化"，

---

① 习近平总书记 2019 年 8 月 26 日在中央财经委员会第五次会议上的讲话。

凸显产业社区的"产业"与"社区"双重属性，以搭建产业主体和就业人才的社群平台，营造生态、舒适的生活环境，形成超大城市功能复合、职住平衡、产城融合的新方式。

策略十 关于创设战略评估指标体系的建议

战略的高度、准度、力度和效度是战略评估的主要内容，应围绕"精神区位、精准站位、历史方位、有为有位"四个维度设计标尺进行度量，进而通过战略评估主体的有序参与，实现战略评估有向、战略实施有效。

一、战略评估的主要内容

战略评估的主要内容从战略的"高度"、战略的"准度"、战略的"力度"、战略的"效度"等四个方面进行设计，每个方面下设3至4类指标，将定量与定性相结合，天府新区不同层级的不同客体可根据自身实际情况对指标进行展开，构建本土化的评估指标体系（表1）。

表 1　战略评估内容的指标体系

评价维度	指标	指标说明
战略的"高度"	1. 来源于权威	与全方位引领"一带一路"沿线国家、聚方向带动跨喜马拉雅区域国家对标
		向长江经济带尤其是《长三角一体化发展规划纲要》覆盖城市对标
	2. 取决于格局	全域生态控制区比例
		生态节点功能把控
		生态格局构建
		新型绿色生态公园城市 CBP 规划
		产业功能区的公园城市形态塑造领域覆盖
		"三生融合"新经济应用场景示范
		文创生态带的高颜值呈现
	3. 发轫于气度	着眼于战略性新兴产业、未来产业，打造产业极核
		培育"一干多支、五区协同"产业社区，形成"四向拓展、全域开放"国际化社区
		形成区域率先发展的示范效应、全国科技创新极核支撑、"文创之都"新标杆
战略的"准度"	1. 认清本质	推动形成全面开放新格局的迫切需要
		形成新型增长极的示范引领
		构建区域协同发展的辐射联动
	2. 顺应趋势	发挥政治优势
		发挥区位优势
		发挥经济优势
	3. 遵循规律	实现科技作为核心驱动力
		形成要素差别化配置体系
	4. 把控节奏	明确层次
		把握步骤

评价维度	指 标	指标说明
战略的"力度"	1. 回应需求	城镇居民人均可支配收入及增长率
		农村居民人均可支配收入及增长率
		社会保险扩面综合考评值
		新增就业人数目标完成率
		和谐劳动关系指数
	2. 创新模式	GDP 耗能指数
		土地节约集约利用指数
		环境质量指数
	3. 规模效应	地区生产总值及增长率
		服务业增加值增长率及比重
		一般公共预算收入及增长率
		税收收入占比和增长率
	4. 稳定预期	科技进步水平指数
		国内招商引资综合评价值
		对外开放指数
		民营经济发展综合指数
战略的"效度"	1. 前提要素——公共管理与服务的公信度	可感知度
		可进入度
		可参与度
	2. 核心要素——公共管理与服务的公认度	地区生产总值
		规上工业增加值
		服务业增加值
		产业投资占固定投资比重
		战略性新兴产业占规模以上工业总产值比重
		财政收入增长率
		城乡居民人均可支配收入
		新增城镇就业
		新经济指数
	3. 保障要素——公共管理与服务的满意度	便民服务环境
		营商服务环境
		消费服务环境
		文化服务环境

二、战略评估的维度

战略评估的维度从坚守"精神区位"、追求"精准站位"、遵循"历史方位"、实现"有为有位"等四个方面进行设计，每个方面下设3类指标，以定性分析为主，突出天府新区战略发展特色（表2）。

表2　战略评估维度的指标体系

评价维度	指标	指标说明
坚守"精神区位"	1. 体现极核作用的全域视野	争当西部国家级新区"标兵"、做强成都主干的生力军，在成都平原经济区建设尤其是"东进""南拓"中争当先锋
	2. 当好改革的示范先锋	梳理整理老百姓反映的最亟须解决的问题、解决后惠及面广的问题、解决后产生影响深远的问题等三大类型问题，进行改革项目设计
	3. 突出规划的全域视野	以智库、平台、战略的全领域、全方位、全生命周期支撑来拓展视角，注重人才的全域视野
追求"精准站位"	1. 突出公园城市特点	注重引导人民群众、市场主体有序参与"四问"
	2. 突出新经济的示范	"是否七个推进"
	3. 突出总部经济的示范	向入驻的新型总部企业提供服务专业化程度，形成"新总部"的规模化程度
遵循"历史方位"	1. 产业功能区的主导产业必须站稳历史方位、看清历史走向、锚定主导方向	引导专业领域有序参与对以上产业功能区在产业生态圈构建集聚度、主导产业明晰度和重要功能显示度等"三个维度"的评估
	2. 凸显"新的增长极、内陆开放高地"对就业优先战略的贡献	在税费上为企业"减负"（减税降费），在融资上为企业"加力"（融资增幅），在扶持上为重点人群"补贴"（补贴额度），在招引上为高质量发展"储才"（人才规模），在治理上服务"扩面"（社会保险覆盖率）
	3. 彰显产业能级对生态价值横向补偿贡献	通过提升产业能级，构筑新时代国家级新区城市经济新支柱；通过增强经济实力，为实现示范性创设生态补偿区际利益保障发展基金；通过提高基金规模增长率和覆盖区域面积增长率，"形成受益者付费、保护者得到补偿的良性局面"

评价维度	指标	指标说明
实现"有为有位"	1. 让干部队伍在构建全方位的社会保障机制中的业绩成为在一线使用干部的依据	包括学位增幅（含学前教育学位增幅），区、产业功能区（镇街）、社区三级医疗体系覆盖率，新增就业人数，社区福利综合服务中心覆盖率，人才房规模和保障率
	2. 让干部队伍在国际化社区的包容性提升中的业绩成为在一线使用干部的依据	以国际化社区的包容性体现社区居委会的"减负增效"、中外居民的社区治理参与率、社会力量参与社区服务和建设的参与度
	3. 让干部队伍在产业社区的便捷性构建中的业绩成为在一线使用干部的依据	地理边界与空间的开放化、企业生态的多元化、社群交流的无缝化

参考文献

［1］李后强，邓子强. 区域经济发展模式研究——以四川为例［M］. 成都：四川人民出版社，2015.

［2］李翅. 走向理性之城——快速城市化进程中的城市新区发展与增长调控［M］. 北京：中国建筑工业出版社，2006.

［3］韩康. 北部湾新区中国经济增长第四极［M］. 北京：中国财政经济出版社，2007.

［4］孙兵. 区域协调组织与区域治理［M］. 上海：上海人民出版社，格致出版社，2007.

［5］乔治·马丁内斯－维斯奎泽，瓦利恩考特. 区域发展的公共政策［M］. 安虎森，等，译. 北京：经济科学出版社，2013.

［6］彼得·弗兰科潘. 丝绸之路［M］. 邵旭东，孙芳，译. 杭州：浙江大学出版社，2016.

［7］盛毅，方茜，魏良益. 国家级新区建设与产业发展［M］. 北京：人民出版社，2016.

［8］第一财经. 一带一路引领全球化新时代［M］. 上海：上海交通大学出版社，2017.

［9］张建. 应急管理新思维——基于疫情的多维度思考［M］. 成都：四川大学出版社，2020.

［10］唐亚林，于迎. 主动对接式区域合作：长三角区域治理新模式的复合动力与机制创新［J］. 理论探讨，2018（1）：28－

35.

［11］习近平. 在深入推动长江经济带发展座谈会上的讲话［J］. 求是，2019（17）.

［12］宋俭. 政治体制改革与中国特色社会主义政治发展道路研究［M］. 北京：中央文献出版社，2016.

后　记

——战略视角下的思辨和践行

　　中国传统哲学的系统观中有"五行"之说，它强调事物的整体性，是原始的系统论。之所以谈到这个"原始"，主要是基于成书过程中，贯彻始终考虑的任何思考和解读不能偏离战略的系统性、根本性和长远性。全书从战略的定义、根本属性、表征、特性谈起，"四问"战略的高度、准度、力度和效度，作为战略视角之思的开篇。打开区域发展战略之门后，战略定位、战略布局、战略路径、战略载体、战略支撑、战略传导、战略动力、战略导向、战略整合、战略评估等十个方面环环叠加、相依相生，分述战略形成、推进中的各要素环节的环环相扣和生生不息。对战略视角下的区域发展思考的过程进行一个全真地透视，以"五行"小节性的感言分篇，力求以一种新的方式来展现文章的成篇过程。

"火"——千里之行、始于足下

　　着眼整体性、前瞻性、稳定性的谋篇之思中，始终怀着对国家使命、历史担当的火热深情，对如何承载国家战略的使命担当，进行了激情似火般的"千里之行"，形成"始于足下"的谋篇之思。

　　第一个"千里之行"是找标杆。2018年4月13日深夜，与远在北京的写作启蒙老师约定时间之后，加急订好机票，于2018年

4月14日凌晨5点多钟起床赶往机场，因为老师昨夜还在单位加班写一个重要文稿，我接近中午直接赶到老师的单位附近向他请教。我发问：2月11日习近平总书记对天府新区的"73字"要求，可不可以这样理解："'一带一路'和长江经济带是战略定位，'公园城市'是战略布局，'新的增长级和内陆开放经济高地'是战略方向和路径，'一定要规划好建设好'是总的要求。"作为一个在四级从事过政策研究的老笔杆子，老师回答："无论定位、布局、方向以及总的要求，都是要求，关键是如何以全球的视野、全局的思考，将这些要求应该怎么办，怎么把你所在的国家级新区按要求谋划好。"老师的提点让我醍醐灌顶，我们做战略研究，绝不能碎片化、无针对性，应景化、无前瞻性，局限化、无全局性。刚好，当天中共中央、国务院做出关于对《河北雄安新区规划纲要》的批复，我们借"国家大事、千年大计"纲要出台之机，加急从京一路向南，实地考察雄安新区管委会所在地的容城以及"北京正南50公里"的固安等地，一路马不停蹄，实地察看、访谈、参观各地规划馆，形成了《雄安等京南地区的发展态势对天府新区建设的若干思考》。

　　第二个"千里之行"是找标的。韩愈在《国子助教河东薛君墓志铭》中写道："大会射，设标的，高出百数十丈，令曰：中，酬锦与金若干"。足见，"标的"就是箭靶子。无论是"一带一路"，还是长江经济带，实地之思才会让战略之思靶向明确。2018年6月14日，在日常所承担的大小公共政策支撑办文的琐事中，终于找到了时间空当，前往宜宾，前期已将四川省关于南向开放的一些资料发给了宜宾港有关负责同志，好借助他们富有现场感的"南向开放本位思考"。很巧的是，《习近平在深入推进长江经济带发展座谈会上的讲话》于该日在《人民日报》全文登载，这样我们的调研更加具有指导性和针对性了。在宜宾港通过实地看现场、看规划展板、个别访谈、与宜宾港管委会年轻的班子座谈，收获很大，不知不觉已近晚七点。还连夜实地察看了宜宾滨江绿色治理建设的场景。第二天，一大早返回天府新区，并趁热打铁地整理了关于南向开放等方面的座谈记录。

第三个"千里之行"是找标准。创新政府资源配置，以市场化配置政府要素资源的综合配套改革肇于浙江、成于浙江，"干在实处、走在前列"的要素合理配置标准体系为浙江"大花园"建设赢得了时空资源，也为天府新区公园城市建设"公共、生态、生产、生活"四个要素提供了借鉴。2018 年 6 月 20 日，以 2012—2013 年在浙江挂职现场感为基础，以自此连续五年对浙江临海、海宁等地的区域政府资源要素市场化配置综改实务的历史连续性跟踪为依托，组成调研团队访谈主政者、主导人、执行主体、参与企业等方方面面，就集约配置资源、推动战略实施进行了一系列思考，形成了《政府资源市场化配置研究报告》，为落实成都市主要领导对天府新区"四个转向"要求，在打造高质量产业生态圈和高品质生活圈、创新高端资源全球配置方式、构建现代化国际化治理体系、加快发展驱动方式转换等方面形成新的思路。

第四个"千里之行"是找标尺。2018 年 7 月 7 日，飞跃海峡上空，"卢沟桥"上的民族抗争之声仍回响在耳边。从西部的成都一路向东、向南，来到了台北。东进宜兰，向南到南投、台中、台南、高雄，再返折回云林、台北。一路走、一路看、一路听、一路想，正如南投县埔里镇遇到的一位 71 岁的工程师所述，"中华民族复兴、光耀华夏文明需要的是代代传承"。中华民族的伟大复兴，需要伟大的战略，更需要区域对伟大战略的承载（前述文字于 2018 年 7 月 10 日晚写于高雄市）。7 月 13 日，从桃园机场返回双流机场，看到了习近平总书记会见连战的新闻报道。习近平总书记指出："新时代携手同心书写中华民族伟大复兴新篇章"，让我们充满信心地看到了"振兴中华、民族复兴的美好未来"，让我们充分感受到了国家级新区"全球视野、强国梦想"时空战略定位的伟大力量（上文成于 2018 年 7 月 13 日下午 6：00）。

诚然，这些主要的行程只是"千里之行"的主干，为证明长江经济带的生态保护需要横向补偿机制，利用有限的业务时间，提前与乐山、泸州的区域发展改革负责同志和县域发展主要负责同志进行沟通商谈，找寻其他长江中上游支流所经区域的保护性发展资料，是必备的业务功课。向东先后了解了沱江、涪江、嘉陵江和渠江，向西实地踏勘了金沙江与岷江的交汇处、大渡河与青衣江交汇后流入岷江的汇流地，乃至向南实地对比感受了雅鲁藏布江。另外，离鄂赴川工作之前，将没去到的长江支流所经县域尽可能都去到。以上，都是为了一个目标，形成更加具有全域视野的现场感，形成真实体验、充满现场感的谋篇思考，精准全域视野、地域气概的战略定位类型划分。

"金"——不谋全局者不足以谋一域

着眼于战略布局之辨，从全视角、多角度去分析：布局理念上，以"五大理念"统领；总体布局上，以"五位一体"统筹；战略布局上，以"四个全面"深化；重点布局上，以"五个建设"具象；空间布局上，以"生态生产生活"贯穿。探求于战略方向之选，从具体指向和实践路径上全领域、多层次进行研判：路径选择是具体指向抉择；发展引擎是新的增长极；辐射带动即要打造内陆开放经济高地。以上，都是着眼于尽力避免碎片化、突出实践性、夯实大底盘、构建大连通的全局之考虑。

分辨和抉择，是理论探讨的一路前行。"五大理念""五位一体""四个全面"涉及发展理念、发展格局、发展战略等方面，是进行布局分析的理论指导。"五个建设"是以新发展理念指导，一线实践中理论到实践再到提炼的"成果"，是"学院"与"田园"的对接，是尝新尝鲜的。实践，是理念、理论的试金石和试验田。聚焦的同向性，均衡的渐进性，增效的连续性，整合的联动性，这些都是瞄准靶的、矢志不移、一以贯彻，是明晰的路径所向。虽然，前行的路上充满荆棘，但理性之光在闪耀，布局之辨一定愈发清晰，路径之选一定能到达善治之彼岸。

分辨和抉择，是方法研究的一路前行。新区发展的战略布局之"辨"和战略方向之"择"，力求的是战略践行的方法之探究。在战略决策上，有分析角度全视角的决策方法，有战略决策的模型构建，有战略成效的检验与调整。在策略抉择上，有战略内在要求的重要性分析，有区域发展需要的必要性分析，有承载能力支撑的可行性分析，有要素综合配置的可及性分析；在保障选择上，紧紧扭住开放模式探索，围绕新格局、新载体、新路径、新机制等要素集聚，构建重要的创新路径和保障体系。"乐民之乐者，民亦乐其乐；忧民之忧者，民亦忧其忧"，民之所愿，政之所向，多维度的布局之"辨"定向于人民群众对美好生活的向往，宽口径的方向之"择"着力于将人民群众满意度作为第一标准。

分辨和抉择，是实证分析的一路前行。发展是以理性为遵循，要加速也要调控。以天府新区某区域第一个五年的重点项目作为实证分析参数，从导向性、针对性、可持续性等方面进行深度剖析，以不同类别的项目定性，发现项目摆布的特点，发掘项目驱动的规律，发展项目实效的纵深，创建公园城市落地落效的一线推进体系。以天府新区某区域第一个五年的主要经济外向度指标在全局中的占比、增加值和增长率为"理性预期"的前提，从重要性、必要性、可行性、可及性的"区域视野"，整合优势和机遇，正视障碍和挑战，开启"动力组合"的要素综合利用模式，预警"未雨绸缪"的理性调校控制手段，达到方向和路径的上下贯通和合理优化。画好"格子"、挖好"窝子"，是栽好"苗子"的前提，布好局、把好向，才能让公园城市的"大树"苗壮成长。

康德讲：有两种东西，我们愈是时常愈加反复地思索，它们就愈是给人的心灵灌注了时时翻新，有加无减的赞叹和敬畏——头上的星空和心中的道德法则。一路走来、一路艰辛，但一路走来、一路践行，虽前进中总有荆棘，但始终坚信，理性之光永远在闪耀，科学之布局一定能够扬帆起航，善治之追求一定能够实现。

"水"——问渠那得清如许，为有源头活水来

立冬后第三日（2018 年）的凌晨，在都江堰市成都村政学院

乡村振兴论坛驻会酒店的小条桌前，敲击键盘的声音在思绪中犹如"宝瓶口"的流水奔涌声。孟子曰："人有恒言，皆曰'天下国家'。"在"世界水利文化的鼻祖"面前，我们所顶礼膜拜的更是李冰父子造福千秋的为民之举，这使得心中的强国梦想变得更加强烈和贴近。正如都江堰是一个科学、完整、极富发展潜力的庞大工程体系一样，战略承载、战略支撑和战略传导有机配合、协调运行，通过"源头活水""开渠引水""科学管水"，实现了"万家有水"。

战略承载好比是都江堰的"鱼嘴"。鱼嘴分水堤昂头于岷江江心，它通过一整套相互配合的设施，实现江水内外二分。正如对国家的"七大战略"，要全面对接、深度融合，也要分类、分区、分步，还要围绕有效利用、辐射利用和一体化利用，才能精准发力、聚焦合力、把控定力，盘活承载的"动力之源"，有效推进和实现强国梦想和战略深化。"鱼嘴"直面"来水"，是系统工程作用发挥的前提。正如只有形成"鱼嘴"与"百丈堤""杩槎""金刚堤"的系统联动才能有效分水一样，夯实承载根基同样需要来水、引水、管水和灌水的各环节联动机制。

战略支撑好比是都江堰的"宝瓶口"。正如宝瓶口引水工程是"节制闸"，其自动控制的是内江进水量。因此，必须用"势、道、术"的思维角度对战略支撑的外部因素和客观条件进行分析，形成合理利用的大趋势、大空间和大格局，进而在区位中找准定位、在组合中拓展空间、在实践中增强动力。战略支撑表现为一个经济活动系统，因此，要就主体功能区战略与区域发展战略的互动关系、对区域发展战略的影响进行分析，还要就国家重大战略承载与成都市主体功能区战略同步实施的途径与政策规划进行研判，才能将战略载体设计和平台打造置放在大区域物质流、商品流、人口流和信息流中进行全域统筹。战略支撑是经济活动发展过程的展现，因此，通过夯实产业功能区战略举措的支撑，从对该战略的系统分析、定位明晰、方法确定、路径选择，使高位的国家战略实现有效落位，切实放大战略承载的综合功能。

战略传导好比是都江堰的"飞沙堰"。国家战略的全面承载和重大战略的有力支撑，应形成有效的战略推进的闭环。正如飞沙堰溢洪和排沙确保引水通畅，战略传导需本质遵循、任务分解、责任落实、时序控制和质量保证，才能执行顺畅。通过"低作堰"和"深淘滩"，实现"盈则溢""缺则通"，战略传导一定要把握全局和选择路径，形成联合、联动、联建的"组合拳"效应。另要提及的是，宋代以来订立了冬春枯水、农闲断流的都江堰"岁修"制度，淘滩和修堰体都确定了"基准线控制"，这正如战略传导中要把握开局发力、突破借力、攻坚用力、决胜聚力、持续给力等进程中的节点控制。更要提及的是，都江堰之所以是世界文化遗产，是因为自建成发挥功效的两千多年来，其功绩多为传颂，为其丰碑永矗营造了良好的氛围，这也从历史维度印证了战略传导需良好的执行环境。

"问道青城山，拜水都江堰"。伟大的战略成就伟大的梦想，战略实施开辟强国之路。"仁者乐山、智者乐水"，怀揣着对国家战略的历史担当情怀，必将放飞梦想于山水之间，成就国家战略、强国梦想的坚实担当。

"土"——城阙辅三秦，风烟望五津

战略之"车轮"要实现新时代的跨越，不仅需要"动力源"和"传动轴"，也需要"大底盘"和"立交桥"，只有夯实动力以及动力传导，拓宽战略辐射通道，才能形成通畅的战略跨越之基。身居西安古都，想起玄奘行程数万里、翻译经文一千三百三十五卷的历史轶事，不由吟出"行程数万经千卷，大雁塔铸身后名"的历史感慨。置身古都，遥望天府，一幅通过发掘动力、加快传导，实现横跨秦岭、连接川渝、横贯东西、纵达南北的战略实施图景跃然眼前。

战略成效之跨越需要动力之源。战略的执行主体是干部队伍，战略的稳定性依靠机制，战略的认同感依靠文化。身置于"秦之四塞"的古城，如何突破"扼秦楚之交""川陕咽喉""崤函锁钥"

"西北屏障"，形成通达四方的战略动力？回顾历史，周人以农为本，得以养活更多人口，演化出具有较强组织能力的宗法社会，进而形成了"秦人"的"战力爆表、吃苦耐劳、善于骑射、十分团结"的战斗队伍。商鞅变法，法体逐成，形成了"秦人"的"勇于公战、怯于私斗、团结协作、一致对外"。关中地处农牧分界，因生存空间争夺，锻造"民风彪悍"，造就了"秦人"的"坚韧、忍耐"，杜甫赞誉"秦兵耐苦战"。以上之历史描述，正是"队伍、机制、文化"为战略动力之要素的生动体现。

战略成效之跨越需要传动之轴。王勃在《送杜少府之任蜀州》中所描述的战略盛景是俯瞰三秦大地、远眺岷江"五津"，正如诗中所述，四海之内有知己，远在天边也近在比邻。这足见战略的传导畅达，战略的辐射力、穿透力益愈强大。围绕战略目标，实施战略任务的分解和战略使命的压实，构建"定目标、明责任、严考核、促发展"的目标指向式流程，实现主题明、主责清、主线实，让考核"指挥棒"导向明确、体现聚焦、突出要义、功能复合，形成突出实绩的战略跨越式成效"风向标"，进而实现牵引、驱动的"同频"，动力、导向的"共振"。

战略成效之跨越需要运行之轨。"轨至车达""互联则互通"。只有通过战略整合集成的强大辐射，才能抢奇点、击盲点、控节点，实现战略的整体性、前瞻性和协调性。穿越历史，"治直、驰道"为秦始皇竭力推进的两项巨大国防工程之一，秦直道突出的就是沟通、连接和拓展，体现出强大的"整合"力量。全局性整合需要全覆盖、跨区域和全方位；全面性整合需要实力引领、功能叠加和保障互补；全域性整合需要东西贯通、南北互济和整体联动。回望历史，秦直道上的"驷马难追"就是战略的高点站位、系统复合和延展叠加。

"城阙辅三秦，风烟望五津"，纵观历史、横贯东西、通达南北，全域视野、地域气概的强国战略整合，需要全方位的强国战略目标覆盖，以实现对国家重大战略的立体承接和综合承载。

"木"——木受绳则直，金就砺则利

战略评估是检验战略构想，凸显战略显示度的必备之"器"，是战略成效的度量之衡。"工欲善其事，必先利其器"，制定战略评估的"标尺"是战略研究的收官要义。2019 年 4 月 30 日，坐在成都通往武昌的火车上，自西向东的行驶，使得思绪自遐想到聚焦，从视野到视角，从期望到愿望，让人突然意识到战略的效度是以战略的高度、准度、力度为前提的，只有建立全方位全领域的战略评估参与机制，才能确保战略评估的政治性、权威性、科学性和激励性。

战略评估要"果"，必须明确"持尺"之人。《论语》中谈到仲由适合为政的"果"，即是果断的意思。同样，战略评估的果断也需要战略评估主体的践行。要通过扩大人民群众的有序参与，突出以人民为中心，以人民群众为主人，通过扩大人民群众有序参与战略评估的渠道，针对当前战略评估中"参与被动性、表达间接性、利益相关性、影响决定性"特征，用刚性的制度设计和柔性的场景营造，解决战略评估中"谁"来评、为"谁"估和评估"谁"的主体问题，实现战略评估快出结果、快用成果、双向互动、合力共进。

战略评估要"达"，必须明确"标尺"之度。车行至达州，不由想到了《论语》中谈到端木赐适合为政的"达"，即是通达的意思。这喻示着战略评估必须注重评估的信息反馈，以及战略执行的调校改善必须实时通畅、时时畅达。战略的标尺应包括高度、准度、力度和效度，并且要注重这"四度"评价的反馈、调整、校准、改善，进而使治理主体、治理举措、治理氛围、治理成效围绕战略和凸显战略，使战略的公信度、公认度和满意度与高度、准度、力度、效度相匹配。

战略评估要"艺"，必须明确"置尺"之位。《论语》所述冉求的多才"艺"，让我们联想到战略评估中，如何评价战略执行主体在推进战略落地生效中的能力承载度和能力显示度。在战略的谋划和实施中，要坚守"精神区位"，体现全域视野；要追求"精神站位"，体现地域气概；要遵循"历史方位"，体现长远定力；要实现"有为有位"，体现民生情怀。通过"四度"标尺的全方位度量，形成导向准确、界限明确、互动通畅的评估体系。通过对执行主体的价值追求和坚守，设置评估项目，完善评估指标，优化评价方式，运用评估结论，使战略评估成为战略驶入引领跨越发展"蓝海"的"风帆"。

"木受绳则直，金就砺则利"。只有对战略实践进行评估，才能实现战略规划，实施所需要的各方努力、各方协调、各方支持，才能营造战略推进所需要的区域治理氛围，才能实现战略规划的引领作用，从而使战略推进的动力不竭。

2020 年 7 月 29 日
定稿于上海虹桥

项目策划：曾　鑫
责任编辑：曾　鑫
责任校对：孙滨蓉
封面设计：墨创文化
责任印制：王　炜

图书在版编目（CIP）数据

天府发展战略学 / 张建著． 一 成都 ：四川大学出
版社，2020.9
　　ISBN 978-7-5690-3398-4

　　Ⅰ．①天… Ⅱ．①张… Ⅲ．①区域经济发
展战略－研究－成都 Ⅳ．① F127.712

　　中国版本图书馆 CIP 数据核字（2020）第 161545 号

书　名	天府发展战略学
著　者	张　建
出　版	四川大学出版社
地　址	成都市一环路南一段 24 号（610065）
发　行	四川大学出版社
书　号	ISBN 978-7-5690-3398-4
印前制作	四川胜翔数码印务设计有限公司
印　刷	成都东江印务有限公司
成品尺寸	170mm×240mm
印　张	19.75
字　数	282 千字
版　次	2020 年 10 月第 1 版
印　次	2020 年 10 月第 1 次印刷
定　价	89.00 元

版权所有 ◆ 侵权必究

扫码加入读者圈

◆ 读者邮购本书，请与本社发行科联系。
　电话：(028)85408408/(028)85401670/
　(028)86408023　邮政编码：610065
◆ 本社图书如有印装质量问题，请寄回出版社调换。
◆ 网址：http://press.scu.edu.cn

四川大学出版社
微信公众号